¿Por qué no eres lo que quieres ser?

¿Por qué no eres lo que quieres ser?

Arthur Miller

Dedicados a la Excelencia

La misión de EDITORIAL VIDA es proporcionar los recursos necesarios a fin de alcanzar a las personas para Jesucristo y ayudarlas a crecer en su fe.

© 2001 EDITORIAL VIDA
Miami, Florida 33166

Publicado en inglés con el título:
Why You Can't Be Anything You Want to Be
por *Zondervan Publishing House*
© 1999 por *Arthur Miller Jr.*

Traducción: *Marcela Robaina*

Edición: *Eliecer Rodríguez*

Diseño interior: *Jannio Monge*

Diseño de cubierta: *Pixelium Digital Imaging, Inc.*

Reservados todos los derechos. A menos que se indique lo contrario el texto bíblico se tomó de la Santa Biblia Nueva Versión Internacional. © 1999 por la Sociedad Bíblica Internacional. Ninguna porción o parte de esta obra se puede reproducir, ni guardar en un sistema de almacenamiento de información, ni transmitir en ninguna forma por ningún medio (electrónico, mecánico, fotocopias, grabaciones, etc.) sin el permiso previo de los editores.

ISBN 0-8297-3181-4

Categoría: *Vida cristiana*

Impreso en Estados Unidos de América
Printed in the United States of America

01 02 03 04 05 06 07 ❖ 07 06 05 04 03 02 01

Para Ralph Mattson y en memoria de Tom Marshall de Nueva Zelanda, cuya enseñanza idónea sirvió de fundamento para nuestra fe y alimento para muchos, muchos de nosotros.

Todavía hoy, después de cuarenta años, tengo que reprimir las lágrimas cuando recuerdo el momento en que Dios me tocó y retiró todos los síntomas que amenazaban mi vida. El amor de Dios que experimenté es imposible de comprender o describir. Pero podrán entenderme cuando les diga que desde hace cuarenta años jamás he puesto en duda la realidad de un Dios muy personal o de su amor por nosotros.

Pocos días después, cuando me «recuperé» de ese encuentro, mis pensamientos eran que debía ponerme en acción (nuevamente, una expresión de mi MAP por supuesto). Ahora que sabía que Dios era real y que por su gracia había sido depositado en su reino, mi pregunta —o más bien mi afirmación— era: «¡En marcha!»

En las siguientes semanas y meses, años en realidad, pregunté a cuanta persona notable conociera lo que correspondía hacer con la vida después de aceptar la fe. Nadie tenía otra respuesta que no fuera el seminario, el «servicio cristiano a tiempo completo» o a la evangelización de los perdidos. Nadie parecía saber en qué consistía la vida después de la conversión. Nadie.

> Después de mi conversión pregunté a cuanta persona notable conociera lo que correspondía hacer con la vida después de aceptar la fe. Nadie parecía saber en qué consistía la vida después de la conversión.

Otros grupos de creyentes, en su afán por tender un puente entre lo secular y lo sagrado, resultaron ser intentonas por regresar a un cristianismo del primer siglo: vida comunitaria en barrios de marginados o esfuerzos colectivos para vivir según los principios cristianos, según lo que se entendiera por ellos. Nuestro grupo asistió a retiros espirituales y por último fundó una escuela diaria. Sin embargo, ninguno de estos movimientos revelaba lo que la gente debería hacer mientras trabajaba día a día en el «mundo».

Concurrí a conferencias para aprender a poner en práctica la fe (eran muchas entonces), di mi testimonio y escuché a otros contar sobre cómo se habían integrado al reino de Dios. (Pero ninguna ayuda con respecto a lo que venía después). En los meses y años subsiguientes hice todas las cosas que se suponía debían hacerse después de «nacer de nuevo»: mucho estudio bíblico, enseñanza sólida, grupos de comunión, el compartir las dificultades personales, las amarguras y las victorias. Leí montones de libros acerca de uno u otro aspecto del camino en la fe. Experimenté profecías personales muy exactas. Fui testigo de discernimiento y premoniciones de acontecimientos futuros. Vi casos de exorcismo, la realización de aparentes milagros, casos de glosolalia e interpretación de lenguas, y experimenté la acción profunda de Dios en detalles tan íntimos de mi vida que solo yo podría reconocer. Durante todo este proceso, me enamoré perdidamente de Jesucristo.

Sin embargo, la búsqueda de una fe que invadiera y conquistara toda mi vida estaba signada por una pregunta que me obsesionaba: ¿En qué consistía esa vida? Recuerdo que nueve años después de mi conversión di la tónica a una conferencia en Hartford, con una presentación titulada «Y ahora, ¿qué?» No proporcioné la respuesta, solo la pregunta.

Sin embargo, como Dios es siempre fiel, comencé a encontrar algunas respuestas. Me topé con un pequeño libro escrito por el hermano Lawrence, *Practicing the Presence of God* [Ponga en práctica la presencia de Dios]. Describe su vida con Dios en una cocina donde ejercitaba su fe mientras preparaba la comida y lavaba los platos (si recuerdo bien). De regreso en mi propia iglesia, después de una larga ausencia, escuché la enseñanza de Ralph Mattson, que hablaba de Dios como el autor del gozo y el placer que da vida. Como venía de una serie de experiencias que exploraban la vida más íntima con Cristo y hacían hincapié en lo importante del sufrimiento y el trabajo para el crecimiento espiritual, su percepción de la naturaleza de Dios me resultó como una lluvia veraniega sobre la tierra seca y sedienta.

No mucho tiempo después de esas enseñanzas, Ralph y yo lentamente entendimos que la respuesta estaba delante de mis narices. Radicaba en lo que había hecho por más de diez años: la exploración del gozo que las personas sienten cuando utilizan su idoneidad. Con el tiempo (¡soy lento para aprender!), nos dimos cuenta que el factor central de una fe «siete días a la semana» es la utilización de los talentos propios para servir con excelencia al mundo y, mediante ese servicio, amar y honrar a Dios! El llamamiento inspirado plenamente por lo que Dios nos ha dado es una tarea santa.

> El factor central de una fe «siete días a la semana» es la utilización de los talentos propios para servir con excelencia al mundo y, mediante ese servicio, ¡amar y honrar a Dios!

En la segunda parte hablaré acerca de las respuestas a mi pregunta. ¿Cómo puedo conocer y seguir la voluntad de Dios y su plan para mi vida? Mis magros intentos por describir una vida arraigada en Jesucristo están basados en mi experiencia con Dios y procuran exponer la vida cristiana práctica a mis hermanos creyentes. No pretendo evangelizar. Además, no soy muy bueno ganando almas.[1]

---

[1] Como mi experiencia y mi fe giran en torno al trino Dios cristiano, pido disculpas a los lectores de otra fe. Cada uno debe hacer su propio pacto con lo que sea y quien sea que haya sido digno de nuestra confianza en esta vida y en la venidera. No puedo juzgar el juicio ajeno. Yo solo sé en quién he creído.

EL PODER TRANSFORMADOR DEL DISEÑO HUMANO

Pero si no estoy equivocado, y cada persona cuenta con los medios para vivir una vida gratificadora, productiva y plenamente satisfactoria, ¿qué está mal con las personas que nos rodean?

- ¿Por qué siete de cada diez maestros, jefes, ministros, representantes de ventas —o sea, siete de cada diez personas— no están motivados ni son competentes para llevar a cabo las tareas básicas de su trabajo?
- ¿Por qué entre cincuenta y ochenta por ciento de los trabajadores no usan sus talentos en sus empleos?
- ¿Por qué las personas no llevan una vida y ejercen la carrera para la que están más capacitados?
- ¿Por qué la escuela es tan poco eficaz y tan aburrida para la mayoría de los estudiantes?
- ¿Por qué la gente no se concentra en lo que sabe hacer mejor?
- ¿Por qué millones de estadounidenses se pasan la vida trabajando en algo que les aburre, les produce estrés o les llena de conmiseración?

> **El problema principal es el mito de «convertirse en»: la noción errónea de que podemos convertirnos en cualquier cosa que queramos ser.**

El problema principal es el mito de «convertirse en»: la noción errónea de que podemos convertirnos en cualquier cosa que queramos ser. Este tema se desarrollará en el capítulo 6, al final de la primera parte. Es un mito que nuestra cultura da por sentado, y que subyace en la mayoría de nuestras compañías, centros educativos y (¿me animo a decirlo?) instituciones religiosas, incluso en nuestras iglesias evangélicas.

¿Qué podemos hacer al respecto?

En la tercera parte sugiero cambios sustanciales en el *ámbito institucional* (en las entidades laborales, educativas y religiosas), si queremos reconstruir una sociedad que promueva la vida, la libertad y la búsqueda de la felicidad para todos.

La puesta en práctica de las recomendaciones de la tercera parte conducirán a:

- Compañías que emplean a personas de acuerdo a su capacidad y motivación, y un sistema capitalista que reconoce y recompensa como socios igualitarios la idoneidad de sus empleados, como una fuente renovable y fundamental de producción de riqueza.

- Una educación que prepara a los estudiantes para descubrir y hacer prosperar un llamamiento compatible con sus dotes.

- Una religión que anima a los creyentes a servir al mundo mediante sus dones. (Para ser sincero, procuro retirar la experiencia religiosa del alcance de la iglesia para ponerla en la frescura de la fe vivida en la vida real). Procuro animar, léase incitar, convencer o avergonzar, a nuestras iglesias para que con altura de miras ministren a su rebaño una vida en el mundo, al que Dios envió a su Hijo a salvar, y redimir por medio de sus santos obreros.

Durante la lectura de este libro, consideren hasta qué punto sus propias experiencias avalan mis afirmaciones y observaciones. ¡Se sorprenderán! Siéntanse libres de no estar de acuerdo, disentir, escribirme o relacionarse con este material de cualquier manera que les resulte natural. Observen su MAP en acción.

PRIMERA PARTE

La idoneidad y el diseño humano

La idoneidad es el único medio que conozco para que la persona común le encuentre sentido a la vida. Cada individuo cuenta con un propósito, y la energía y las competencias para lograrlo. Por lo tanto, todos tenemos sentido incorporado a la aventura de vivir.

Capítulo Uno

La idoneidad: Las semillas del destino

Acompáñenme, en silencio, a un aula de preescolares. Vamos a entrar sin ser advertidos durante una de las tantas explosiones de actividad ruidosa, cuando los niños están inmersos en el momento, absortos con total abandono en lo que están haciendo.

Si los observamos atentamente, veremos que cada uno nos revela algo único y especial sobre sí, algún elemento esencial de su persona.

Aquí, por ejemplo, hay una niña absorta pintando con los dedos. Sus ojos se iluminan cuando elige un color brillante. Sus manos aprietan, deslizan, presionan y manipulan la témpera que se escurre entre sus dedos. Disfruta los materiales. Se extiende todo el tiempo que sea posible para trabajar con las pinturas.

Más allá hay dos niños construyendo una torre con ladrillos. Uno de ellos los amontona sin ton ni son, deprisa, sin importarle el producto final. Su compañero se toma el trabajo de ajustar y enderezar la torre y sugiere ideas para seguir jugando. Están completamente atrapados por la compañía del otro, juegan sin supervisión.

El juerguista de la clase está en el patio de recreo. Corre de aquí para allá entre los grupos de niños, les roba la pelota a los varones, persigue a las niñas en el gimnasio, patea la arena en el cajón de arena, no para de hablar. Su juego parece consistir en provocar una respuesta, *cualquier* tipo de respuesta. La mayoría de las veces los demás lo echan: «¡Déjanos en paz!» Pero ese estribillo parece ser más una invitación que una protesta. Como resultado, es seguro que volverá.

Por último, en un rincón vemos una niña sentada a solas. ¿Está triste o aburrida, o simplemente es tímida? No es posible saberlo a simple vista. Lo único que vemos es que se apartó de los demás, aparentemente porque así lo prefiere. Las actividades de los demás parecen no interesarle. Aparentemente, está feliz en su propio mundo.

EL NIÑO ES PADRE DEL HOMBRE

¿Acaso estas escenas son simples fotografías de un juego casual? ¡De ningún modo! Los poetas nos dicen que «el niño es padre del hombre».[1] Y, en efecto, si observamos a un niño libre y espontáneamente ocupado en una actividad, estamos atisbando su futuro, siempre que el niño crezca y sea fiel a su idoneidad. Si ese fuera el caso, no estaremos adivinando el futuro sino siendo testigos del mismo. Todo esto es cierto de sus hijos, si solo los observa y piensa.

> Los poetas nos dicen que «el niño es padre del hombre». Y es así.

El mismo placer e intensidad que la pequeña niña sentía con sus témperas reaparecerá más tarde cuando sea una mujer adulta trabajando como compradora de géneros en una fábrica textil. Sus ojos se iluminarán con los colores y los

---

[1] William Wordsworth, basado en las líneas de la poesía de Milton *Paradise Regained* [El paraíso recuperado] (I.220): «La niñez anuncia al hombre, como la mañana anuncia al día».

diseños. Sus manos todavía recorrerán el material para sentir su textura. En su casa, sus hijos sentirán el gozo que la hace vibrar cada vez que les toma las manos para dar forma a un pedazo de arcilla o cuando amasa el pan.

Del mismo modo, cuando sean hombres, los dos niños que construían con los ladrillos, manifestarán sus respectivos patrones. Uno de ellos querrá ver resultados, una energía que le viene bien porque en su trabajo de vendedor procura cumplir o superar los objetivos de venta. El otro será un detallista, que retoca las cosas para hacerlas más eficaces: la persona ideal para un puesto de gerente en una tienda. Tanto en el trabajo como en sus vidas personales, ambos hombres buscarán compañeros para compensar las fuerzas que no tienen.

Mientras tanto, ¿alguien se sorprendería que el bromista acabara como conductor de un excelente programa de entrevistas? Sus talentos innatos para atraer la atención sobre su persona y sus opiniones atraerán a los espectadores de manera irresistible. En su vida privada expresará sus talentos tocando el piano como pasatiempo y haciendo de «maestro de ceremonias» de juegos ruidosos, para deleite de sus familiares y amigos.

¿Y qué pasará con la niña que prefería la soledad? Continuará alimentando su vida interior, almacenando observaciones y reflexiones. No resultará sorprendente que, como editora en una importante editorial, enriquezca a todas las personas a su alrededor con su percepción aguda del potencial de desconocidos autores en ciernes.

ATRASEMOS EL RELOJ

Ahora bien, ¿cuál es su caso? Supongamos que pudiéramos volver atrás en el tiempo y regresar a su niñez.

¿Qué lo veríamos hacer?

¿Recuerda lo que hacía cuando podía realizar lo que se le diera la gana? ¿Jugaba con sus amigos? ¿Se iba de pesca? ¿Construía algo? ¿Entonaba una canción? ¿Entrenaba a su perro? ¿Dibujaba? ¿Escribía poemas?

¿Imitaba a un cómico? ¿Jugaba de ama de casa? ¿Jugaba a la mancha? ¿Salía a pasear? ¿Jugaba y ganaba?

¿Tiraba una pelota contra los escalones? ¿Conseguía un amigo nuevo? ¿Leía? ¿Inventaba un cuento? ¿Les hablaba a los pájaros? ¿Observaba cómo crecía una planta?

Cuando trabajaba con Marshall, él me contó cómo siendo muy niño acompañaba a su madre a recoger moras y se pasaba inspeccionando el *reverso* de las hojas en los arbustos de moras. Hoy es un científico que ha hecho una importante contribución a la solución de un problema de materiales usados en la cubierta externa de los cohetes espaciales que se «quema» cuando reingresan a la atmósfera terrestre.

La mayoría de las personas tienen recuerdos de la infancia que no se remontan más allá de los cinco u ocho años de edad; pero algunos, como Marshall, pueden recordar cosas que sucedieron cuando tenían entre dos y tres años.

Tengo dos ejemplos independientes pero similares de estos primeros recuerdos. Ambas personas comenzaban su relato contando cómo observaban el mundo desde su corralito. Uno de ellos recuerda cómo levantó el piso de su corralito, que estaba contra un cerco que daba a la calle, cavó un túnel por debajo de la cerca y salió a la calle para seguir con su vida. Lo recogieron a ochocientos metros de su casa, ¡en pañales! Jack es hoy un abogado procesal de fama nacional, frecuentemente contratado como «asesor experto» por otros equipos de abogados para enfrentar a opositores difíciles.

La otra persona recuerda que pasaba el tiempo en su corralito en el patio cerrado de una casa de veraneo que daba a un pequeño lago con un bote; en la margen opuesta había un bosque. Recuerda que pasó varios días «tramando» su fuga y en determinada ocasión logró salir de su corralito, abrió la puerta del patio, se subió al bote y de alguna manera cruzó el lago y se internó en el bosque, que aparentemente era su objetivo. El Dr. Litzke acabó como metalúrgico, lo consultan científicos del extranjero acerca de problemas insolubles de soldaduras.

Al principio, cuando oía hablar de estos logros infantiles tendía a restarles importancia, reacción posiblemente similar a la de usted: «Qué encantador, pero posiblemente un recuerdo intrascendente y fortuito». Pero pronto aprendimos que *los comportamientos manifestados en la niñez son literalmente precursores del comportamiento futuro*.

Cientos de veces hemos observado estas semillas del destino en los logros de la infancia. Tomemos el caso de Merwin, el presidente de una compañía de servicios de salud, famoso por su capacidad para rescatar a compañías en problemas y para desarrollar el potencial de empresas prometedoras. Cuando tenía seis años, «tomó prestado» el carro rojo de su hermana y lo convirtió en un camión de bomberos para jugar con sus amigos, con algo de sufrimiento para su trasero. Vio lo que era pero también tuvo la imaginación para prever lo que podría ser y la energía para transformarlo.

> Los comportamientos manifestados en la niñez son literalmente precursores del comportamiento futuro.

O tomemos el caso de Stan, un niño que se crió en Brooklyn, muy listo, pero cuyos primeros logros eran ilegales: formas gratis de usar el subterráneo o de conseguir productos en las tiendas de juguetes sin pagar. Stan se convirtió en un profesor. Todavía quiere «ganarle al sistema» pero ahora se dedica a refutar ciertos sistemas establecidos de interpretación de las Escrituras que son erróneos o imperfectos.

¿Y qué de Vanessa, una niña perteneciente a un grupo minoritario que, en condiciones de extrema pobreza y penuria, recuerda hacer espectáculos para sus familiares y amigos? Fue la única de sus hermanos que se libró de la drogadicción y el crimen, y llegó a ser estrella en Broadway. (No nos vengan con que los niños solo copian lo que ven y escuchan en sus casas y en la televisión. Si así fuera, ¿por qué hay tantas diferencias entre hermanos y hermanas?)

O el caso de Juanita, cuyo recuerdo más temprano es de un negocio que planificó mentalmente, con empleados que tenían puestos y con quienes mantenía frecuente comunicación, y a quienes disciplinaba. Hoy es una empresaria de éxito con un negocio de servicio de comidas.

Por último, un recuerdo de la infancia *acerca* de una persona, escrito por su prima:

> Cuando estaba en preescolar [él] era un varón grande en la escuela. Tenía una manera desconcertante de mirarme críticamente y no decir nada. Estaba llena de admiración por él. En su cuarto de juegos había una mesa con caballetes, con miles de soldaditos de plomo dispuestos para la batalla. Organizaba guerras. Desplegaba sus batallones y los ponía en acción, las arvejas y los guijarros provocaban muchas bajas, bombardeaba las fortalezas, la caballería arremetía, derribaban los puentes, y tanques con agua de verdad inundaban al enemigo. Era un espectáculo impresionante y jugaba con tanto interés que era más que un juego corriente de niños.
>
> Durante un verano [la familia] alquiló una pequeña casa en el campo para pasar las vacaciones. Se llamaba

Banstead. [Él] y Jack, su hermano, con la ayuda de los hijos del jardinero, construyeron una cabaña de leños, cavaron una zanja alrededor, consiguieron llenarla de agua e hicieron un puente levadizo que podía levantarse y bajarse de veras. Aquí también tuvieron lugar guerras. Atacaron el fuerte. Rápidamente me sacaron de la acción cuando el barro y las piedras comenzaron a volar.[2]

En este caso el niño evidentemente fue padre del hombre. Este niño terminó cambiando la historia: se convirtió sin duda en el máximo líder de Gran Bretaña del siglo veinte, y posiblemente de cualquier otro siglo. Podría decirse que de no haber sido por Winston Churchill, Inglaterra hubiera sucumbido frente a la Alemania Nazi durante la Segunda Guerra Mundial, Europa se hubiera perdido y el mapa del mundo sería hoy muy distinto.

Este recuerdo es muy llamativo. Nos dice algo acerca de lo que el niño Winston hacía cuando *él* podía elegir, libre y espontáneamente. Este relato es similar al ejercicio con que comencé este capítulo, la visita a los niños preescolares para ver cómo jugaban. Al observar las batallas de su primo, que para él no eran ningún «juego corriente de niños», su prima atisbaba su futuro, por así decirlo; divisaba la llama interior que brillaría cincuenta años más tarde.

EL CANTO DE SIRENA DEL ÉXITO

Sin embargo, es peligroso poner como ejemplos a estos individuos ilustres, tan ideales e inspiradores, porque su grandeza fácilmente nos puede seducir, y comenzamos a preguntarnos:

---

[2] Clare Sheridan, Nuda Veritas, citado en Virginia Cowles, *Winston Churchill: The Era and the Man* [Winston Churchill: La época y el hombre], Grossett & Dunlap, New York, 1953, p. 32.

«¿Cómo puedo convertirme en alguien parecido?» O «¿Cómo puedo ser como Miguel?»[3] Muchos libros prometen una respuesta.

Cada temporada trae consigo una nueva cosecha de «éxitos de librería», que pretenden revelar los secretos asombrosos de los triunfadores, o cómo encauzar su vida si adopta «los siete hábitos de personas muy exitosas», o cómo poner en práctica «la sicología para ganar», o cómo ser un competidor agresivo si se aprende a «ser listo» o cómo obtener lo que se quiere si cuenta con «poder sin límites».[4]

> La idea de que podemos elegir ser lo que el mundo valora es tan descaminada como la antigua promesa del alquimista que iba a convertir el plomo en oro.

Esta clase de libros y medios audiovisuales tienen poco valor y muchas desventajas. Implícitamente equiparan el éxito con la grandeza, y que este solo lo consiguen aquellas pocas personas tan listas como para adquirir unos cuantos atributos que les confieran el toque de Midas. «Tú también puedes ser un Churchill, un Edison, un Bill Gates, un Marc Andressen (el socio fundador de Netscape de veinticuatro años) con solo comprar este libro y convencerte de su mensaje». Muchas personas no pueden resistir este canto de sirena.

Sin embargo, ¡debemos resistirlo! *La idea de que podemos elegir ser lo que el mundo valora es tan descaminada como la antigua promesa del alquimista que iba a convertir el plomo en oro.* Si de veras queremos tener la plenitud, la riqueza y el gozo en la

---

[3] Jordan, Jackson o Angelo (Miguel Ángel), el que usted prefiera según cual sea su MAP.
[4] Peak Performers [Triunfadores], Seven Habits of Highly Successful People [Los siete hábitos de personas de mucho éxito], The Psychology of Winning [Sicología para ganar] Swim with the Sharks [Nadar con los tiburones], Unlimited Power [Poder sin límites].

vida, si queremos encontrar valor auténtico y verdadero éxito, si queremos descubrir nuestro sentido y propósito, no deberíamos mirar a los demás para imitarlos. Por el contrario, necesitamos considerar: *¿Con qué cosas cuento? ¿Cuáles son mis dotes?*[5]

«DEDICARSE A SUS COSAS»

Un método estándar consiste en realizar una serie de pruebas sicológicas: llenar formularios con varias docenas o cientos de preguntas, computar los puntos, y terminar con un informe que supuestamente sintetiza su personalidad. Con toda franqueza, posiblemente haya aprendido algo sobre usted, pero ¿le aclaró cómo debe desenvolverse en el mundo real?

La validez de cualquier registro o prueba no es si usted aprendió algo sobre su persona. Cualquier herramienta popular de evaluación puede hacer eso. La verdadera prueba consiste en si describe o no su individualidad y si capta con exactitud cómo se comporta, cómo aprende, cómo razona, cómo toma decisiones, cómo

> Para que una prueba tenga valor, debe describir su individualidad y captar con exactitud cómo se comporta, cómo aprende, cómo razona, cómo toma decisiones, cómo actúa y qué cosas lo motivan.

---

[5] Es extraño, pero en una sociedad donde el «ser» es el mantra del desarrollo personal, las personas muy pocas veces se detienen para identificar sus potencialidades naturales. En los años setenta, estimé en menos del uno por ciento el número de personas con las que mis colegas y yo trabajamos que alguna vez estudiaron seriamente qué cosas tenían para ofrecer.

actúa y qué cosas lo motivan. ¿Puede tomar una decisión sobre su vida en función de los resultados de la prueba?

Casi todas las pruebas de este tipo se basan en normas estadísticas para elaborar su «perfil». Proporcionan una imagen de usted en comparación con el resto de la población. Supongamos que en una escala de dominación/pasividad usted obtiene una calificación de setenta y ocho por ciento. ¿Tiene las ideas más claras? No mucho. Sugiere que dadas ciertas circunstancias, hay más probabilidad de que usted tienda a hacerse cargo de la situación. Sin embargo, usted puede recordar otras situaciones en las que no tuvo interés en hacerse cargo. No ha ganado en realidad mucho al aprender esto.

Las pruebas de personalidad y categorías de intereses no proporcionan respuestas a las preguntas con respecto a la personalidad y el comportamiento de cada persona, como muchos creen. A lo sumo, proporcionan información comparativa acerca de los rasgos de personalidad más o menos destacados, reunidos en tipos. Pero los rasgos y los tipos de personalidad tienen poco significado en sí mismos. Si no se relacionan con la motivación y la competencia, no tiene ningún sentido utilizarlos para predecir el comportamiento y la personalidad individual.[6]

Por lo tanto, si las pruebas y las clasificaciones de personalidad no contribuyen a la comprensión de quiénes somos ¿hay algo que sí? ¿Cómo podemos saber quiénes somos? *La mejor manera que descubrí para revelar la esencia de una persona es analizar lo que le gusta hacer y hace bien.*

Como mencioné en la introducción, junto con mis colegas de People Management hemos estudiado desde hace

---

[6] Véase el Apéndice A para una discusión más detallada de las pruebas sicológicas y sus limitaciones.

cuarenta años a personas en la plenitud de sus actividades, enfrascados de corazón en logros memorables. Analizamos lo que tiene lugar cuando una persona está abocada a una tarea, completamente absorta, enganchada, «dedicada a sus cosas». Nuestro trabajo es una forma de investigación en torno a un fenómeno que ocurre en la vida de cada persona. En pocas palabras, cada vez que una persona se entusiasma cuando hace algo o está satisfecha con un trabajo bien hecho, manifiesta un determinado patrón de comportamiento. Este diseño le es privativo; no hay otra persona que tenga otro exactamente igual. Es como su huella dactilar.

> La mejor manera para revelar la esencia de una persona es analizar lo que le gusta hacer y hace bien.

A medida que nuestra comprensión del fenómeno fue en aumento, comenzamos a percibir dos cosas asombrosas. En primer lugar, la manera particular de actuar de una persona, que denominamos su *comportamiento motivado*, nos dio acceso a la misma esencia de la persona. Entender su diseño fue entender su manera particular de encarar la vida. En efecto, era la respuesta al acertijo: «¿Quién es esta persona?»

Ligada a esta idea, tuvimos el convencimiento creciente que la rica combinación de talento y pasión no era producto de nada que la persona hubiera hecho o adquirido o se hubiera «convertido en», sino que parecía ser completamente inherente a ese individuo: dones naturales que la persona «simplemente tenía». Se nos ocurrió así un nombre para este fenómeno: *idoneidad*. = Aptitud o buena disposición para algo.

EN QUÉ CONSISTE LA IDONEIDAD

Más adelante consideraremos en qué nos apoyamos para creer que cada uno tiene una idoneidad única. Por el momento, aclaremos lo que significa el término. La idoneidad consiste en lo que somos por naturaleza. Es lo que nos hace ser *lo que somos*. Así nos diseñaron para actuar y, por lo tanto, es la manera en que efectivamente actuamos mejor y con el mayor deleite. Incluye lo que realizamos bien y con motivación.

Tal vez hayan escuchado la expresión «le viene como anillo al dedo» para referirse a un trabajo que le sienta bien a una persona. La idea es que existe una concordancia perfecta entre la persona y la tarea. Esta es una buena ilustración de la idoneidad. Somos idóneos para ciertas tareas. En realidad, cuando actuamos conforme a nuestra idoneidad, el trabajo casi no resulta trabajo; parece más un entretenimiento. Cuando nos «volcamos de lleno a una tarea», por así decirlo, liberamos reservas increíbles de energía, la hacemos «de todo corazón».

Posiblemente ya se le ocurran sinónimos y conceptos relacionados con la idoneidad. Según nuestra definición, está ligada al *diseño humano*: su idoneidad expresa en gran medida quién es como persona. Otro término relacionado es la *afinidad*: la potencialidad natural, tendencia o inclinación, especialmente con respecto a la vocación. En francés existe la palabra *métier*, que refleja un sentido similar. Es el trabajo para el cual una persona tiene una aptitud especial, lo que podríamos llamar su especialidad. Popularmente, nos referimos a nuestras *cosas*, decimos que nos «dedicamos a nuestras cosas», eso que queremos hacer de veras y en especial, y que tal vez hasta *debemos* hacer.

Todas estas ideas apuntan hacia una expresión propia y un sentido de destino o, al menos, un punto de llegada. Como seres humanos, tenemos el presentimiento de que nuestras vidas tienen un propósito, una finalidad que buscamos cumplir. La meta definitiva está íntimamente ligada a lo que somos. Si se frustra el cumplimiento de esa misión, nos sentiremos tremendamente doloridos.

> Cuando actuamos conforme a nuestra idoneidad, el trabajo casi no resulta trabajo: parece más un entretenimiento. Liberamos reservas increíbles de energía.

EN QUÉ NO CONSISTE LA IDONEIDAD

Sin embargo, también es importante comprender qué cosas no son la idoneidad. En primer lugar, *no utilizo el término de manera restringida*, en el sentido que hoy en día algunas escuelas tildan a sus alumnos brillantes como «talentosos y dotados». Es difícil identificar exactamente lo que se entiende por «talentoso y dotado», en especial cuando las diferentes escuelas utilizan criterios distintos para medir estos atributos. Pero la idea básica parecería ser que algunos alumnos tienen más capacidad y aptitud que la prevista por un curso normal de instrucción. Por lo tanto, los colocan en un ambiente más estimulante donde puedan desarrollar sus «dotes y talentos».

Sin hacer ningún juicio de valor sobre este método, dejemos bien en claro que la idoneidad no se limita a los estudiantes brillantes, a los genios inteligentes, o a los precoces talentos musicales. Si un niño es considerado «talentoso» por la escuela, muy bien; eso revela más sobre el limitado entendimiento y alcance de las escuelas que sobre el niño.

En segundo lugar, *la idoneidad no es un tipo o rasgo de personalidad*. Algunos modelos de evaluación, como el indicador de tipos de personalidad de Myers-Briggs, clasifican a las personas en categorías con rasgos similares, o «tipos de personalidad». Pero estos «rasgos de personalidad» no dicen nada sobre la naturaleza esencial de una persona, ni siquiera cuando se agrupan en «tipos», y tampoco son útiles para identificar con exactitud los elementos idóneos que caracterizan a la persona, mucho menos la finalidad que activa su comportamiento (es decir, la motivación).

Por último, la *idoneidad no es un atributo que pueda ser adquirido*. Se tiene o no se tiene. Toda persona tiene una conformación o diseño de idoneidad que le es exclusivo.

No cometamos el error de pensar que algunas personas simplemente nunca tuvieron la oportunidad de expresar su idoneidad. No es cierto; la idoneidad es como la respiración, *cada* persona la emplea en el transcurso de los años, sean estos muchos o pocos.

Para aclarar cómo la expresión de la idoneidad de una persona tiene poco o nada que ver con la casualidad o el haber tenido padres comprensivos, permítanme presentar un par de ejemplos sacados de nuestros archivos.

> La idoneidad es como la respiración, cada persona la emplea en el transcurso de los años, sean estos muchos o pocos.

Sligh, hijo único de padres trabajadores, se crió en una granja cualquiera pero sus capacidades administrativas y de empresario le permitieron desarrollar una pollería, y con la crianza y venta de gallinas ponedoras pudo juntar suficiente dinero para costear sus gastos y estudios universitarios.

Melinda, la hija de nueve años de un profesional financiero, director de una empresa, se pasa las horas aconsejando a sus amigas con respecto a los problemas que tienen con sus padres o amistades.

No hay nada en el entorno de estos niños o en el apoyo brindado por sus respectivos padres que pudiera haber predicho la idoneidad de cada uno de ellos o la manera en que ésta se manifestó.

EL DISEÑO EN ACCIÓN

¿Cómo hace una persona con su idoneidad, en particular, para enfrentar cada día? Una escena típica sería que cuando se despierta en la mañana, comienza a pensar sobre alguna persona, problema, circunstancia o interés afín.

Por ejemplo, supongamos que lo motivan los asuntos financieros. No se sorprenda, entonces, si sus primeros pensamientos tienen que ver con las consecuencias de la última legislación impositiva o las posibles modificaciones de la tasa de interés por la Reserva Federal. O supongamos que le interesan los asuntos técnicos. En ese caso, no podrá dejar de pensar en el cliente que tiene un problema con una válvula en su fábrica, o algunos resultados inesperados en un proyecto de investigación.

Por supuesto, tal vez usted no es una persona madrugadora. ¡Lo único que quiere de mañana es tomar una taza de café! Pero una vez despierto, se enfrenta al día, y su idoneidad revive. Mientras se dedica a la gama de actividades que conforman su «ocupación», se concentra más en las tareas que más lo motivan.

Por ejemplo, si siente inclinación por las tareas nuevas, puede notar que durante la noche aparecieron breves novedades en su correo electrónico. Si le gustan los proyectos que puede terminar en unas pocas horas, posiblemente planifique su agenda para la mañana. Si le apasionan los problemas difíciles, evaluará cuál de ellos acometerá primero. Si prefiere responder a las solicitudes claras de otros, disfrutará la lectura de las noticias de la compañía hasta que su supervisor le alcanza los trabajos del día. El asunto es que *su diseño anima su plan diario*.

> Su diseño anima su plan diario.

Pero, además, no solo se concentrará en lo que más valora, sino que *evitará* lo que tiene poca motivación para usted, o las cosas que no sabe hacer bien. Por ejemplo, si no le gustan los detalles, difícilmente vuelva a leer una carta o verificar las cuentas. Si no le parece importante lo que un cliente le dice, no se molestará en llamar o verificar algo, hará lo que le parece que deba hacer.

«¡Espera un momento Art!» Me imagino que alguien me puede decir. «Parece que apruebas el trabajo descuidado, el no revisar los detalles, o que animas a las personas a desatender a sus clientes». Si está pensando eso, le recomiendo que relea el párrafo anterior y que lo tome muy en serio. Las personas son como son: como han sido diseñadas. No es posible cambiarlas fundamentalmente. Ni siquiera lo intente. En vez de eso, deben colocarse en lugares donde sus facultades estén mejor empleadas y donde su falta de competencia o motivación no tenga incidencia relevante en el resultado.

Si un puesto requiere mucha atención a los detalles, coloque en el mismo a una persona detallista; si necesita alguien para atender a los clientes, déselo a alguien motivado para esa tarea. Pero de ninguna manera fuerce a una persona con otros talentos a actuar fuera de su patrón. Hacerlo solo conduce al fracaso y la frustración.

¿Entiende cómo la idoneidad abarca todo? *No podemos evitar ser lo que somos. ¿Y por qué querríamos hacerlo?* No tiene ningún sentido buscar la satisfacción y la excelencia duradera con otras cosas que no constituyen nuestro carácter de motivaciones esenciales. Tendríamos vidas más ricas, nuestro trabajo sería más productivo y seríamos más auténticos, si deliberadamente pensáramos y actuáramos en conformidad con nuestra idoneidad inherente. ¿Cómo podemos descubrir nuestro verdadero yo? ¿Cómo podemos descubrir toda la maravillosa riqueza de información que tiene nuestro diseño? Manténganse en sintonía.

> **No podemos evitar ser lo que somos. ¿Y por qué querríamos hacerlo?**

Capítulo Dos

Cómo descubrir la idoneidad

¿Alguna vez se imaginó que su vida era un relato y que usted era el protagonista? William Kirk Kilpatrick, profesor de sicología educativa en Boston College, dice que estas ilusiones no son descabelladas porque «una vida *es* un relato. Así hay que entenderla. Una narración es la mejor manera de interpretar y explicar una vida. Ninguna otra cosa sirve».[1]

Esto es sin duda lo que he descubierto. Prácticamente cada vez que le he pedido a alguien: «Cuénteme acerca de algunas de las cosas que hizo en su vida, que disfrutó haciéndolas y que cree que hizo bien», me relatan una historia. Puede comenzar simplemente con un incidente o un simple fragmento de un recuerdo distante. Pero si profundizo en busca de más detalles, siempre obtengo una historia asombrosa que me revela profundas verdades de la persona: la esencia de cómo es y cómo actúa.

---

[1] William Kirk Kilpatrick, «Why Secular Psychology Is Not Enough» [Por qué no es suficiente la sicología secular], *Hillsdale College Imprimis*, vol. 15, no. 4 de abril de 1986.

LA HISTORIA DE BILLY JOE

Por ejemplo, conozco bien a un hombre a quien llamaré Billy Joe que se acordaba de un trabajo de verano que había tenido cuando era adolescente.

—Me acuerdo cuánto disfruté trabajando en ese mercado de frutas de verano y en la gasolinera —me contó—. Me entiendes, ¿no? Conocer y tratar a la gente.

Le pedí a Billy Joe que me contara más sobre el trabajo en el mercado de frutas. Pensó por un momento y asintió. Luego dijo:

—Había un muchacho que tenía un mercado de frutas en un barrio al norte de nuestra ciudad. Eran unas doscientas cabañas y un motel. Lo que hacíamos era abastecer al mercado con frutas y legumbres frescas, pollos, huevos y ese tipo de cosas.

Había que ver su semblante para darse cuenta que estaba disfrutando el recuerdo de esa experiencia. Le pedí que me explicara lo que hacía.

—Puedo decirle que era muy ameno —me comentó, y su rostro se iluminó con una sonrisa—. Había mucha gente por ahí, ¡mucha gente! Tanta que tenían que sacar número para ser atendidos. Mire, hice unos cartones con números y cuando les llegaba el turno, los atendía.

—¿Qué quiere decir con que "los atendía"? —pregunté.

—Pues sumaba lo que habían comprado y les cobraba. Hacía eso toda la mañana y hasta el mediodía. Después, en la tarde, hacía las compras para el día siguiente. Cuando regresaba, seguía atendiendo hasta la noche y luego cerraba.

»Sí que era divertido —volvió a decir, radiante de satisfacción—. ¡Cómo lo disfrutaba!

—¿Qué era lo que tanto disfrutaba?

—El que la gente viniera y yo la saludara. Quiero decir,

me hacía sentir importante. Además, me volví un experto en sumar —se rió—. ¡Recuerdo que una vez desafié al dueño y le dije que podía hacer mentalmente una suma más rápido que él en la caja registradora!

—Me dijo algo sobre una gasolinera —le dije—. Cuénteme sobre ese trabajo.

—Sí, la gasolinera —me contestó, animándose con esa parte de la historia—. Verá, siempre trabajé en gasolineras. Tenía los horarios más extraños en esos trabajos. De veras que me gustaba conocer a la gente. Me pedían indicaciones, o que les recomendara un lugar para comer. Estaba orgulloso de eso, era bueno dando indicaciones —sacudía la cabeza con orgullo—. Trabajé en varias. Una vez que entendía lo que el jefe quería que hiciese, lo hacía. Recuerdo el caso de un viejo gruñón que me dijo: "¡Me caes bien! Haces las cosas como quiero que se hagan", dijo imitando la voz del viejo dueño.

»Supongo que había recibido buenos comentarios de los clientes. Además, colocaba las latas de aceite justo en el borde de los estantes, de modo que si uno pasaba el dedo a lo largo del estante apenas tocaba las latas —movía las manos en el aire para mostrarme lo que hacía—. Si así lo quería él, hacía lo hacía yo.

»En fin, me gustaba saludar a las personas cuando llegaban. Había algo especial que me gustaba en el contacto con la gente: salir y verla. Me resultaba emocionante. No cabe duda porque trabajaba muchas horas.

LOGROS MOVIDOS POR LA PASIÓN

De haberlo dejado, este individuo podría haberse pasado horas contándome sobre aquel trabajo de verano. Tal vez se

sienta tentado a considerar esta conversación una triviali-
dad, a lo sumo un agradable recuerdo, el tipo de conversación
intrascendente que se puede tener con un desconocido para
pasar el rato. Si está pensando eso, ¡piénselo dos veces! Si nos
molestáramos en prestarles atención, las palabras de este hombre revelan muchísimo de su carácter esencial, su idoneidad.

> La idoneidad es más que un mero inventario de talentos. Es la sangre que da vida a una persona, la canción que entonaría de corazón, la carrera que sus pies quisieran correr.

La primera pista que nos indica que está pasando algo es la *pasión* con que cuenta estos hechos. Usted solo leyó sus palabras; yo tuve la oportunidad de escucharlo en persona. Le aseguro que estaba bastante entusiasmado mientras las recordaba.

Porque la idoneidad es más que un mero inventario de talentos. Es la sangre que da vida a una persona, la canción que entonaría de corazón, la carrera que sus pies quisieran correr. Es un ardor en el pecho. Es su razón de ser. En cualquier ocasión que inspiremos idoneidad, estaremos estimulando un nervio que atraviesa el núcleo de la persona.

Pude percibir la idoneidad de Billy Joe cuando le pedí que me contara sobre su trabajo de verano, uno que disfrutó y que hizo bien, y luego cuando le pedí detalles sobre cómo se desenvolvía en el trabajo y por qué estaba tan satisfecho. Mis colegas y yo lo llamamos «entrevistas de logros» (Achievement Interviewing®).

Cuando elaboramos una historia de realizaciones, es muy común que el entrevistado se vuelva muy animado, y hasta transportado en el tiempo: que sienta lo que sintió en ese momento, que hable como habló entonces y que se mueva como se movió. Un hombre que casi nunca ríe puede comenzar a desternillarse de risa al recordar la reacción de una maestra cuando hizo una travesura de niño. Una mujer puede elevar la voz y casi comenzar a gritar mientras describe su respuesta ante un desafío muy peligroso. Las lágrimas pueden comenzar a correr cuando alguien con su memoria y emociones evoca el taller cálido y oloroso donde su padre pacientemente le explicó una técnica de carpintería.

Asociamos la idoneidad a una carga eléctrica. Dada la oportunidad, la persona sentirá una descarga, y tal vez usted también la sienta, producida por la potencia y la pasión de su diseño. Por eso nuestro trabajo es tan emocionante... no tratamos a las personas en abstracto, sino que son *seres* reales, vivos, de carne y hueso, individuos en la plenitud de su humanidad.

Cada persona tiene una historia: una historia completa que relaciona todas las realizaciones significativas de su vida. Billy Joe continuó contándome muchos de sus logros, un reparto de diarios, cómo ayudaba a su tío en el campo, construyó aeroplanos a escala, un trabajo nocturno de sereno, labores para costear sus estudios, la confección de programas curriculares en su labor como maestro, la organización de un sistema para permitir a los jubilados trabajar como voluntarios.

Su lista de logros no era una colección fortuita de hechos cotidianos. Alguien podría considerarla de esa manera; sin embargo, todos los hechos eran episodios de un mismo relato: una historia verdadera. Constituían la experiencia viva y perfecta de un ser humano. Si escribiéramos una novela sobre la vida de Billy Joe, estos episodios serían la trama, y sus acciones nos revelarían el carácter del personaje principal. (En el Apéndice B puede leer más sobre la historia de Billy Joe).

LO QUE PUDO HABER SIDO

Cuando le pedimos a una persona que nos cuente acerca de algo que hacía bien y con placer, sacamos a luz una veta oculta de su alma. Si hay tiempo, no es extraño que se explaye por dos o tres horas, como si se rompiera un dique y los relatos salieran a raudales. Muchas veces, está ocurriendo exactamente eso, porque *nunca nadie se interesó en conocer su «historia»*. Es su historia secreta; de hecho, es tanto que ni siquiera la conocen hasta que la cuentan y la ponen por escrito.

En otras palabras, nadie (ni siquiera ellas mismas) conocen la fuente de su idoneidad. ¡Qué tragedia! Estas personas pueden tener talentos ocultos por años, quizá durante toda su vida, prácticamente sin saberlo ni utilizarlos, para detrimento de todos.

> Muchas personas pueden tener talentos ocultos por años, quizá durante toda su vida, prácticamente sin saberlo ni utilizarlos, para detrimento de todos.

Cuando digo «para detrimento de todos», no pretendo ser dramático. ¿Nos damos cuenta de lo que nos estamos perdiendo por no tomar en cuenta la idoneidad de una persona? Es una pregunta abrumadora: ¿Qué otra cosa *podría* haber sucedido *si* más personas hubieran conocido su destino? ¿Cuántos descubrimientos? ¿Cuántas victorias? ¿Cuántas invenciones? ¿Cuántas creaciones artísticas? ¿Cuántos tratados de paz? ¿Cuántos medicamentos? ¿Cuántas ideas? ¿Cuántas alegrías?

Estas preguntas no son simple especulación, la historia es un libro al que le faltan muchas hojas. Faltan los personajes que debieran haber tenido un papel trascendente. Y hay muchos otros en papeles «fuera de lugar». No desempeñan el papel que el Autor quería.

Nadie puede escribir el pasado de nuevo, pero no es el caso del presente y del futuro. En gran medida, nuestro destino está grabado en nuestros corazones. Si deseamos dominar el futuro, debemos apreciar la estructura, los componentes y el lenguaje de la idoneidad.

LA HISTORIA DE REALIZACIONES

Cuando comenzamos a pedirles a las personas que escribieran descripciones detalladas de las realizaciones que hicieron bien y que les proporcionaron placer, les llevaba casi seis horas (a veces más) recordar y poner por escrito sus recuerdos.

El siguiente paso en las «entrevistas de logros» fue repasar sus afirmaciones y pedirles que se explayaran. Nos interesaba conocer los detalles de la *acción* y los *mecanismos mismos* de cómo lo hicieron. Nuestra meta era agotar su memoria, escuchar cada detalle, sin importar lo «banal» que fuera. Descubrimos que ninguno de nuestros entrevistados había hecho memoria con tanta precisión. En realidad, algunos ni siquiera habían contado esos logros que tanta satisfacción les produjo; a *nadie*, al menos no con tanto detalle.

Con los años, estas entrevistas de logros se hicieron más inquisitivas, insistentes y cuidadosamente documentadas. Pasamos de las resmas de papel legal amarillo a grabarlas, y hasta filmar algunas en vídeo. Al final, transcribimos todo lo sustancial que los entrevistados dijeron. Llegó un momento en que producíamos entre veinte y cuarenta páginas de estos recuerdos, y descartábamos solo el material no relevante, que la experiencia nos enseñoa aumentar el número de páginas.

Nuestras normas para las entrevistas eran estrictas: ninguna guía, ninguna síntesis, ningún juicio, ninguna corrección, ninguna socialización, ninguna búsqueda de causas, nada de jugar a ser sicólogos. *Solo los hechos de cómo la persona hizo lo que hizo.*

Siempre que nuestros entrevistados hablaban con abstracciones o generalidades, les pedíamos ejemplos concretos que ilustraran lo que hicieron: sus *acciones*.

Por ejemplo, si alguien decía: «Simplemente lo hacía», le preguntábamos: «Cuando dice que "lo hacía", si yo hubiera estado allí parado, ¿qué lo hubiera visto hacer?» O si la persona decía: «Comencé a trabajar en ello», le podíamos preguntar: «¿Puede decirme qué cosas hacía cuando según sus palabras "comenzó a trabajar en ello?"» Nuevamente, nuestro objetivo era analizar con objetividad los mecanismos de acción de las personas, sus percepciones, sus pensamientos y las palabras que utilizaban cuando se dedicaban a una realización que les proporcionaba placer.

Permítanme que presente solo un ejemplo de la cantidad y calidad de los hechos que se generan cuando se analiza en detalle lo que una persona hacía a gusto y hacía bien. Cuando conocí a Alex, estaba siguiendo una carrera en entrenamiento y desarrollo; hacía poco tiempo que había dejado la práctica clínica de sicología en un hospital mental para adultos, con internados con problemas muy graves. Había logrado asombrosos avances en la comunicación con algunos de los pacientes sicóticos, pero en los últimos tiempos su actividad no le brindaba satisfacción.

A continuación transcribimos el relato revelador de uno de sus primeros logros: antes de que tuviera diez años, si recuerdo bien. (Se trata de una transcripción «resumida» de la entrevista).

ALEX

Su niñez

Crié desde su nacimiento, domé y entrené a un potro de Tennessee. Era el segundo que criaba; nunca había visto otro igual. Desde el momento que nace, uno está en el establo y acaricia mucho al animal para que lo reconozca y no se asuste. Este caballo tenía un porte y un espíritu lleno de vitalidad. Pasé mucho tiempo acariciándolo, lo hacía caminar, le hablaba.

A medida que el caballo cobra fuerza física, al principio a veces hay que ayudarlo a incorporarse, a dar sus primeros pasos tambaleantes. Cuando empieza a crecer, hay que estregarlo y mantenerlo limpio. Poco a poco, se le coloca primero una manta sobre el lomo, se lo hace caminar con ella, se le habla cuando y se lo separa de la madre. La madre está cerca, pero atada, y se aleja al potrillo de la madre. A las semanas, se le puede colocar una silla liviana, sin cincharlas ponerle peso encima; una bolsa de cereales de unas diez a veinte libras, y aumentar el peso gradualmente, para que lo sienta sobre su lomo. Luego se le pone, una silla liviana al principio y después una más pesada. Se cincha la silla para que sienta la presión, pero sin colocar nada en la boca, solo con un cabestro. Luego se hace caminar con una cuerda muy suave en la boca, después una correa de cuero, hasta colocarle el freno para que se acostumbre a sentirlo en la boca, debajo de la lengua. En este caso por último, se subía a un pequeño niño, más chico que yo, para que sintiera el peso en la silla; después de un tiempo, lo montaba yo mismo. Al principio, los caballos reculan y patean, no se sienten muy cómodos y quieren sacarse el peso de encima. Amí me tiraron al suelo algunas cuantas veces, pero volví a montar y probar de nuevo. Vivía en un lugar semirrural y se podía ver a otra gente y a otros muchachos criar caballos. Lo aprendí por ósmosis. Mi abuelo entendía algo de caballos y me dio algunas indicaciones. El resto de la información la aprendí aquí y allá. ¡Qué bueno que era! Solo yo montaba ese caballo hasta que lo vendí. El caballo y yo éramos como una sola cosa. Me subía a la montura y el caballo conocía todas mis acciones; me subía e iba al paso, ese caballo respondía tan bien... estaba listo para galopar sin que me diera cuenta que le hubiera hecho ninguna señal hasta que presté atención a lo que hacía: carraspeaba. El caballo lo interpretaba como «Vamos». Éramos una unidad, así que tenía que tener cuidado. Cuando le daba la señal, el caballo galopaba como el viento. Era un tremendo animal.

¿Encuentra algún paralelo con la película *The Horse Whisperer* [El hombre que susurraba a los caballos]?

¿Vio con qué ternura trataba a la niña, pero también con firmeza e insistencia? ¿Se dio cuenta de la sabiduría del domador, cómo construyó la relación, cómo respetó al objeto de su cuidado, cómo leía la mente y el corazón del caballo y sabía qué hacer y qué podía suceder? Fíjese cómo observaba los detalles; cómo planificó un régimen; era un entrenador nato; cómo lo acostumbró a enfrentarse al temor. ¡Qué gracia maravillosa para una niña!

SU HISTORIA

Todo esto nos conduce a la pregunta: *¿Cuál es su historia? ¿Qué actividades ha realizado en su vida que disfrutó y considera que estuvieron bien hechas?*

Lo invito a que experimente este proceso ahora mismo para probarlo. Deje de lado este libro por un momento, tome unas hojas de apuntes o siéntese delante de su computadora. Anote tantos hechos como recuerde que cumplan estos dos criterios: cosas que disfrutó haciéndolas y cosas que hizo bien.

No se avergüence de poner algo en la lista. Cuanto más escriba, más recuerdos tendrá de momentos placenteros. No descarte la relevancia de un recuerdo. Si para usted el logro fue importante, agréguelo a la lista.

> Aun en las condiciones más empobrecidas, estériles, disfuncionales, represivas o de maltrato, las personas pueden recordar al menos algunos logros que les proporcionaron satisfacción, a pesar de la tristeza que sufrieron en sus primeros años.

Puede haber sido una pelea sangrienta con el matón del vecindario; ganarle a los varones en una carrera (si era niña); encontrar un sello muy raro; inscribir a un cerdo en la fiesta del condado y el orgullo que sintió cuando obtuvo el segundo premio.

Evoque aquellos días en que su vida no estaba gobernada por las expectativas sociales: lecturas secretas de libros, exploración de cañadas, muestras de coraje, poesías aprendidas de memoria, colección de piedras, cuadros que pintó, animales con los que se encariñó, sus victorias.

¿Hasta dónde se tiene que remontar en el tiempo? Tanto como pueda recordar. No suponga que si se crió en circunstancias difíciles no le será posible recordar ningún hecho significativo. Hemos entrevistado a personas de las clases sociales más inconcebibles. Descubrimos que aun en las condiciones más empobrecidas, estériles, disfuncionales, represivas o de maltrato, las personas pueden recordar al menos algunos logros que les proporcionaron satisfacción, a pesar de la tristeza que sufrieron en sus primeros años. Tal vez requiera un poco de esfuerzo y reflexión, pero la idoneidad está ahí: incluso cuando las condiciones aparentemente no podían ser peores.

UNA VIDA DE «REALIZACIONES»

No se quede con recuerdos de la infancia. ¿Qué cosas hizo en la adolescencia que disfrutó y considera significativas? ¿Hizo un espectáculo de magia para sus vecinos? ¿Escribió una poesía que fue publicada?

¿Tocó un dúo en un concierto? ¿Recorrió a pie todo el sendero de los Apalaches?

También están las actividades de la edad adulta. Pueden estar relacionadas con su ocupación en el lugar de trabajo, sus esfuerzos como padre, sus actividades como miembro de la iglesia o su servicio a la comunidad. Cualquier logro que haya disfrutado y que sea relevante para usted, póngalo en la lista.

Tal vez inventó un proceso para mezclar pinturas y lo patentó; encontró una vieja casa, y la restauró a su condición original; se postuló para la junta de la escuela y perdió, pero puso sobre el tapete asuntos que condujeron al cambio; hizo los arreglos para que sus padres ingresaran a un asilo de ancianos. Este es el tipo de realizaciones que nos interesan.

Las llamo «realizaciones» porque describen los logros y porque son actividades de cosas específicas e identificables que usted realizó. Lo ideal es que las personas nos cuenten acerca de *sus realizaciones y no de sus éxitos*. Por ejemplo: «Me dieron el título de Señorita Coliflor» no nos dice mucho de la persona.

Sería mucho más interesante saber lo que hizo para recibir ese honor (si para ella fue trascendente). Por ejemplo: «Bajé veinte libras de peso, me aprendí una canción de memoria y cosí mi propio vestido para competir (y ganar) el concurso de Señorita Coliflor».

Del mismo modo, queremos que las personas nos cuenten acerca de las *actividades* que realizaron y no las experiencias que vivieron. «Escuché al Presidente Kennedy dar un discurso cuando tenía nueve años» es un hermoso recuerdo; por desgracia, no nos dice nada de lo que este niño de nueve años hacía. Una verdadera realización sería: «Cuando tenía nueve años, falté a la escuela, tomé un ómnibus hasta el centro y me metí entre la muchedumbre hasta llegar a la primera fila para escuchar el discurso del Presidente Kennedy». Ahora sí sabemos algo de esta persona y sus logros: lo que *hizo* para tener esa experiencia tan impresionante.

> La idoneidad se expresa en logros y no en éxitos, en actividades más que en experiencias.

De momento, siga escribiendo tanto como quiera o necesite. Solo cuando haya acabado consulte el Apéndice D, donde encontrará qué hacer con todas las hojas que llenó con su historia de logros.

En el siguiente capítulo dejaremos la *idoneidad* expresada en la vida de una persona (la historia de sus logros) para descubrir el *modelo* de esa idoneidad: el Modelo de Aptitudes Motivadas (MAP).

Capítulo Tres

Modelos de idoneidad: el MAP

El ejercicio agradable pero riguroso de escribir la historia de las realizaciones individuales, las cosas que la persona hizo con gusto e hizo bien, produce montones de «datos» primarios. ¿Pero qué hacemos luego con toda esa información?

De acuerdo con un método científico estándar, comenzamos a analizar la información en busca de temas o patrones recurrentes.[1] ¿Repetía la persona determinadas palabras o expresiones con significado igual o similar? Esta búsqueda no nos defraudó. En *todos* los casos, la información demostró que *las personas siempre repetían el mismo modelo de acción cuando disfrutan haciendo algo y lo hacen bien*. Este comportamiento les era propio, era como su firma, su canción preferida o su proceso patentado.

---

[1] Nuestro proceso se basa en la evidencia, no es una distracción para la mente creativa. Analizamos la información y lo que nos dice, no la interpretamos como un analista. Sin duda que por lo tanto el proceso no tiene nada fuera de lo común, y hay muy poco de interés para los que quieran dar rienda suelta a sus teorías y creencias. Pero la naturaleza acumulativa del proceso lo convierte en una herramienta extremadamente potente para explicar y predecir; y es en esencia invulnerable a la influencia de ataques de cualquiera que tenga intereses creados y pretenda obtener resultados diferentes.

EL MODELO DE APTITUDES MOTIVADAS (MAP)

Determinar un modelo es una cosa; describirlo es otra muy distinta. Al principio, nuestros informes de cada persona eran casi tan idiosincrásicos como el modelo particular de comportamiento de la persona. Mientras tanto, como nuestros clientes (en su mayoría pertenecientes al mundo de las grandes compañías) necesitaban métodos útiles para comparar a su personal entre sí y para equiparar a sus empleados con su ocupación, nos presionaron para desarrollar un sistema acorde con sus necesidades.

Por lo tanto, para que nuestros informes fueran coherentes y los resultados fáciles de entender y utilizar, estudiamos cientos y cientos de informes de modelos, de modo de crear una «taxonomía» que permitiera clasificar los diversos elementos que la gente mencionaba. Desarrollamos así un sistema para describir los modelos personales, basado en los muchos patrones que habíamos identificado.[2]

Encontramos que todos los modelos de idoneidad presentan cinco dimensiones:

Las aptitudes: las competencias naturales que una persona usa para obtener los resultados deseados (por ejemplo: el estudio, la experimentación, el análisis, la persuasión, la estrategia, la enseñanza).

> Nuestra información demuestra que cuando una persona disfruta lo que hace y lo realiza bien, el individuo siempre repite el mismo modelo de acción, sigue un modelo particular que es como su propia firma.

---

[2] Lo llamamos SIMA®: System for Identifying Motivated Abilities [Sistema de Identificación de Aptitudes Motivadas].

El contenido temático: los objetos o temas que interesan naturalmente a la persona y con los que obtiene los logros más productivos y satisfactorios (por ejemplo: los números, los conceptos, las personas, las herramientas, las máquinas, los colores).

Las circunstancias: las condiciones ideales para que esta persona se desempeñe (por ejemplo: circunstancias estructuradas, visibles, competitivas) y los factores que «disparan» su motivación (por ejemplo: necesidades, problemas y posibilidad de obtener resultados mensurables).

Las relaciones sociales operativas: la manera en que una persona se relaciona con los demás para obtener resultados significativos (por ejemplo: participación en equipo, individualista, iniciador, promotor, coordinador).

La recompensa: el resultado específico y característico que la persona quiere obtener para sentirse satisfecha y conforme con su realización (por ejemplo: destacarse, superarse, cumplir exigencias, obtener respuestas, adquirir bienes y prestigio social, ser pionero).

El modelo general de idoneidad es el *modelo de aptitudes motivadas* (MAP). En el siguiente capítulo analizaremos con más detalle estas cinco dimensiones del MAP, pero antes quiero recalcar tres consideraciones vitales.

EL MODELO DE APTITUDES ES ORGÁNICO

En primer lugar, el modelo de aptitudes (MAP) no es un concepto casual y arbitrario que alguien inventó. La propia información recabada lo sugirió. Es el producto de un programa controlado que permitió a las personas recordar y describir con mucho detalle sus realizaciones, seguido de un análisis cuidadoso de sus afirmaciones para detectar temas repetitivos y líneas de pensamiento. Cuando se correlacionaba la información de miles de personas, las cinco dimensiones mencionadas aparecían una vez tras otra durante el proceso de análisis de los factores. Por lo tanto, el MAP y sus cinco dimensiones son fundamentalmente orgánicos: aparecen de manera natural e inevitable cuando las personas experimentan y recuerdan sus logros. No se impone ninguna otra pauta a los logros.

Hemos sido consecuentes en procurar evitar un error fundamental que cometen muchas personas en la creación de modelos para entender y describir a los seres humanos, cuando imponen sus propias teorías y conceptos en los objetos de estudio, y a los sujetos solo les cabe confirmar sus teorías.

EL MODELO DE APTITUDES ES SISTÉMICO

El segundo punto fundamental es que el MAP es un *sistema*. Para ser más precisos, un ser humano individual es un sistema: una unidad completa e integral. Por lo tanto, el MAP de una persona debe ser considerado como una unidad, no como una colección de cinco «partes». Cada elemento del MAP tiene una relación funcional con *todos* los demás elementos.

Por ejemplo, digamos que usted tiene la aptitud para hacer estimaciones. Puede determinar el valor de algo por instinto. Esta destreza operará siempre *en forma conjunta con sus otras aptitudes motivadas*. (La mayoría de las personas tienen entre cinco y siete facultades primarias, o aptitudes propias).

Cuando ponga en práctica su capacidad para hacer estimaciones, habrá un *contenido temático* en particular que lo motivará; podría ser una estructura o el dinero. Se encuentra usted de continuo determinando el valor de cosas tales como construcciones o fábricas, y las consiguientes consecuencias financieras. Le resulta natural. Usted adquirirá con gusto y sin dificultad cualquier conocimiento técnico o destreza que esta tarea exija.

Pero, además, cuando utiliza su capacidad estimativa con las estructuras, tenderá a trabajar en determinadas *circunstancias motivadoras*: por ejemplo, en situaciones competitivas o que requieran una respuesta inmediata. No sería sorprendente encontrarlo trabajando de lleno en varias ofertas licitatorias en una ciudad con un auge en la construcción.

Con respecto a las *relaciones sociales operativas*, en este bullicio en el que usa sus dotes de estimación del valor de estructuras y empréstitos, se relacionará con las personas de la manera que le resulte más cómoda. Tal vez se parece al «Llanero solitario» que recorre la ciudad en busca de un buen negocio.

Todos estos elementos (las aptitudes motivadas, el contenido temático, las circunstancias y las relaciones sociales operativas) lo motivan para obtener una *recompensa* que lo satisfaga plenamente. Tal vez sea el colmar las expectativas de los demás; por eso, cuando llega a un acuerdo, su mayor alegría es escuchar al principal inversor decirle: «¡Esto es maravilloso! ¡Perfecto! ¡Es exactamente lo que quería!»

¿Comprende cómo todos los elementos del MAP operan en conjunto como un sistema integrado? Cada uno de los elementos favorece pero a la vez depende de los restantes.

CADA MODELO DE APTITUDES ES ÚNICO

Tal vez se pregunte qué tan «único» puede ser realmente el MAP de una persona, ya que está compuesto por solo cinco dimensiones. En un mundo con siete mil millones de habitantes, ¿no se agotarán rápidamente las posibles combinaciones?

La respuesta es no, por dos razones. En primer lugar, cada uno de los cinco elementos del modelo tiene una amplia variedad de expresiones posibles, como veremos más adelante. Para dar solo un ejemplo: hemos catalogado unas catorce categorías diferentes de aptitudes motivadas, con aproximadamente ochenta y cuatro subcategorías. Si se toma en cuenta que las personas manifiestan estas aptitudes con determinado contenido temático, dentro de determinadas circunstancias, y con todas las variaciones posibles en cuanto a énfasis y combinaciones, es fácil darse cuenta que las aptitudes presentan infinidad de posibilidades de expresión.

De modo que aunque alguien tenga aptitud para enseñar, lo hará de una manera que le es propia y distinta a cualquier otro maestro. Piense en todos los maestros que tuvo, especialmente en los buenos, aquellos que realmente sabían estimular a los estudiantes para que aprendieran, y comprenderá lo que quiero decir. Todos eran maestros, pero cada uno enseñaba a su propia y especial manera.

Analice los siguientes recuadros con ejemplos que ilustran estas tres últimas características del MAP: orgánico, sistémico y único. Se trata de una maestra, una mujer a quien evaluamos para cubrir una vacante. Nuestro informe incluye el MAP y un relato que describe cómo se desempeñaría en ese puesto de manera única, orgánica y sistémica.

POSTULANTE PARA UN PUESTO EN LA ENSEÑANZA
RESUMEN DEL MODELO DE APTITUDES MOTIVADAS

A. *¿Cuáles son sus aptitudes motivadas?*
Investigación: mediante entrevistas y preguntas
Evaluación: por análisis
Desarrollo: por mejoramiento, aclaración, modificación
Supervisión: con ayuda y medios
Influencia: mediante el compromiso y la participación
Enseñanza: como tutor y guía

B. *¿Qué contenido temático se repite en sus logros?*
Conocimiento
Materiales
Individuos
Mecanismos: métodos, pasos.

C. *¿Qué circunstancias le producen satisfacción?*
¿Qué cosas la motivan?
Problemas
Necesidades
¿Qué factores la mantienen motivada?
La posibilidad de ser eficaz
¿Qué resultados busca?
Resultados prácticos
¿Qué grado de estructura/definición necesita?
Instrucciones, especificaciones disponibles
¿Qué entorno la motiva?
Situaciones para el crecimiento y el desarrollo
Proyectos, programas

D. *¿Cómo trabaja mejor con la gente?*
Crea oportunidades, entrena, crea condiciones propicias

E. *¿Qué recompensa quiere obtener?*
Mejorar/Retocar/Realzar

RELATO

La postulante para el puesto en la enseñanza procura mejorar prácticamente todo y a todos a su alrededor. Con ese propósito, está en constante búsqueda de necesidades y problemas para resolver. Considera a sus alumnos como sujetos que necesitan de su ayuda para mejorar su comprensión, competencia y eficacia. Cada persona se convertirá casi en un proyecto para ella: algo a ser llevado del estado A al estado B.

Como tiende por inherencia a trabajar con las personas como individuos, y no como grupos, no da clases teóricas ni usa otros métodos de instrucción en grupo. Por el contrario, organiza la clase y los proyectos que posibilitan la enseñanza personalizada. Sus ansias de mejorar la llevan a volcar la mayor parte de su energía en aquellos estudiantes que parecen tener más necesidad o potencial. Si los estudiantes son tímidos o no muestran interés, se esforzará por hacerlos participar activamente en clase.

Trabaja de manera natural como una persona que brinda oportunidades, entrena y crea condiciones propicias. Por lo tanto, procurará proveer los materiales, las oportunidades y la guía necesaria para que cada individuo rinda al máximo académicamente. Es fundamental que pueda identificar continuamente cosas específicas para mejorar, como resultado de su intervención. Si no hay necesidades o problemas significativos, sus esfuerzos, energía y entusiasmo se debilitarán. Es muy posible que «invente» problemas para resolver: se esmerará con mejorar incluso aquellas situaciones que otros consideran aceptables. Se resiste a considerar algo como «acabado», continuará retocándolo y adaptándolo; cree que de algún modo debe ser mejor que lo que es.

Su motivación para intervenir y realizar mejoras no solo se manifiesta en su manera de enseñar, sino también en las relaciones con sus colegas, en la preparación de los materiales, en su planificación y en su propio crecimiento profesional; prácticamente en todo lo que hace.

Para tener la certeza de que sus esfuerzos son apropiados, busca activamente instrucciones, especificaciones o reglas que pueda seguir. Aprenderá de tutores con experiencia y recabará información de recursos materiales relevantes, para encontrar métodos probados que pueda usar en la clase. No sirve esperar que la postulante desarrolle el programa de estudios desde cero o que produzca personalmente materiales innovadores, proyectos o estrategias; por el contrario, es fundamental que cuente con instrucciones y procedimientos claros. El orden inherente a los métodos bien definidos le brinda la seguridad de saber que sus esfuerzos no son el producto de reacciones accidentales a situaciones imprevisibles, sino que están basados en técnicas bien comprobadas. Fiel a su naturaleza, adaptará y mejorará esos procedimientos. Cuando surja una situación para la que no tiene un método conocido, posiblemente actúe con cautela. Los puestos que exijan un trabajo creativo dentro de un entorno poco controlado y flexible pronto debilitarán su eficacia y erosionarán su entusiasmo.

La hermosura de un MAP y una de las cosas que lo convierte fundamentalmente en una manera diferente de entender a las personas es que proporciona una representación exacta y justa de la persona que usted ha manifestado ser durante su vida. Para usar una metáfora musical: cuando confeccionamos su MAP, no le escribimos una melodía para cantar sino que ponemos por escrito la melodía que *usted ya canta*, ¡que ha cantado durante toda su vida!

> Cuando confeccionamos su MAP, no le escribimos una melodía para cantar sino que ponemos por escrito la melodía que usted ya canta, ¡que ha cantado durante toda su vida!

CÓMO APRENDER A LEER LA MÚSICA

¿No le gustaría saber cuál es la canción? ¿No le gustaría saber qué canciones cantan las personas a su alrededor, especialmente aquellas cuyas vidas lo influyen y usted las influye: hijos, padres, cónyuges, maestros, empleados, jefes y otros más? Si de veras quiere entender lo que cantan, necesita estudiar su canción.

Aquí entra en juego el MAP. Usemos una ilustración sencilla y extraña: «Diseñé y construí un bote de diez metros para cruzar en solitario el bravío mar, y poder escuchar a mi amada dar el sí a mi proposición de matrimonio, que le había mandado seis meses antes por una paloma mensajera».

¡Qué canción más emotiva! Como con cualquier otra «canción», o logro motivacional, puede representarse con las cinco dimensiones del modelo de aptitudes propias:

- *Aptitud motivada*: Diseñé y construí
- *Contenido temático*: un bote de diez metros
- *Circunstancias*: cruzar el bravío mar
- *Relaciones sociales operativas*: en solitario
- *Recompensa motivadora*: poder escuchar a mi amada dar el sí a mi proposición de matrimonio que le había mandado seis meses antes por una paloma mensajera.

Analizaremos cada uno de estos cinco elementos con más detalle en el siguiente capítulo.

Capítulo Cuatro

Los detalles de nuestro modelo

El propósito del modelo de aptitudes motivadas no es encasillar a las personas o identificar «tipos de personalidad» específicos. Por el contrario, el modelo de aptitudes motivadas es una herramienta que permite formular las preguntas correctas para no olvidarnos de una u otra dimensión de la idoneidad de una persona. Este capítulo presentará apenas algunas de las posibilidades. Déjese maravillar por la casi infinita variedad de la idoneidad y, en consecuencia, de las personas.

APTITUDES MOTIVADAS INNATAS

Las aptitudes motivadas son las competencias naturales que Dios nos dio y que una persona utiliza para alcanzar los resultados deseados. La mujer que todos los años gana el primer premio en la fiesta del pueblo por sus guisantes horneados; el hombre que convierte un terreno baldío abandonado, plagado de hierba, en un parque maravilloso; el adolescente que puede resolver mentalmente complejos problemas matemáticos; el pequeño niño que sorprende a sus familiares con su talento para la rima y para acompasar cualquier palabra o frase; todas estas son manifestaciones de aptitudes motivadas.

Las aptitudes motivadas no tienen por qué ser necesariamente impresionantes o extraordinarias. Con frecuencia no lo son. Considere estos ejemplos de aptitudes motivadas: la persona que intuye cómo «piensa» una trucha, el niño con facilidad para la ortografía, o el camarero que atiende sin esfuerzo y con eficiencia los pedidos de varios clientes en un restaurante lleno (y hasta disfruta su trabajo). Las aptitudes motivadas son extraordinarias no tanto por los resultados sino porque *permiten realizar tanto con tan poco esfuerzo*. Sobresalen porque se dan con naturalidad y sin esfuerzo. Son las destrezas que hacen que una persona que no entiende la diferencia entre una trucha y un róbalo, o que no sabe escribir bien la misma palabra dos veces, o que cuando llega a la cocina no se acuerda si la visita quería té helado o limonada y un café, sacuda la cabeza y le pregunte la otra con asombro: «¿Cómo lo haces?» Y la respuesta es siempre: «No sé... Simplemente lo hago».

Uno de los rasgos distintivos de las aptitudes motivadas es la *naturalidad*. Son las facultades primarias e innatas. La persona no necesita pensar cuándo usarlas, mucho menos esforzarse; sencillamente él o ella las usan. Puede necesitar aprender el mecanismo de la actividad o posiblemente aprender determinadas habilidades motoras. Puede desarrollar sus facultades con la práctica y el entrenamiento. Pero no necesita «adquirirlas»; *nació* con ellas, como las aves saben volar. Además, tiene *motivación* natural para utilizarlas. O sea, nunca se cansa de usarlas. Recurre a esas habilidades para cumplir su propósito, día tras día, año tras año, ¡durante toda su vida!

> Las aptitudes motivadas son extraordinarias no tanto por los resultados sino porque permiten realizar tanto con tan poco esfuerzo.

Las diversas aptitudes motivadas que poseemos, por lo tanto, cubren esencialmente todo lo que hacemos en el transcurso de un día. Determinan nuestra manera de:

- percibir el mundo
- adquirir y asimilar el conocimiento
- evaluar la propiedad y validez de las cosas
- concebir y desarrollar cosas nuevas
- organizar y planificar nuestras actividades
- actuar
- informar e influir a los demás.

TEMAS MOTIVADORES QUE «PRENDEN»

Los *temas motivadores* son los asuntos, objetos o campos de actividad en la vida por los que una persona siente afinidad: donde puede expresar con *naturalidad* sus aptitudes motivadas. Si el sello distintivo de las aptitudes motivadas es la naturalidad, el de los temas motivadores es la *pasión*.

> El sello distintivo de los temas motivadores es la pasión. Las personas se apasionan con los contenidos temáticos afines a su MAP.

Las personas se apasionan con los contenidos temáticos afines a su MAP. Si tiene dudas acerca de esta afirmación, observe la mirada de un campeón de atletismo. Hay un fuego en su mirada si realmente ama su deporte. Se apasiona por casi cualquier cosa que haga: el entrenamiento, las competencias, las dietas, las lecturas, y hasta con sus allegados.

No se trata de que en el deporte no existan algunas personas que están allí solo por su capacidad y no por motivación. Pero el atletismo, tal vez más que ningún otro deporte, «clasifica» a las personas mediante un proceso competitivo agotador y largo. El sistema promueve tanto la pasión como el desempeño porque el camino a la cumbre es muy largo. Pocas personas la alcanzan si no aman verdaderamente lo que hacen.

Por eso a veces escuchamos a los atletas profesionales decir: «¡No puedo creer que me paguen por hacer esto!» Para ellos el deporte no es un «trabajo», ¡se divierten! Desarrollan su actividad dentro del contenido temático motivador. Por supuesto, no solo los atletas son ejemplos de este tipo de apasionamiento. Lo he observado en secretarias, doctores, predicadores, exploradores, gerentes de restaurantes, jardineros y constructores.

Conozco a un hombre que tiene un puesto de fruta y verdura cerca de mi oficina, Henry Balsamo. Henry no solo conoce sus productos, está completamente apasionado por ellos. Comienza su jornada en el mercado mayorista cuando todavía es de noche, donde compra solo productos caros, de la mejor calidad. No compra nada ordinario. Por eso tiene clientes que vienen de muy lejos, a veces en automóvil con chofer, para contagiarse de su pasión. Su esposa dice que es un «maniático» de su trabajo. Lo voy a ver para comprar un par de melones, ligeramente aprieto esas hermosuras, y le pregunto:

—¿Están maduros?

—Les falta un poco —declara—. Hay que esperar hasta mañana.

Y luego agrega, con una sonrisa traviesa:

—A eso de las tres de la tarde.

Creo que es solo una broma a medias. Henry y Frank, su hermano, han trabajado con estos productos por tanto tiempo, por cinco o seis décadas, que ¡realmente saben cuando una fruta está en su punto! Esta es la clase de maestría asociada a un tema motivador.

Imagínese si todos pudiéramos encontrar la misma intensidad que un atleta comprometido o que el vendedor de productos frescos, Henry Balsamo. Imagínese lo que ocurriría en el lugar de trabajo, las escuelas, las instituciones religiosas o los servicios comunitarios si las personas en esos ámbitos estuvieran apasionadamente volcadas de lleno a lo que hacen.

TODOS TENEMOS UNA PASIÓN... POR ALGO

¿Será esto posible en realidad? Por supuesto. *Todos* tenemos determinados temas u objetos que alimentan nuestra motivación. No hay solo unas pocas personas en este mundo con la suerte de tener cosas que realmente les interesa, mientras que el resto de nosotros debemos conformarnos con el tedio. *Todos* tenemos determinados contenidos temáticos motivadores.

Sin embargo, por desgracia, muchas personas pasan la mayor parte de su tiempo trabajando en otras cosas. Por ejemplo, una mujer cumple sus ocho horas laborales trabajando como contadora, con resultados muy satisfactorios. Es un trabajo. Pero luego regresa a su casa para trabajar en el jardín. De golpe, se liberan reservas de energía mientras cuida a sus plantas como si fueran otro miembro de la familia. Hace apenas una hora o dos se esforzaba por concentrarse en los libros de cuentas y los balances; ahora está alegremente absorta en la poda, la tierra, los fertilizantes y el riego.

Cuando observamos esta situación solo cabe una pregunta: ¿qué pasaría si colocáramos a esa mujer en un puesto donde otras personas se beneficiaran de su pasión por las plantas? ¿Tendría una vida más productiva para la sociedad y más placentera para ella?

¿Cuántas personas conoce que después de jubilarse, o porque las despidieron por mayores, manifestaron un cambio radical de vocación? El padre de un gran amigo mío pasó su «vida laboral» como párroco en varios pueblos pequeños. Después de jubilarse comenzó a construir casas para familias necesitadas, ¡feliz y aparentaba veinte años menos!

CIRCUNSTANCIAS MOTIVADORAS PARA RENDIR MÁS

Las personas usan sus aptitudes motivadas y las emplean en contenidos temáticos motivadores, pero rinden el máximo cuando pueden desenvolverse en circunstancias motivadoras. Estas son las condiciones ideales para un individuo, allí donde él o ella rinden mejor.

Veamos en detalle algunas maneras en que las circunstancias son cruciales para motivar el comportamiento de las personas.

¿Qué pone en marcha el motor?

Los empleadores y gerentes con mucha frecuencia preguntan: «¿Cómo puedo motivar a mi gente?» Quieren saber cómo poner a las personas en marcha, «sacarlas de la rutina». Con frecuencia, en el mismo respiro, el gerente agrega: «Quiero personas emprendedoras, que vean una necesidad y la solucionen».

> Una persona que no responde puede no ser indiferente, sencillamente no está motivada. La diferencia es enorme.

Sin embargo, esto deja traslucir un malentendido fundamental con respecto a la motivación de las personas. Algunas son innovadoras, se desenvuelven bien en situaciones en las que nadie puede darles ni les proporciona directivas, y tampoco las necesitan. Pero muchos más necesitan de otra persona para ponerlos en marcha. *Esto no es ninguna debilidad, es un pedido de liderazgo.*

¿Qué cosas disparan la motivación de una persona? ¿Ha participado alguna vez de una reunión donde alguien plantea una necesidad imperiosa y hace un pedido apasionado de ayuda? Es posible que algunas personas ofrezcan ayuda inmediatamente; pero otras vacilen. Algunas personas interpretarán esta aparente falta de respuesta como indiferencia: otro malentendido fundamental. Estas personas no son por inherencia indiferentes; de ningún modo, sencillamente no están motivadas. La diferencia es enorme.

Las necesidades motivan a algunas personas; pero los problemas, y no las necesidades, motivan a otras. Si no pueden percibir un problema que necesita solución, no se motivan. Otros responden a la competitividad, o a las oportunidades, o a las emergencias, o a otras cosas. Cuanto más precisos seamos para comprender las cosas que prenden la motivación de un individuo, con más exactitud podremos decir: «¡Este trabajo es para él!» Cuanto más comprendamos qué cosas nos entusiasman, con más exactitud podremos decir: «¡Este trabajo es para mí!»

Conozco a una mujer, Anne, muy creativa, terca («muy» terca), en extremo independiente, que le gusta hacer las cosas a su manera, observadora, una fuente rica de sabiduría y perspicacia para ayudar a quienes tienen problemas personales o artísticos. Tiene una habilidad probada para conducir a los individuos y las organizaciones a nuevos niveles de comprensión y realizaciones; sin embargo, no puede comenzar nuevos emprendimientos por sí sola. Necesita que la inviten a participar de algo que ya exista y que tenga potencial de crecimiento y de expresividad para poder rendir al máximo. Punto y aparte.

¿Qué mantiene el motor en movimiento?

Ponerse en marcha es una cosa, mantenerse en movimiento es otra. De nuevo, corrientemente se culpa a la gente por perder su motivación en medio de una tarea. Se los acusa de «remolones», de «falta de compromiso», de no «calcular el costo» antes de abocarse a la tarea.

Pero los modelos de aptitudes nos muestran que cuando las personas no se brindan al máximo en la consecución de una tarea o actividad, *por lo general no se trata de una cuestión de carácter sino de motivación.* Las circunstancias cambian, y sus energías también. Así como las circunstancias son cruciales para despertar el compromiso de las personas, siguen siendo cruciales para mantener la motivación.

> Cuando las personas no se brindan al máximo en la consecución de una tarea o actividad, por lo general no se trata de una cuestión de carácter sino de motivación.

Algunas personas rinden cuando están presionadas. Mantienen la concentración y su determinación mientras la prensa golpea a sus puertas, o el cliente duplica su pedido pero lo quiere para mañana, o la vida de un paciente pende de un hilo. Dedican lo mejor de sus energías a la tarea entre manos. Pero una vez que la historia se hace pública, que el pedido ya fue enviado y está en el correo, o que el paciente está fuera de peligro, la motivación de la persona se desvanece.

> Si quiere administrar su vida con más eficacia, ¡averigüe por qué y cuándo se queda sin gasolina motivadora!

Otras se mantienen motivadas siempre que vean una oportunidad para el crecimiento personal. Mientras un superior las capacita, o aprenden a dominar el sistema de distribución o a perfeccionar la técnica de decoración de tortas, son como perros detrás de su presa. Sin embargo, si tienen que trabajar de manera rutinaria, en modo mantenimiento, donde tienen que hacer la misma cosa, siempre de la misma manera, vez tras vez y todos los días, comenzarán a retraerse emocionalmente y a buscar otra cosa para hacer.

¿Quiere administrar su vida con más eficacia? ¡Averigüe por qué y cuándo se queda sin gasolina motivadora!

El jefe de investigación de una compañía petroquímica norteamericana muy grande nos pidió que averiguáramos por qué la investigación de un científico muy creativo no producía resultados acorde con las expectativas y con la inversión considerable que la compañía había puesto en esa persona en particular. El estudio de motivaciones nos reveló que una vez que «encontraba» la posible solución conceptual al problema, este hombre perdía el interés; aunque seis a doce meses más de trabajo pudieran haber sido altamente redituables para todas las partes involucradas.

Resultados: ¿Específicos o generales?

La motivación está estrechamente ligada a los resultados o a cualquier otro objetivo previsto. La obtención de un resultado mensurable y cuantitativo, o de un producto, motiva a algunas personas: una ganancia en el estado de resultados, un negocio concretado, una situación de todo o nada, un premio. Otras personas se inclinan por los procesos y se esfuerzan durante años para obtener resultados menos definidos o hasta imprecisos. Por ejemplo, un profesor universitario pone todo su empeño para enriquecer el conocimiento, conocimiento que interesa a muy pocos en el mundo y que carece de consecuencias prácticas. Un inventor dedica su vida a la creación de un nuevo procedimiento para medir los rayos lunares de luz. Una maestra se dedica a mejorar las técnicas de lectura de sus alumnos.

¿Cómo saben cuándo logran lo que desean? La pregunta casi no tiene sentido cuando se la planteamos a estas personas, porque disfrutan tanto hacer su trabajo como completarlo. Reciben beneficios día a día: estarán altamente motivadas siempre y cuando se publiquen sus artículos, la tecnología básica se torne más clara, los alumnos progresen de un libro a otro.

Coloque a las personas en el lugar donde tienen más posibilidad de obtener los resultados que desean. Si las motiva la solución de problemas, condúzcalas hacia un entorno lleno de problemas; si buscan calidad, colóquelas donde puedan realizar mejoras hasta hartarse; si les gusta innovar, retire todas las barreras a su creatividad; si solo piensan en obtener una ganancia, nómbrelas el jefe.

¿Estructura o flexibilidad?

Uno de los elementos más importantes con respecto a las circunstancias motivadoras es el grado de definición y estructura de las tareas, que van de un polo a otro: de entornos muy estructurados, con reglas y métodos claros, a otros entornos abiertos, flexibles, donde la incertidumbre es la regla. Entre un polo y otro, por supuesto, hay muchas variantes.

Determinadas estructuras atraen naturalmente a distintas personas. Piense en las diferencias que hay entre las reglas relativamente muy claras que existen para jugar al béisbol, escribir programas para computadoras, hornear un pastel de manzana o desarmar un motor, y la flexibilidad requerida para la toma de decisiones complejas de inversión, dar consejos a adolescentes embarazadas, tocar jazz o definir nuevas metas para una organización.

Hay que saber cuánta estructura uno necesita antes de ofrecer o aceptar una tarea. Cuando no se le brinda a una persona la cantidad de definición que necesita, él o ella pueden sentirse como un barco navegando sin timón. Conozco secretarias que consultaban a fuentes en Chicago (mi ciudad natal) acerca de hacerle un contrato a su jefe porque se volvían locas por no contar con suficiente (o por contar con demasiada) estructura y dirección. ¡La incompatibilidad laboral puede transformar un buen trabajo en estrés insoportable y destructivo!

Condiciones laborales

Las condiciones laborales en que las personas prefieren trabajar están muy relacionadas con la estructura.

Cada persona necesita condiciones particulares para desarrollar su idoneidad.

La próxima vez que se encuentre en una gran ciudad, caminando entre los rascacielos, mire hacia arriba a ver si observa algún limpiador de vidrios colgado a docenas de pisos de altura. Pregúntese: ¿qué modelo de motivación se requiere para trabajar en un andamio de dos metros de largo, colgado de un par de cables, posiblemente a varios metros de altura, contra la pared de un edificio? Y, sin embargo, algunas personas se desarrollan en estas condiciones.

Qué contraste con el analista político que se afana en discusiones con un grupo de expertos. Investiga a solas, en silencio y metódicamente arma su caso para defender un punto de vista que espera influirá en quienes toman decisiones. Necesita trabajar en un entorno seguro, sin presiones ni distracciones, nada de tensión ni de preocupaciones, donde pueda analizar las sutilezas de las ideas.

El asunto es que cada persona necesita condiciones particulares para desarrollar su idoneidad. Por desgracia, hay muchas personas hoy en día que intentan actuar fuera de su ámbito. Los resultados pueden ser tan absurdos como un oso polar en una playa tropical o tan trágicos como un pez fuera del agua.

Las condiciones donde trabajamos y vivimos pueden ser completamente destructivas, o estimulantes y vivificadoras. Un caso típico es la «muerte» de la persona ambiciosa que la trasladan de actividades con metas, donde todos trabajan en un mismo equipo, a las oficinas centrales donde predominan las relaciones políticas.

Sin ir más lejos, en el hogar, un padre o una madre exigente y autoritaria, del tipo «Yo sé más que tú» puede ser bueno para un niño que quiere muchas directivas y expectativas claras, pero un infierno para el niño soñador, que le gusta experimentar y tener pensamiento y valores independientes.

Las condiciones laborales de competencia pueden hacer que las personas se luzcan o se apaguen. Cal Ripken Jr. y su saga de récords en varios partidos seguidos viene al caso. De su autobiografía aprendemos sus ansias de competir y ganar:

Era tan competitivo y molesto que Elly y Fred no me dejaban jugar a veces, pero solía forzarlos o rogarles para que me dejaran jugar. Cuando jugábamos a las cartas, querían hacerme perder; yo me hacía el enojado y luego les intentaba ganar. Una vez en Miami, mi competitividad me hizo terminar en una sala de emergencia. Había estado enseñándole a una amiga a jugar a las damas y la había engañado para que hiciera algunas movidas que me permitieran ganarle muchas fichas. Cuando salté de alegría después de esa victoria, me golpeé la cabeza contra el filo de la ventana. Cinco puntadas, según la historia de Ripken.

Era muy mal perdedor y mal ganador también, y obtenía mi merecido. Durante mis rachas, alguien en la familia hizo circular la historia que hasta le hice trampas a mi abuela cuando jugábamos a la canasta. No lo recuerdo, pero es posible que le haya robado demasiadas cartas, porque le hacía trampas a todo el mundo. Durante años llevé estadísticas detalladas de estas partidas familiares, con el único propósito de probar que era el mejor. La única nota positiva en todo esto es que al fin me di cuenta que la única manera de probar lo bueno que era consistía en jugar de acuerdo con las reglas.[1]

El reconocimiento

Ya he dicho que las circunstancias motivadoras son como el teatro donde presentamos nuestras realizaciones. La metáfora es útil porque implica también el reconocimiento. ¿Quién es nuestro público? ¿Qué respuesta esperamos del público para seguir motivados?

---

[1] Cal Ripken y Mike Bryan, The Only Way I Know [La única manera que conozco], Penguin, New York, 1997.

Muchos suponen que todos quieren tener su minuto de gloria, su ronda de aplausos. Pero no es así. Los modelos de aptitudes nos enseñan que algunas personas buscan el reconocimiento, mientras que otras actúan mucho mejor detrás de bambalinas. Las personas que les gusta figurar pueden dedicarse a la actuación, los deportes, ser modelos, cantar en un coro o hasta hacer una revolución. Mientras tanto, las que prefieren permanecer en un segundo plano optarán por pintar la escenografía, vender las entradas, coser el vestuario, afinar el piano o repartir los programas.

> Algunas personas necesitan el reconocimiento, mientras que otras actúan mucho mejor trás de bambalinas.

Es fundamental entender que si el reconocimiento lo motiva y su trabajo, por razones prácticas, lo excluye (por ejemplo, si trabaja en una sala de máquinas o en el tercer piso de una biblioteca), usted buscará el reconocimiento en otro ámbito de su vida; puede satisfacer su deseo de no pasar desapercibido de manera apropiada (por ejemplo, el teatro amateur) o de manera tal que acabe lamentándose (por ejemplo, confesión pública de sus pecados a los hermanos de su iglesia).

Pavarotti, el famoso tenor, no tiene escrúpulos para hablar de su deseo de notoriedad y renombre, que surgió cuando tenía cinco años, con voz fuerte y clara:

> Tendría apenas cinco o seis años cuando descubrí que tenía una voz: un timbre alto y sonoro, pero nada sensacional. Aunque mi voz no tenía nada especial, me encantaba cantar. Me encerraba en mi habitación y cantaba a voz en cuello: «La donna é mobile», con mi voz de niño, por supuesto. De las dieciséis familias del edificio, catorce me

gritaban y me pedían que me callara. Resulta gracioso, porque cuando era muy chico, tendría unos cinco años, tenía una mandolina de juguete. La llevaba al patio en el fondo del edificio, donde había una fuente. Llevaba una pequeña silla, la colocaba al lado de la fuente y daba serenatas a todos los apartamentos. A los vecinos les gustaban estos conciertos, tal vez porque no gritaba tanto entonces, y me regalaban caramelos y nueces.[2]

La novedad o lo diferente

Algunas personas buscan activamente situaciones para hacer cosas que nunca nadie ha hecho o al menos ellas. La búsqueda de novedades abarca desde el descubrimiento de nuevas tecnologías de vanguardia hasta los intentos de un aprendiz de cocinero por hacer una perfecta langosta «à la Newburgh».

> Algunas personas buscan activamente situaciones para hacer cosas que nunca nadie ha hecho o al menos ellas. Otras personas necesitan lo conocido para actuar.

Casos similares se presentan en las personas que siempre buscan hacer las cosas de manera diferente al resto: lucir un peinado o ropa de última moda, conducir un automóvil exclusivo o seguir una carrera poco convencional. Sobresalen por instinto y marchan a otro compás que el resto. También están aquellos con una sed insaciable por el desarrollo personal continuo, que es otra forma de apetecer lo novedoso.

[2] Luciano Pavarotti, *Pavarotti: My Own Story* [Pavarotti: Mi propia historia] Doubleday, Garden City, 1981

En el otro extremo encontramos personas que necesitan lo conocido para poder actuar. Sus realizaciones necesitan requisitos previos. En lugar de descubrir un planeta perdido, preferirían explotar el mundo que ya existe. Este modelo es típico de los empresarios de franquicias. Lo que importa es la rutina y lo previsible.

Esta respuesta entusiasta a lo novedoso o inesperado, por un lado, y la necesidad de lo conocido y rutinario, por el otro, es una de las principales consideraciones en el momento de asegurar el empleo más indicado. El mundo está en lucha constante entre el cambio y la estabilidad, entre el caos y lo previsible, entre la innovación y lo conservador. La colocación de personas en circunstancias afines a su nivel de flexibilidad reduce en gran medida el estrés humano. La aceptación de las preferencias personales para la libre expresión o para las indicaciones claras redunda en una mayor productividad.

Hay muchos ejemplos de las ventajas y desventajas que brindan las circunstancias nuevas o diferentes. Una gran organización relacionada con las iglesias me pidió que diagnosticara el empobrecido desempeño de Anton, un hombre cuya carrera se había caracterizado por sus emprendimientos heroicos y peligrosos en abrir nuevos campos misioneros en el mundo.

Había edificado escuelas y hospitales con herramientas y materiales locales, hazañas verdaderamente increíbles. Como recompensa, le habían dado un puesto administrativo en una gran oficina que daba a un pequeño lago con gansos canadienses. Adivinen cuál era el problema.

En otro orden de cosas, una gran compañía de seguros ascendió a Rick, un gerente de éxito en una gran oficina que vendía seguros individuales, para que liderara el desarrollo de un nuevo producto. El ámbito donde Rick había desarrollado su extraordinario récord de ventas se asemejaba a los deportes organizados, donde las reglas de juego, los productos, las técnicas necesarias y los objetivos y cuotas de ventas eran claros y bien definidos. En su nuevo puesto, que implicaba investigación, desarrollo y selección de productos rentables para ser vendidos por el plantel de ventas, tenía que partir de cero. Su desempeño para desarrollar nuevos productos era notable, lanzaba y retiraba y volvía a lanzar productos nuevos. Por último, diseñó un seguro de vida personal (¡qué coincidencia!) para ser promocionado por las personas de seguros de vida para grupos, cosa que no pudieron hacer porque eran muy buenos para las presentaciones técnicas, pero no para vender.

LA BÚSQUEDA DE RELACIONES SOCIALES MOTIVADORAS

En el MAP predomina la manera como una persona se relaciona con otras para establecer relaciones sociales operativas.

Lo más llamativo de estas dinámicas relacionales es la claridad con que afloran en la historia de realizaciones de una persona. Por ejemplo, una persona relató de corrido una lista de trece realizaciones en su vida. En cada una de ellas él participaba como miembro de un equipo. Desde sus juegos infantiles con sus amigos hasta el servicio militar con «los muchachos» y el trabajo junto a su esposa para arreglar su apartamento, a sus logros profesionales dentro de una comisión, *todos* sus logros importantes se dieron en equipo. La participación con otras personas de algún modo u otro estimulaba sus mejores energías.

En el otro extremo tenemos al individualista que prefiere trabajar a solas o, si trabaja en grupo, contribuir al objetivo del grupo si cuenta con un papel definido que pueda lograr por sí solo. En contraste con el jugador en equipo, los logros de un individualista son por naturaleza individuales: cabe mencionar entre otros, deportes como las caminatas, el esquí, el golf, la natación, la pesca.

La manera como una persona prefiere trabajar con los demás: en equipo o individualmente, como estrella, entrenador, innovador o de muchas otras maneras que podría enumerar, se hace patente al estudiar sus realizaciones.

Sin embargo, aunque la historia de logros pone en evidencia las relaciones sociales motivadoras, esta es una de las dimensiones menos tenidas en cuenta en el MAP. Nuestra sociedad venera a los líderes y los ejecutivos, y equipara estos roles con el control, el éxito y la prosperidad. Como resultado, la presión impuesta a las personas para «llegar a la cima» es tremenda.

> «Llega tan alto como puedas» es una filosofía que no solo arruina vidas y carreras sino que es igualmente destructiva para el estado de las compañías y su rentabilidad.

«Llega tan alto como puedas» es la filosofía de éxito que prevalece en Estados Unidos. Esta filosofía no solo arruina vidas y carreras sino que es igualmente destructiva para el estado de las compañías y su rentabilidad. Los verdaderos líderes y ejecutivos se arrastrarán por vidrio picado para llegar a una posición ejecutiva. No necesitan que nadie los anime a escalar.

Un típico ejemplo sirve de muestra para probar cómo opera esta idolatría tan dañina. Posiblemente a sugerencia de un consultor que cree que los ejecutivos se desarrollan cuando se les asignan posiciones donde deben superar sus debilidades, el gerente principal de un muy importante cliente nuestro anunció que cuatro de los mandos medios con mucho potencial serían «rematados» para ocupar las divisiones que les ofrecieran los cargos más atractivos y los de mayor desafío. Como resultado, se distorsionaron las carreras profesionales de tres de estos cuatro (para usar un eufemismo). Al que era brillante para la planificación, el análisis y la experimentación lo designaron para una función operativa, a cargo de un grupo de servicios en la costa oeste. Al que era un ejecutivo operativo muy capaz, que necesitaba líneas de acción bien definidas, y directivas y prioridades con un mínimo de ambigüedad, lo asignaron a un puesto políticamente muy sensitivo para hacer de nexo entre el gerente principal y los jefes de operación de una división importante. Al tercero, que era un jefe tipo animador de una pequeña operación donde podía dirigir y controlar a los demás directa y personalmente, le encargaron la administración de una operación más grande con servicios bastante dispersos.

> A fin de cuentas, la cuestión es: ¡Sea usted mismo!

¿Qué lección deberíamos aprender de este resultado tan lamentable? Tiene que estar preparado para defenderse de las movidas destructivas de su carrera. Conozca cómo se relaciona con los demás. Mantenga un rumbo fijo. *Sea usted mismo.*

LA RECOMPENSA MOTIVADORA

Algunas personas encuentran su más plena satisfacción en actividades ajenas a su trabajo. Por ejemplo, el capitán de un velero piensa cómo ganar la competencia y vive esperando el fin de semana, para que cuando llegue el domingo de tarde pueda concentrarse con intensidad y determinación en la regata. El joven entusiasta de los bólidos de carrera no termina nunca de perfeccionar los motores: el calor y el ruido de la pista lo motivan. El músico que se ha propuesto reproducir las brillantes canciones de un Gabrieli o los conciertos líricos de un Corelli, planifica su vida en torno a los ensayos de su conjunto musical en el instituto de verano.

La pasión con que la gente se dedica a este tipo de pasatiempos es una clara indicación de la satisfacción extraordinaria que les brindan. Naturalmente, los líderes de la industria se preguntan: «¿Cómo podríamos usar esa energía en el lugar de trabajo?»

La respuesta es que debemos entender la esencialidad del quinto elemento de la idoneidad: la *recompensa motivadora*. La recompensa es el resultado singular y característico que la persona quiere obtener para darse por satisfecho y conforme.

En la película popular *Chariots of Fire* [Carros de fuego], la hermana del corredor olímpico Eric Liddell le ruega que abandone las competencias y cumpla su promesa de ir como misionero a China. Liddell le contesta: «Jenny, Jenny, tienes que comprender. Creo que Dios me creó con un propósito: para China. Pero también me hizo rápido y cuando corro, ¡siento su placer!» La recompensa motivadora es el *placer*. Es el *gozo* implícito en la pregunta: «¿Qué cosas *disfruté* haciéndolas y cree que fueron bien hechas?» En el núcleo de la motivación de cada persona hay el deseo de experimentar personalmente el gozo, la importancia y el sentido.

> La recompensa motivadora no es solo una búsqueda hedonista de placer para pasar un buen rato: Es el placer de vivir con sentido y tener un propósito.

Seamos claros: esta recompensa no es solo una búsqueda hedonista de placer para pasar un buen rato. Es el placer de vivir con sentido y tener un *propósito*. Cuando una persona hace las cosas para las que nació, tiene una sensación instintiva de realización. No *se supone* que tiene que sentirla, sino que la siente *efectivamente*. Ese gozo es la confirmación de que la persona está usando su idoneidad.

La recompensa es íntimamente personal y está ligada a los otros elementos del MAP. Cada persona tiene un circuito diferente, lo que significa que posiblemente lo que para mí es una recompensa a usted no le interesa, y viceversa. La ansiedad que puede sentir cuando se enfrenta a una crisis, la confusión y sensación de problema solucionado cuando resuelve una ecuación matemática, o la sensación estética de que la obra de arte que ha realizado «está bien», pueden no tener mucho sentido para otra persona. Ese gozo le pertenece, en exclusiva. Es un regalo.

Por ejemplo, un hombre al que le gusta la jardinería me dice que una primavera plantó ochenta y ocho calas en el frente de su casa. «¿Por qué disfrutó haciéndolo?» le pregunto. Y me contestó: «Así el jardín quedó como yo quería. Era exactamente igual a la foto que había recortado de una revista. Mi jardín era una réplica de esta foto: ¡era magnífico! "¡Por fin! ¡Esta es mi casa! Así se suponía que debía ser. Siempre había querido que luciera así."»

Otra persona, la jefa de un sindicato, me describe una ocasión en que pasó en vela dos noches seguidas para negociar un contrato de trabajo. «Le gustaba de veras» dije, y me respondió:

«¡Me encantaba! Sabía que había aguantado más que ellos, y no iba a ceder. Todo el sindicato dependía de mí, y estaba determinada a seguir hasta el final. Cuando finalmente salí de la sala de negociaciones y la gente afuera me aplaudió, me di cuenta que lo había logrado. Los traté como a iguales. Les sostuve la mirada y los miré hasta que bajaron la suya, y ¡ganamos!»

Estos gozos son bastante simples, pero también son lo suficientemente poderosos para impulsar a una persona a cumplir sus logros. El sentir ese gozo, ese placer, esa recompensa, es lo que las hace procurar repetir la experiencia. En realidad, descubrimos que *siempre* ha sido una fuerza central y primaria en la vida de las personas. El jardinero que plantó las calas para armar su jardín *siempre* quiere que las cosas «queden bien» estéticamente. La negociadora del sindicato que aguantó más que la otra parte *siempre* ha tratado de imponerse.

> Nunca debemos suponer que porque las personas participan de la misma actividad quieren obtener el mismo resultado.

Nunca debemos suponer que porque las personas participan de la misma actividad, sea esta la jardinería o las negociaciones, quieren obtener el mismo resultado. No hay otra actividad que ponga esto tan en evidencia como los deportes. Todos creemos que los atletas desean ganar. En cierto sentido es verdad, pero en un sentido más estricto, ganar puede ser o no el premio personal que anima al jugador en la segunda base o que hace rendir al receptor al máximo.

Tenemos ejemplos de las pequeña ligas, con quienes seguimos trabajando como adultos, para conocer la gama de circunstancias motivadoras fundamentales para cada jugador.

Don Kiehl, uno de nuestros principales redactores de casos y apasionado del béisbol, recopiló las recompensas motivadoras para un número de ex jugadores de pequeñas ligas. ¡Y usted creyó que los jugadores del mismo deporte eran todos iguales!

- *Ser únicos*: «Era el único del equipo con una verdadera gorra profesional de fieltro, en lugar de las gorras baratas de nylon que debíamos usar».

- *Ganarse el reconocimiento*: «Me encantó la noche que anunciaron el partido con las principales figuras y usaron focos de verdad por primera vez; me parecía que todas las miradas estaban sobre mí».

- *Ser clave*: «Si no hubiera convencido a mi entrenador que me dejara jugar de receptor, y si no hubiera hecho tantas otras cosas pequeñas en las que los aficionados nunca se fijan, nuestro equipo nunca habría clasificado para la final».

- *Hacer un sueño realidad*: «Me divertía tanto imaginando que era Ricky Henderson; imitaba su manera de batear y llegaba a las bases igual que él. También me acuerdo cuando finalmente corrí las cuatro esquinas. Era como lo había soñado».

- *Ser competente*: «Me gustaba jugar bien en todas las posiciones. Al principio jugaba bien en la primera base, y luego mi entrenador quiso que jugara de "shortstop" el año siguiente. Le pedí a mi padre que me ayudara una noche y mejoré bastante rápido. Saber que soy un buen jugador de béisbol me da mucha confianza. Me gusta jugar con mis primos y mostrarles que puedo tirar buenos lanzamientos».

- *Progresar*: «Me gustó la progresión natural: comenzar en "T-ball", un año en "Farms", otro año en menores y finalmente alcanzar la Liga Mayor. Me acuerdo del día cuando mi padre me compró un guante de verdad. Me gustaría jugar fútbol americano ahora que soy mayor y mis padres me dejan».

- *Planificar y producir*: «Me acuerdo cuando era nuestro turno limpiar el campo. Repartía todas las tareas entre mis compañeros, los llamaba para que fueran puntuales, me aseguraba que mis planes salieran a la perfección; el campo quedaba reluciente después de dos horas de trabajo. También me gustaba pensar cómo hacer un círculo perfecto con la máquina que deja caer las tizas».

- *Rematar el partido*: «Me gustaban los partidos cuando el primer lanzador comenzaba a cansarse y el entrenador me hacía entrar del jardín izquierdo para lanzar. Siempre remataba el partido lo más pronto posible. Me gustaba terminarlo».

- *Integrar el equipo*: «Mi hermano mayor hacía siete años que jugaba con los Dodgers en la Liga de Menores, y desde entonces mi único sueño era jugar con los Dodgers. Me hice amigo del hijo del entrenador y aprendí a golpear la pelota con efecto porque sabía que eso le gustaba. Nunca podré olvidarme del día que me llamó para decirme que me había anotado en el equipo, por fin era un Dodger».

- *Satisfacer una necesidad*: «De veras me gustaba el entrenador. Me gustó hacerme su amigo y hacer cualquier cosa que se necesitara en el campo: correr las bases durante las prácticas, recoger los bates y las bases, hacer el calentamiento con los lanzadores suplentes, y cualquier otra cosa para ayudar al equipo».

- *Mejorar*: «Me pasaba todo el tiempo adaptando mi bateo; mi padre me filmaba y constantemente estaba pensando cómo mejorarlo».

Los detalles de nuestro modelo

- *Explotar el potencial*: «Era bueno para planificar formas de ganar. Me gustaba mirar al receptor contrario durante el calentamiento y pensar "Con este podemos hacer carreras todo el día." Para ser franco, también me di cuenta que si jugaba al béisbol iba a ser más popular con las muchachas en la escuela y esas cosas. Siempre fui bueno aprovechando cualquier situación que se presentara».

- *Ganarse el respeto*: «Era bueno y conseguía que los demás jugadores reaccionaran. Les gritaba a los jugadores del otro equipo y los distraía, se enojaban tanto conmigo que se equivocaba. También podía motivar a mis compañeros de equipo y como resultado jugábamos mejor».

- *Hacerse cargo*: «Me gustaba jugar de receptor porque todos los demás jugadores me tenían que obedecer cuando les decía que se alejaran o se acercaran. Mi entrenador me decía que era el director del campo, y me lo tomaba muy en serio. Cuando entraba al campo de juego, yo tenía el control: me encantaba esa sensación».

- *Maestría*: «Desde tercer grado trabajé para lanzar la pelota con efecto. Todo el tiempo me la pasaba tirando la pelota con el mismo movimiento hasta que la podía lanzar para que la batearan en cualquier situación, de cualquier modo. Perfeccioné ese lanzamiento».

- *Colecciones y posesiones*: «Tengo un estante completo de trofeos, cintas, gorros, programas y pelotas de béisbol firmadas por mis compañeros de equipo. Me encanta mirarlos y tomarlos entre las manos: me traen gratos recuerdos. Mi mamá hizo un álbum de recortes. Lo voy a tener siempre conmigo».

Cómo decir «Sí» y «No»

La recompensa es también un regalo en otra manera: nos da una perspectiva enorme con respecto a lo que deberíamos hacer con nuestras vidas. Al conocer nuestro propósito, tenemos un punto de referencia para evaluar las distintas oportunidades que se nos presentan.

Varias veces he mencionado los peligros que encierra aceptar un ascenso a ciegas. Si respetamos nuestra recompensa motivadora, podemos actuar con más cautela. Primero, debemos analizarnos y descubrir nuestras motivaciones. Después debemos considerar el cargo o la función propuesta y preguntarnos: «¿Me desempeñaré bien? ¿La encontraré de veras satisfactoria? ¿Obtendré una recompensa emocional y espiritual, dado como soy?»

De lo contrario, y esto puede ser muy, pero muy difícil de hacer, deberemos rechazar la oferta. *¡Sí que debemos!* Aceptar un cargo, voluntariamente y a sabiendas de que la función exige una persona motivada por un propósito ajeno al nuestro, es una falta absoluta de integridad. No es justo para el cargo, para las personas que nos ofrecen la función, para las personas afectadas por la función ni, por sobre todo, tampoco para nosotros mismos, nuestra propia persona. No tiene sentido.

De la misma manera, el conocimiento de las recompensas que uno espera nos puede conducir a nuevos emprendimientos y a resultados más significativos y productivos. Piense en todas las cosas importantes que tendrían que suceder en el mundo. ¿Quién mejor que las personas intrínsecamente motivadas para lograrlas? ¿Quién mejor para aumentar el rendimiento que la persona motivada a dar el máximo? ¿Quién mejor para acabar con una enfermedad que la persona obsesionada con luchar e imponerse? ¿Quién mejor para negociar tratados que un negociador nato? ¿Quién mejor para escribir poemas que la persona que desea expresar su experiencia de vida con frescura? ¿Quién mejor para educar a los niños que la persona entusiasmada con construir y desarrollar vidas jóvenes?

Toda la energía está ahí. Lo que se necesita es sabiduría para colocarla en los lugares donde sea más beneficiosa, conciliar a la gente con las tareas más afines. No es un trabajo pesado y monótono. Las personas nunca se cansan de hacer lo que disfrutan. En realidad, les resulta imposible porque reciben recompensa constante del fruto de sus labores. La recompensa es el alimento para sus almas. Eso también es un regalo.

> Aceptar un cargo, voluntariamente y a sabiendas de que la función exige una persona motivada por un propósito ajeno al nuestro, es una falta absoluta de integridad.

(Si le interesa el origen de nuestra tecnología del MAP, en el Apéndice B hay extractos de un MAP producido hace algunos años, cuando incluimos toda la evidencia de los logros de una persona que apoyaban las conclusiones a las que llegamos. El informe del MAP corresponde a Billy Joe).

Capítulo Cinco

Las características de nuestra idoneidad

Analizadas las cinco dimensiones de nuestro modelo de aptitudes motivadas (MAP), las aptitudes, el contenido temático, las circunstancias, las relaciones sociales operativas y la recompensa motivadora, comprobamos que cada ser humano tiene un modelo exclusivo. Insistimos en que esta manera de analizar a las personas no es ni artificial ni impuesta, sino que es una síntesis objetiva de lo que ellas manifiestan orgánicamente mediante actividades que disfrutan y que hacen bien. Además, afirmamos que cada persona es una unidad; no somos conjuntos aleatorios de partes o «rasgos» no relacionados sino un *sistema* integral y unificado, por así decirlo.

El propósito de este capítulo es delinear las características de nuestro diseño (MAP), en su conjunto, para mostrar las maneras asombrosas en que el diseño por su propia naturaleza tiene un impacto en nuestra manera de pensar, hablar y actuar.

NUESTRO DISEÑO APARENTEMENTE ES INNATO

Nadie sabe con certeza todos los «circuitos» que tienen los recién nacidos, pero aparentemente la idoneidad está presente desde antes de nacer. Llegamos a esta conclusión basados en el avanzado conocimiento que hoy tenemos acerca del desarrollo humano.

> No hay pruebas para sostener el mito popular de que «somos» producto fundamentalmente del entorno en que nos criamos.

Si este tema le resulta conocido, ya está enterado de la controversia entre cuánto somos producto de nuestros genes y cuánto somos producto del entorno. La naturaleza o el entorno, como algunos dicen.

Cada vez son más y más fehacientes las pruebas que quitan validez al mito popular, propuesto a mediados del siglo veinte por sicólogos ilustres, de que «somos» producto fundamentalmente del entorno en que nos criamos.

El siguiente artículo sobre este tema, basado en varias investigaciones, es muy esclarecedor.

>...la mayoría de las más relevantes teorías de la personalidad, en las páginas de los textos de estudio más importantes sobre el tema, resaltan el carácter de agentes formativos de los rasgos de personalidad adultos que tienen los estilos de crianza de los niños.
>
>Si el ejercicio de la paternidad crea entornos con efectos tan similares en los niños, ¿cómo es posible que estos sean tan diferentes?
>
>Contamos en la actualidad con varias pruebas que evidencian la influencia genética en los rasgos de personalidad (intelectuales) y en desórdenes externos. Si bien la evidencia proviene de diversos contextos de investigación, la más convincente es el estudio de casos de adopción en donde se compara los hijos adoptivos con sus padres biológicos...

> En la mayoría de los rasgos de personalidad, los miembros de la familia adoptiva no se asemejan entre sí más que con otros individuos criados en familias diferentes...
>
> En estos estudios, los niños adoptados no mostraban mayor semejanza con sus hermanos que la presente entre individuos de la población en general.
>
> Una lista de los factores ambientales comunes a la familia ... es en realidad una lista de las variables sin mayor incidencia en el desarrollo de los rasgos.[1]

El artículo luego enumera las siguientes «variables ambientales de familia sin efectos sobre el desarrollo de la personalidad», y señala que «estas experiencias son comunes a los niños de la misma familia»:

Clase social	Ausencia o presencia del padre
Características del hogar (número de libros, número de habitaciones)	Religiosidad
	Dieta y nutrición
Valores de los padres	Ejemplo de los padres
Estilos de crianza	Tamaño de la familia
Divorcio	Empleo de la madre

---

[1] Véase David C. Lowe, «As The Twig Is Bent: The Myth of Child-rearing Influences on Personality Development» [El mito de la influencia que la crianza tiene en el desarrollo de la personalidad], Journal of Counseling and Development, julio/agosto 1990, presenta una excelente síntesis de la evidencia en contra de la preponderancia de la «crianza» en la formación de la persona.

NUESTRO DISEÑO SE MANIFIESTA EN LA NIÑEZ

Hay otros motivos para creer que la idoneidad es innata. Uno de los más convincentes es el hecho ineludible de la precocidad con que se manifiesta en los niños pequeños, antes de recibir ningún entrenamiento o que cualquier otro intento haya influido en su comportamiento. Como cualquier madre sabe, cada niño manifiesta su propia y sorprendente personalidad. A medida que crece, elabora su propio repertorio de conductas. Cuando llega a la edad escolar, el niño ya tiene su *modus operandi* o manera particular de actuar característica.

> Los padres no pueden adaptar a su hijo para amoldarlo a sus gustos. Pueden regañarlo cientos de veces por jugar en el barro pero ¿por qué le gusta el barro en primer lugar?

Nadie le enseña en realidad al pequeño niño a «ser». Por supuesto, los padres le hablan y juegan con él y hacen otras cosas para estimularlo (y así debería ser). Pero no lo adaptan, *no pueden* hacerlo, para amoldarlo a sus gustos. Pueden regañarlo cientos de veces por jugar en el barro pero ¿por qué le gusta el barro en primer lugar? Pueden cansarse de contestar las innumerables preguntas de Susie pero antes habría que preguntarse: ¿por qué motivo hace Susie las preguntas? En especial, cuando su hermano mayor, Johnny, *nunca* hizo ninguna, solo observaba.

Esta naturalidad espontánea en el comportamiento de los niños nos hace creer firmemente en la idoneidad innata. El niño es «bueno» por naturaleza para algunas cosas. Casi desde la cuna, cada niño tiene una facilidad para algo. Para volver un poco al comienzo de este libro, recree por un rato una guardería o sala de preescolares. Cuando se les permite a los niños actuar espontáneamente, es evidente que cada uno tiene su estilo característico. Como el estilo personal de cada niño se presenta tan temprano en su vida y de manera tan espectacular, es difícil creer que sea el resultado de la familia y el entorno. Una explicación más válida es que el niño ya manifiesta lo que él o ella será.

Además, una vez que los niños establecen un patrón de comportamiento característico, difícilmente lo abandonarán; lo que refuerza nuestra hipótesis. Una mañana, Timmy *exige* azúcar con canela en sus tostadas; a la mañana siguiente *insiste* en jalea; a la otra mañana *de ninguna manera* quiere tostadas. ¿Les parece un comportamiento errático? Solo para su madre, porque Timmy durante tres mañanas de corrido ha ejercido una propensión incipiente a *ser el que manda*.

Por desgracia, a los padres no solo les gusta lo predecible, les encantaría poder decidir *qué* predecir. La madre de Timmy, entonces, puede «decidir» lo que Timmy comerá y lo que no comerá, y desata así una puja de voluntades con su hijo. Puede intentar varias maneras de «sacarlo» de ese «comportamiento errático», que van desde las creativas hasta la manipulación y el maltrato. Puede prevalecer por un tiempo, pero su «victoria» no será duradera. Dada la primera oportunidad, Timmy pronto retomará su patrón. Por ejemplo, después del desayuno su madre le dirá: «Timmy, vístete», mientras le alcanza sus pantalones azules. Pero Timmy, desafiante, contestará: «No, mamá, ¡quiero *estos*!» Timmy no quiere hacerse el difícil; quiere ser quien es. ¡No es maravillosa la idoneidad!

NUESTRO DISEÑO ES ESTABLE

La naturaleza permanente de nuestros modelos es otra demostración de que nuestro diseño es innato. Desarrollaré este punto a continuación. De los miles de modelos de aptitudes motivadas (MAP) que mis colegas y yo hemos estudiado, no hay ni uno solo que evidencie cambios sustanciales en el transcurso de la vida. Y esto, a pesar de cambios drásticos en las experiencias, las circunstancias, la educación, los valores, la filosofía y las creencias de las personas.

Las circunstancias pueden cambiar y permitirle al individuo mejores condiciones para expresar su modelo, pero *los elementos de la idoneidad no cambian*. Esta resistencia asombrosa hace difícil creer que el entorno o las circunstancias tengan algún efecto causal en la idoneidad. La idoneidad es tan permanente como nuestro rostro o el sonido de nuestra voz. Aparece temprano y permanece estable durante toda la vida. Opera de manera natural, espontánea y prácticamente inconsciente. Nuestros días tienen un destino inherente, un destino que es nuestro desde antes de nacer.

> A pesar de cambios drásticos en las experiencias, las circunstancias, la educación, los valores, la filosofía y las creencias de las personas los elementos de la idoneidad no cambian.

El modelo se sostiene y se mantiene pase lo que pase. A pesar de los intentos estridentes e interminables de la sociedad por influir, adaptar, persuadir, coaccionar, manipular, convencer, engatusar, engañar, amenazar, castigar y hasta *pagarles* a las personas para que cambien, ¡no cambian! Al menos en lo que respecta a su motivación. De nada sirven los mejores esfuerzos de la madre y el padre, el cónyuge, sus iguales, los maestros, los líderes, los maestros de escuela dominical, los entrenadores, los sargentos en el servicio militar, los jefes, los jueces, los pastores o las conferencias sobre la motivación. ¡Las personas viven de acuerdo a su modelo! *Nadie* parece tener ningún impacto en la conformación y naturaleza sustancial del modelo personal.

Evitemos un malentendido: no digo que estas influencias no afecten a las personas. No cabe duda de que sí influyen. Pueden afectar profundamente el rumbo y la calidad de nuestra vida, los hábitos, los excesos, el estilo y los valores que uno adopte o deseche, y posiblemente también el alcance y la intensidad de los logros. Pero lo que no cambia es *el diseño de la persona, su idoneidad.*

La pequeña niña que cuando tenía seis años estaba absorta curando el ala del gorrión, cuarenta años más tarde todavía la encontraremos ocupada administrando inyecciones intravenosas a su esposo diabético. El niño que disfruta la venta domiciliaria de revistas cuando tiene siete años, todavía disfrutará ganar premios nacionales de ventas cuando tenga treinta y siete. El bebé de tres años que es un actor por naturaleza, a los sesenta y tres años nos mostrará orgulloso su álbum de recortes con sus fotos publicitarias.

Después de casi cuarenta años de información sobre logros, he llegado a la conclusión de que el MAP es fijo, aparentemente durante toda la vida. Los elementos del MAP se manifiestan en forma rudimentaria en los primeros años de vida, y a mediados de la adolescencia ya han tomado cuerpo todas las particularidades importantes.

NUESTRO DISEÑO ES ESTABLE PERO CONTINÚA EN DESARROLLO

A partir de la adolescencia, la motivación repite el mismo juego una y otra vez, durante toda la vida. El constructor, construye; el empresario, comienza nuevas empresas; el curioso, aprende; el refinador, mejora.

A medida que la persona consigue logros más exigentes y complejos, lo único que cambia en realidad es la madurez con que se desenvuelve; la naturaleza sustancial de la idoneidad permanece constante: busca siempre obtener la misma recompensa básica, se relaciona socialmente según su propia idiosincrasia, trabaja con los mismos contenidos temáticos, repite sus habilidades probadas y seguras, procura las mismas circunstancias favorables. La persona no lo hace únicamente porque él o ella son aburridos, carecen de imaginación, son perezosos o se resisten al cambio. *Los halcones vuelan, las ballenas escupen agua y los castores construyen diques por naturaleza. Así también las personas. No saben hacer otra cosa.*

«Pero, Art», escucho decir, «yo he cambiado drásticamente con los años. Quiero decir, cuando estaba en la escuela secundaria, me encantaba hacer gimnasia y desfilar con la banda. Hace treinta años que no hago una voltereta ni toco un instrumento. ¿Cómo puedes decir que las personas hacen las mismas cosas básicas una y otra vez?»

La respuesta es que su amor por la gimnasia y el desfilar en

> Los halcones vuelan, las ballenas escupen agua y los castores construyen diques por naturaleza. Las personas expresan su idoneidad del mismo modo. No saben hacer otra cosa.

la banda ahora se expresan de otra manera. Habría que estudiar su modelo para ver exactamente cómo. Pero supongamos que a usted le gusta hacer las cosas exactamente bien. Lo que más le interesa es que «queden bien». En ese caso, los informes nos revelarían que tanto en el gimnasio como en la banda usted quería hacer una voltereta «perfecta» y desfilar en formación perfecta. Años más tarde, la misma motivación todavía se manifestaría en su atención asombrosa para los detalles, mientras trabaja como programador, en el jardín bien cuidado de su casa y en su necesidad imperiosa de participar con su cónyuge de un seminario para aprender la «mejor» manera de desarrollar una relación matrimonial feliz. Las manifestaciones cambian, pero su motivación hacia la «perfección» es siempre la misma.

Lo mismo sucede con todos los modelos. Las desviaciones aparentes de estos son meros cambios superficiales. Si nota una discrepancia, no se debe a que usted haya cambiado en realidad sino a que no es consciente del común denominador de su modelo. La superficie del mar cambia constantemente, pero la naturaleza del océano es una constante. Lo mismo es cierto de la idoneidad: permanece estable durante toda la vida.

Hay una prueba sencilla para comprobar esto: pídale a alguien que describa su historia de logros, luego pídaselo nuevamente algunos años más tarde. He descubierto que en la segunda evaluación, las personas siempre describen muchos de los mismos logros que relataron en la primera ocasión, ¡con frecuencia usan exactamente las mismas palabras! Por supuesto, en esta segunda oportunidad frecuentemente recuerdan otros logros que omitieron la primera vez y pueden incluir algunos más recientes. Sin embargo, un análisis de estos nuevos recuerdos nos muestran que *el modelo todavía es el mismo.*

Como cierre a esta parte sobre la estabilidad y la creciente complejidad del MAP, lea nuevamente la historia del logro infantil del «hombre que susurraba a los caballos» anteriormente relatada. Lea, después, los logros de la misma persona cuando adulto y sicólogo clínico, veinticinco años más tarde. ¿Cuántas concordancias puede descubrir?

Tenía una paciente muy seriamente perturbada. Hablaba solo con rima. El método terapéutico tradicional, individual o en grupo, consiste en preguntarle: ¿cuál es su problema? La mujer responde con una rima que aparentemente no tiene sentido, y el resto del grupo en terapia queda desconcertado. Por un tiempo me di la cabeza contra la pared.

Un día estaba en la cocina recitando sus rimas. Me detuve un rato a escucharla y le respondí con rima. Hice una rima y le hablé. Ella me contestó con otra. La suya comenzó a cobrar sentido.

Hay que encontrar el «cable pelado». De pronto comencé a entender los mensajes escondidos en sus rimas. En realidad, reflejaban que sentía un tremendo dolor y temor por sus hijos, abandonados ... y procuré tranquilizarla con otra rima. La alenté a continuar. Fue un verdadero avance. Después de un tiempo se sentía lo suficientemente segura para dejar de hablar así. Se podía sentar y hablar sobre el temor que sentía (se defendía del temor evitando el enfrentamiento con la realidad). La rima era una manera de separarse. Esos primeros avances le permitieron entender que había alguien que no creía que ella era terrible.

Lo que me gustó: descubrir que había encontrado otra alternativa, otra manera de llegar a la mujer. Soy pragmático, pruebo distintas maneras de comunicarme.

Otra mujer en la sala robaba las sábanas de las habitaciones de los demás pacientes, de la lavandería, de todos lados. Se las llevaba a su habitación y las defendía. Era una lucha. El personal intentaba retirarle las sábanas y los demás pacientes se quejaban porque no tenían las suyas. La estuve observando por un tiempo y decidí dar un giro de ciento ochenta grados: Bien, a partir de ahora, vamos a animarla para que tenga todas las sábanas que desee. Es más, le vamos a entregar otras. No tendrá que robarlas; el personal se las suministrará. Las pusimos sobre su cama, en su cómoda, en el piso, hasta que no había más lugar en la habitación. «Presta atención» me dije. La primera vez que se deshaga de una sábana, no le damos más. Era imposible estar en su habitación. Comenzó a deshacerse de las sábanas. El personal dejó de suministrarle otras. Fin del problema. Cuando entendió que podía tener todas las sábanas que quería, e incluso más, dejó de comportarse de esa manera.

Lo que me gustó: trabajar en muchos casos difíciles y poder ayudar en algunos. Los mejores momentos eran cuando me daba cuenta que había encontrado la solución y los pacientes se percataban de que progresaban.

EL DISEÑO ES INEXORABLE

¿Alguna vez ha intentado mantener media docena de pelotas de tenis de mesa debajo del agua? Las empuja y las empuja hacia abajo, pero se resbalan y vuelven a la superficie. Es una buena analogía para comparar con el hecho de que la idoneidad es *inexorable*. Nadie puede evitar que no salga a la superficie y se exprese en la vida de las personas. Siempre sale a flote. La verdad acerca de una persona siempre aflora, como dicen.

Permítame presentar algunos ejemplos del carácter inexorable de nuestro diseño. Han sido tomados de personas de carne y hueso y de sus verdaderas vidas, como usted y yo.

El primer caso, un hombre del norte de Nueva York llamado Hal, evaluaba todo mediante ensayo y error, en lugar de analizar, comparar con un estándar o estimar el valor de una propuesta. Hal había tomado algunas lecciones de vuelo, tenía su licencia, y estaba volando solo en invierno cuando se encontró en medio de condiciones climáticas severas, con cielos nublados que le redujeron la visibilidad a solo unos metros. Con gasolina suficiente en el tanque, ¿qué creen que su MAP le «obligó» a hacer? Exactamente. Como enfrentaba cualquier situación nueva mediante ensayo y error, con toda intención hizo un aterrizaje de emergencia (por suerte entre los árboles en la cima de un cerro). Una vez que hubo aterrizado, salió de su asiento y bajó del árbol. Usó su asiento como esquí y se deslizó por la ladera del cerro, y le pidió a alguien que lo llevara a su casa. Hablo en serio.

La recompensa motivadora de Dianne, de cinco años, es ganarle al sistema, por eso toma dinero de la cartera de su madre, corre a la tienda local y regresa con una horma de pan, justo cuando su madre acaba de retirar del horno varios panes caseros.

O tomemos el caso de Molly que encuentra su motivación en el cultivo de nuevas relaciones y, por lo tanto, hace seis meses que se mudó a su nuevo apartamento y todavía no desempacó las cajas porque ha estado muy ocupada haciendo nuevos amigos en el nuevo vecindario.

Comparemos a Molly con Glen, a quien le gusta la organización, la clasificación y las categorías. A la semana de mudarse, su apartamento estaba completamente en orden pero todavía no conoce a sus vecinos después de un año (la «gente» no integra su contenido temático motivador).

Nuestra conducta, que algunas personas que nos conocen pueden juzgar algo rara, se debe a algún elemento de nuestro modelo. De la misma manera, nuestros conocidos que hacen cosas que nos resultan extrañas o extravagantes, es posible que simplemente actúen según *su* propio MAP.

NUESTRO DISEÑO EXPLICA LO QUE NO HACEMOS

Como hacemos o intentamos hacer lo que nos motiva y somos capaces de hacer bien, nuestro MAP también permite comprender por qué no hacemos (desde la perspectiva de un jefe, un cónyuge, un amigo, un hijo, un padre) incluso lo que sería bueno que hiciéramos, como alguna de las siguientes cosas.

Tomar una decisión

1. *Situación:* La familia necesita un nuevo sillón para el cuarto de estar.

- *Problema:* No puede decidirse entre el verde, el malva o el negro.

- *Motivo:* No tiene gusto para los colores, ni para ninguna otra cosa visual (textura, formas, etc.) en su MAP.

2. *Situación:* Lo invitaron para inaugurar una nueva oficina a miles de kilómetros de su casa para hacer una prueba piloto de la comercialización de una línea de productos completamente distinta.

- *Problema*: Su jefe quiere su respuesta para el viernes y está ansioso porque no sabe qué hacer y su futuro está en juego.

- Motivo: Los riesgos y las innovaciones no lo motivan; es la cuarta generación que vive en Boston y tiene muchos conocidos en su entorno; toma las decisiones «sacando cuentas» y en esta situación no hay nada que pueda cuantificar.

3. *Situación:* Es la primera vez que está en un restaurante tailandés, con un cliente al que quiere impresionar.

- *Problema:* No sabe qué pedir.

- *Motivo:* Para evaluar las distintas opciones compara lo que tiene delante de sí con su experiencia previa y además tiene que dar una respuesta (positiva).

Planificar las necesidades futuras

1. *Situación:* Dentro de tres horas vendrán cuatro invitados a cenar y no tiene comida suficiente del mismo tipo para alimentar a seis personas.

- *Problema:* Son parientes de la familia de su esposo, competitivos y críticos; su esposo no sabe qué hacer.

- *Motivo:* Su MAP no tiene ninguna inclinación hacia la planificación ni, ya que viene al caso, para la gastronomía o el servicio. Además, estuvo trabajando en un informe para su jefe y creyó que tenía unos pollos en el congelador. Después de cuentas, cómo superar las situaciones imposibles es suficiente motivación. ¡Qué sorpresa!

2. *Situación:* Hace dos meses la anotaron para que diera una presentación a los superiores. Cuando llega la hora de la reunión todavía necesita hacer algunas diapositivas más y copias del orden del día. Además, la luz del retroproyector se quemó hace dos días.

- *Problema:* Está en consideración para un cargo que implica planificación a largo plazo y su futuro jefe está impaciente.

- *Motivo:* Su MAP incluye la planificación por objetivos y generalidades conceptuales, pero nada de ensayo ni detalles.

Cumplir lo prometido

1. Situación: Prometió participar (con su tiempo, talento y dinero) del proyecto Sur una vez que estuviera en marcha.

- *Problema:* El proyecto ya está en marcha, a la espera de su apoyo, pero de momento toda su energía está volcada al proyecto Norte.

- *Motivo:* Le interesa hacer dinero y explotar potencialidades y, cuando el panorama se aclaró, el proyecto Norte tenía más posibilidad de ser rentable que el proyecto Sur.

2. Situación: Le prometió a su hijo que lo iría a ver a tantos partidos de fútbol como pudiera.

- *Problema:* Ya transcurrió la mitad de la temporada y todavía no ha ido ni una sola vez.

- *Motivo:* Quiere dejar su impronta en las prácticas de control de calidad de un cliente y está en pleno esfuerzo para generar un cambio sustancial en el nivel de calidad y la satisfacción del cliente.

Terminar una tarea

1. Situación: Harry es su subordinado y tiene un desempeño con pocos logros y muchos, muchos errores. Hay que hablarle y despedirlo.

- *Problema:* La esposa de Harry está enferma, Harry tiene doble empleo y usted no puede depender de él.
- *Motivo:* Los resultados, la administración y la solución de problemas no lo motivan. Lo que *sí* lo motiva es apoyar y ayudar a otros.

2. *Situación:* Los planos deberían llegar el lunes y hay que construir para fin de mes un modelo piloto según los dibujos.

- *Problema:* Los planos no llegarán hasta dentro de dos o tres semanas.
- *Motivo:* Su MAP recibe mucha influencia de sus actividades innovadoras y su deseo de desarrollar objetos más allá de las expectativas normales.

Tener intimidad y relaciones

1. Situación: Usted y su cónyuge están de paseo por el bosque y los lejanos campos y él o ella quieren «dejarse llevar».

- *Problema:* Usted no está preparado para lo mismo y resiente su espontaneidad.
- *Motivo:* Le gusta seguir métodos y procedimientos, tomarse su tiempo para una actividad, y le preocupan las apariencias y la imagen que da.

2. *Situación:* Su hija de diez años le hace preguntas sobre la sexualidad y las drogas.

- *Problema:* Le es imposible darle una respuesta directa y franca, y cae en generalidades abstractas.

Tome nota: ¡«Mi MAP me hizo hacerlo» no sirve como excusa!

- *Motivo*: No es una persona sociable y cuando se comunica le gusta conocer bien el tema y saber muy bien de qué habla. Para usted, la comunicación no es entablar relaciones sino brindar explicaciones.

Haga su propia lista. Las cosas que hace bien y las que no hace o no hace bien, tienen su origen en su MAP. Pero entiéndase bien: ¡«Mi MAP me hizo hacerlo» no sirve como excusa! Solo sirve para explicar por qué algunas cosas le resultan más difíciles que otras a la gente.

EL DISEÑO PROCURA ACTIVAMENTE SU EXPRESIÓN

Encuentro fascinante, y es además otra prueba de que el MAP es imparable, el hecho de que las personas con frecuencia, por instinto y activamente, procuran hacer esas cosas que estimulan su motivación. Es como si tuvieran un radar que localiza las situaciones «correctas», para sus inclinaciones en particular.

Recuerdo al Dr. Neullo, químico que trabajaba en una gran compañía química norteamericana, y que encontraba motivador cumplir los requisitos. Como investigador básico no era muy fecundo, porque necesitaba cosas distintas a las que su labor requería: alguien que analizara la potencialidad de los «presentimientos» científicos. Recuerda que ocupaba su tiempo haciendo muchos crucigramas y enrolándose en cursos en la escuela de la comunidad; estas cosas implicaban requisitos que él cumplía.

Para cada uno de nosotros, la motivación es sensible al ambiente en que nos desenvolvemos. Por desgracia, puede ser árido e incluso hostil a nuestra idoneidad. Como resultado, la mayoría de nosotros hacemos lo mejor que podemos «dadas las circunstancias». Somos como plantas en el desierto, a la espera de esos esporádicos chaparrones que nutran nuestra inclinación natural. Entonces florecemos, aunque por poco tiempo.

> Literalmente millones y millones de personas solo usamos parte de nuestra idoneidad en el lugar de trabajo y luego buscamos otras salidas para nuestros talentos.

Me estremece pensar cuántas personas trabajan a duras penas en actividades que les impiden expresar sus modelos. Por suerte muchas de ellas tienen otras opciones. Por ejemplo, al gerente principal de una pequeña compañía de componentes electrónicos lo motivaba la construcción y el desarrollo, pero su compañía se dedicaba fundamentalmente al mantenimiento, con una operación tranquila, a la espera de un vuelco en el mercado.

La situación se prolongó por diez años. Durante ese período, le agregó una sala recreativa a su casa, luego un patio y luego hizo una ampliación mayor. Además, construyó una cabaña en las montañas, ayudó a formar un grupo de exploradores y colaboró con un grupo comunitario para construir una nueva ala en el hospital de la localidad.

Literalmente millones y millones de personas solo usamos parte de nuestra idoneidad en el lugar de trabajo y luego buscamos otras salidas para nuestros talentos. Como consecuencia, el mayor «empleador» en los Estados Unidos no es la industria ni el gobierno, sino el sector sin fines de lucro, casi la mitad de los adultos de ese país dedican por lo menos tres horas semanales en servicios honorarios.[2] Para muchos, servir comida en un

---

[2] Peter F. Drucker, Managing the Nonprofit Organization [Administración de la organización sin fines de lucro], Harper Collins, New York, 1990, xiii.

merendero, dar clases de apoyo escolar a un niño en un barrio marginado, escribir artículos para una revista mensual o presidir una comisión de asociados, son los únicos escapes que tenemos para expresar nuestra motivación. Como el lugar de trabajo les niega esa oportunidad, están más que felices de poder hallar su expresión en un trabajo honorario.

EL DISEÑO DA FORMA A LAS PERCEPCIONES

Percibimos la vida en función de aquellas cosas que tienen sentido para nosotros; o sea, a la luz de la importancia de nuestras aptitudes propias, el contenido temático motivador, las circunstancias motivadoras, las relaciones sociales operativas y, especialmente, nuestra recompensa motivadora. *De hecho, interpretamos la realidad de manera tal que concuerde con nuestro carácter motivacional.*

Hay abundantes ejemplos de esta ley. Considere un banquete que reúne a una variada gama de individuos. El maestro de ceremonias, que le gusta la aprobación, ve un público. El conferenciante es un político que le gusta encargarse de las cosas y ve votos. El solista invitado, ducho en impresionar a la gente, ve una sala llena de críticos. El profesor en la mesa 29, al que le gusta enseñar a sus alumnos, ve un discípulo en potencia en su compañero de mesa y comienza a buscar su atención. Hay una «mariposa social» que

> Percibimos la vida en función de aquellas cosas que tienen sentido para nosotros; es decir que, de hecho, interpretamos la realidad de manera tal que concuerde con nuestro carácter motivacional.

quiere ser el centro de atención, y ve una sala llena de dignatarios para saludar y recordarles que ella auspició el evento. La persona que planificó la velada, le preocupa que todo salga bien, mientras tanto, ve una sala llena de problemas latentes.

La percepción y la motivación van de la mano. Es fundamental entender este hecho en el lugar de trabajo. El empleador o el supervisor pueden definir el cargo en función de la descripción de tareas y el conjunto de expectativas de rendimiento. Sin embargo, el empleado verá el trabajo a través del lente de su MAP, y su desempeño corresponderá a su modelo. Si lo motiva la innovación, intentará innovar; si lo motiva el control, establecerá controles; si lo motiva la superación, encontrará algo para solucionar; si lo motivan las relaciones sociales, las fomentará; si tiene espíritu pionero, extenderá los límites; si lo motiva la perfección, descubrirá las imperfecciones.

La evaluación «objetiva» de la tarea podría requerir un enfoque diferente, pero el trabajador intentará hacerla «a su manera». Cumplirá los requisitos de la descripción de tareas solo en la medida que concuerden con su modelo. Por eso es tan importante que ambos, el empleador y el empleado, entiendan el MAP del empleado tanto como la naturaleza del cargo.

Tomemos el caso de José, por ejemplo. Cuando lo contrataron le dijeron: «Te vamos a convertir en un vendedor». El empleador de José cree que un «vendedor» es una persona que avasalla al cliente con una personalidad «ganadora» y una presentación «con bombos y platillos». Pero esa no es la motivación de José. A él le gusta mantener un perfil más bajo.

Por un tiempo, José hace lo mejor que puede para dominar el «sistema de ventas patentado» de su jefe. Atiende como es debido a las sesiones de entrenamiento de la compañía; sigue las instrucciones para las dramatizaciones; aprende algunos chistes vulgares garantizados para romper el hielo; y hasta intenta imitar la voz y el estilo del entrenador.

Así como puede vestirse a los monos para que parezcan humanos, José es una buena imitación de un «vendedor» (según la definición de la compañía). Pero, a fin de cuentas, ese no es José. José tiene la capacidad de influir, pero por medio de la persuasión cansina y metódica de acumular datos técnicos. No pretende apabullar a la gente; las conduce hasta convencerlas de su punto de vista. Su estilo consiste en sentarse con un cliente y conversar sobre sus necesidades y cómo su producto puede satisfacerlas.

Podríamos discutir si el estilo es apropiado para los productos de la compañía y el mercado. Pero el asunto es que José será José, pase lo que pase. Su modelo se expresará independientemente de las exigencias de la compañía. Cualquier intento por conformar a José a la imagen de vendedor que tiene la compañía es como intentar vestir a un hombre con una cintura de 38 pulgadas con un pantalón talla 32. Los pantalones no le entrarán, pero como está obligado a usarlos, meterá su barriga y tirará hasta que pueda ponérselos. Pero no durará mucho. Tarde o temprano, los botones se soltarán y las costuras se abrirán, y todos se darán cuenta de que no era su talla. Del mismo modo, mientras José trabaje como vendedor, se estirará y retorcerá y adaptará en un esfuerzo denodado por acomodar su trabajo a su modelo. Podrá resultar o no, pero él en sí mismo no cambiará.

Algunas personas pueden considerar que este comportamiento es egoísta o manipulador. Es posible, pero la lección más importante es que las personas redefinen sus tareas no porque sean rebeldes o testarudas u obstinadas, sino porque no hay otra forma que puedan hacer la tarea bien. Aspiran a expresar su idoneidad y procuran hacer aquello para lo que nacieron. Las circunstancias pueden ser propicias o desfavorables, pero no pueden impedirlo.

Por eso es de capital importancia conciliar las personas con las situaciones más afines (algo que el empleador de José hubiera hecho bien). De lo contrario, las personas se resistirán a las exigencias en conflicto con su modelo. Modificarán las tareas y las expectativas para que se conformen a su programa. Serán propensas a tener ataques de ira si se frustran mucho. Caerán en el desaliento si, con el tiempo, no pueden ejercitar su tendencia motivadora. Cuando hayan realizado una tarea determinada o desempeñado un papel y su motivación se haya agotado, procurarán encontrar una nueva dirección y centro de atención para conseguir nuevamente su recompensa motivadora.

EL DISEÑO MATIZA LAS RESPUESTAS EMOCIONALES

Gran parte de la psicoterapia moderna parece radicar en la creencia de que el comportamiento humano está basado en las emociones. Como resultado, los tratamientos tienden a concentrarse en maneras de ayudar a las personas a reconciliarse con sus sentimientos: que los conozcan y, según algunas teorías de personalidad, el origen de los mismos.

Las reacciones emocionales pueden rastrearse al MAP de una persona. No se trata de que el MAP implique causas sicológicas. El MAP no pretende determinar si su pasión por las mariposas obedece a una experiencia formativa durante su juventud. Desde el punto de vista del diseño humano, lo que importa es que los colores, las formas y la delicadeza han formado parte de su modelo motivador de logros durante toda su vida: es un patrón que le brinda gozo.

Gozo

El gozo es uno de los vínculos emocionales más contundentes del MAP. El gozo y la sensación de trascendencia son signos reveladores de una actividad idónea. Sin de modo alguno descartar el intenso dolor emocional que asola a tantas personas, estoy seguro que muchos de sus problemas serían más llevaderos si se inspiraran más en su idoneidad. He visto demasiados casos de personas que se reaniman con sus modelos para creer lo contrario.

Así también he visto demasiados casos donde la *imposibilidad* de ajustarse al modelo ha producido lo que podría llamarse emociones «negativas». Sería el caso de una persona en una situación que pone a prueba condiciones que no son propias de su potencialidad, obligarla a presentar un informe breve, «realista y práctico» cuando al individuo lo motivan las actividades amplias y abarcadoras. Está en extremo ansioso, no puede dejar de pensar cómo va a incluir todo en el informe.

Ira

Otra reacción negativa ligada al MAP es la ira, e incluso la agresividad, que las personas manifiestan cuando los comentarios o las acciones de los demás parecen atacar su motivación. Por ejemplo, el gerente apasionado con un proyecto propio se preparará para la lucha si le parece que la compañía puede cancelar o recortar «su» proyecto; o cuando después de convencer a los otros miembros del equipo para que respalden su idea, Charlotte congela la propuesta al plantear lo ocupados que están en ese momento o pregunta cómo se va a financiar; o usted está produciendo un nuevo producto de inefable belleza (así le parece) y el capataz le dice que se apure y lo termine de una vez porque quiere cerrar el turno.

Depresión

Los factores motivacionales también desempeñan un papel en la depresión, un problema acuciante de nuestra sociedad. Parece existir un componente químico en algunas depresiones, pero un factor muchas veces dejado de lado es la combinación de circunstancias, especialmente en el hogar y el trabajo, que hacen imposible las actividades motivadoras.

Por ejemplo, considere la mujer que trabaja para una agencia gubernamental. Su jefe, nuevo en el cargo, es el tipo de gerente interventor, muy encima de sus empleados. Le encarga la tarea de revisar un viejo manual, y la revisión le lleva dos meses porque él la interrumpe todo el tiempo. La situación va a contrapelo de su MAP. A ella le gusta el estilo de administración colaborador, que brinde apoyo cuando se requiere; y la clase de detalle meticuloso necesario para revisar ese manual no forma parte de su modelo.

En su casa, mientras tanto, las circunstancias son igual de difíciles. El esposo de la mujer estudia en una escuela de graduados y tiene muy poco tiempo para escucharla, una necesidad imperiosa de su modelo. Además, ella no es solo el principal sostén de la familia sino que es la principal figura paternal para su hijo que necesita mucha ayuda con sus deberes: otra responsabilidad que le exige mucha atención y que, por supuesto, no es capaz de brindar. ¡Qué situación espantosa!

¿Quién se va a sorprender cuando al poco tiempo esta mujer se sienta terriblemente deprimida? ¡Ya resulta deprimente la simple lectura acerca de la carga que tiene! Pero la fuente de su depresión es que *procura llevar una carga extraña a su diseño*. Mientras, no hay nada en su mundo que parezca servirle para vivir según su diseño.

Frustración

Para ella, como para el resto de nosotros, la frustración es posiblemente la experiencia más común que sentimos cuando no podemos conseguir lo que nos resulta significativamente motivador. Si el gozo es el ronroneo suave cuando la energía y la pasión operan a pleno, la frustración es la señal de humo que nos advierte que nuestro motor motivador se está fundiendo.

La ilustración clásica es el jefe que no se interesa en nuestras ideas. Pocas cosas son tan desmotivadoras como un jefe insensible (o, si uno es niño, un padre insensible). ¿Por qué? Porque aparte del mérito de la idea en sí, el hecho de que presentemos una idea y la manera como lo hagamos es muy revelador de las cosas que nos motivan. Lo que en realidad estamos diciendo es: «Esto me entusiasma. Así es como usted puede hacerme rendir al máximo». Que alguien nos deje de lado en ese momento es como pretender hacer que un motor funcione sin aceite. Al poco tiempo, los cambios comenzarán a hacer ruidos y las válvulas se recalentarán y comenzarán a humear con la fricción.

EL DISEÑO AFECTA EL COMPORTAMIENTO SOCIAL

A estas alturas ya podrá prever que así como la idoneidad influye profundamente al interior de las personas, también afectará lo que ocurre entre ellas. Por ejemplo, en una comunicación, las personas a quienes sobresalir las motiva llevarán las conversaciones a los temas o asuntos donde puedan ejercer su preeminencia. Las personas que desean impresionar a los demás atraparán la atención de su público mientras relatan las vicisitudes padecidas en su viaje reciente a una ciudad en conflicto armado. Las personas interesadas en las necesidades se darán maña para convencer a otro individuo que les cuente algún problema que tiene y luego le darán consejos. Las personas motivadas por el dominio se aprovecharán instintivamente de los puntos débiles de otros.

Uno de los beneficios más provechosos de conocer el propio MAP es la percepción y perspectiva que permite tener de los conflictos. Todos tenemos conflictos. La mayoría pueden comprenderse y muchas veces resolverse *si se reconoce que la situación es resultado de la motivación y no de las emociones o el carácter.*

> Los conflictos pueden comprenderse y muchas veces resolverse si se reconoce que la situación es resultado de la motivación y no de las emociones o el carácter.

Por ejemplo: una mujer individualista casada con un hombre a quien le gusta trabajar en equipo. A nadie sorprenderá que sus constantes pedidos de «ayúdame con esto» se den contra una pared. O el caso del joven empleado que quiere un jefe que lo apoye y le dé direcciones claras y constantes. ¿Tendrá esto algo que ver con la bronca que siente hacia su supervisor que le entrega las instrucciones en la mañana y después cierra la puerta de su oficina porque el trabajo con la gente no lo motiva?

Todavía será necesario resolver los conflictos, pero conocer las raíces motivacionales del conflicto puede ser de mucha ayuda. Si sé qué cosas le importan, puedo modificar las condiciones para que alcance algo de lo que quiere, tal vez hasta todo, y recíprocamente. En realidad, juntos hasta podríamos convertir un conflicto en un esfuerzo coordinado y complementario que utiliza lo mejor de nuestros aportes.

EL DISEÑO LIMITA LA EFICACIA DE LOS MOTIVADORES EXTERNOS

Supongamos que pudiera duplicar su salario. ¿Se duplicaría su productividad? ¿Se duplicaría la satisfacción que le brinda su trabajo? Posiblemente estará muy contento por una semana o dos, pero un aumento de salario no cambia radicalmente la productividad de una persona o su actitud hacia el trabajo. A no ser que el dinero en sí forme parte de la idoneidad de uno.

En cierto modo, esto es una gran desventaja. Si con incrementos cuantiosos de salario alcanzara para aumentar la productividad y el ánimo de los empleados, tengan la seguridad de que los empleadores hace tiempo que habrían librado los cheques. Pero años de investigación demuestran que el dinero por sí solo no es suficiente para motivar a la mayoría de las personas. Ellas quieren algo más que recompensas financieras.

Lo mismo es cierto en el caso de otros motivadores externos. En casi cuarenta años de realizar modelos de las personas, mis asociados y yo nunca hemos visto un caso donde alguna influencia externa a la persona, en un sentido estricto, fuera un factor motivador nuevo. Sabemos de padres severos, madres demasiado protectoras, abuelos estimulantes, maestros que obran milagros, tutores esclarecedores, presión de los iguales, amigos inspiradores, amantes devotos, experiencias culminantes, ejercicios de sensibilización, campamentos de verano, atrocidades de guerra, premios, castigos, privaciones, temores, trabajo en equipo, conflictos, fracasos y reencuentros con la fe.

Estos factores son profundamente significativos para las vidas de las personas pero, a lo último, nada de lo que le pasa *a* una persona parece crear nuevas motivaciones *dentro* de la persona.

> **El dinero por sí solo no es suficiente para motivar a la mayoría de las personas; esta mayoría quiere algo más que recompensas financieras.**

De hecho, existe una evidencia en aumento de que los «motivadores» externos en realidad pueden hasta disminuir el rendimiento deseado. La creatividad viene al caso: si intenta motivar mi creatividad ofreciéndome un premio, obtendrá menos de lo que hubiera obtenido si sencillamente me hubiera dejado a solas para crear.[3]

EL DISEÑO REACCIONA AL ENTORNO

Los factores externos pueden no desempeñar un papel *causativo* en el diseño de una persona, pero suelen ser críticos. Podemos decir que la idoneidad aprovecha las oportunidades. El modelo personal está siempre listo para expresarse; en realidad, siempre se expresará de una u otra manera.

Considere el aprendizaje, por ejemplo. Todos aprendemos en cierta medida, pero para algunas personas «aprender» es una *aptitud motivada*: una capacidad clave que poseen por naturaleza y que están motivados a usar. Sin embargo, algunas personas con esa aptitud necesitan una clase de «maestro» para estimular su aprendizaje. Sin un maestro, no tienen

---

[3] Véase Alfie Kohn, Punished by Rewards [Castigado con las recompensas], Houghton-Mifflin, New York, 1993.

motivación. Vemos cómo un factor externo (un maestro) es clave para su funcionamiento. El maestro (idóneo) abre las puertas de la oportunidad y el alumno (idóneo) accede a ellas.

Una nota: cada alumno recurrirá al maestro de acuerdo con su modelo particular de idoneidad. Un individuo aprende como resultado de la aprobación de su maestro; otro aprende cumpliendo con las expectativas expresas del maestro; otro aprende en función de la relación que pueda entablar con el maestro; otro descubre «cómo es» el maestro y desarrolla una estrategia para relacionarse con su autoridad. El uso que los distintos alumnos pueden hacer de su maestro parece ser infinito.

Será de ayuda, por supuesto, que la maestra tenga talento para enseñar; es decir, que tenga la capacidad motivadora y natural para propiciar el aprendizaje. Si es así, estará tan motivada con los alumnos de su clase (al menos lo que necesita un maestro) como ellos estarán con ella. Los alumnos estimularán su facultad innata para enseñar y ella estimulará su inclinación innata hacia el aprendizaje. ¡Es un baile hermoso para mirar!

Dicho esto, le advierto que no hay que generalizar como lo hacen muchos: «Eso es, la clave para aprender es un buen maestro». Sin duda esto es cierto para algunos, pero no para todos. Las personas aprenden por motivaciones distintas, y no todas necesitan de un maestro. Por ejemplo, algunos aprenden haciendo (nuestros estudios sugieren que la mayoría de las personas aprenden de ese modo), otros aprenden solos, otros aprenden con lectura y reflexión, otros necesitan explorar y observar.

Para estos alumnos, el maestro es más un recurso para usar «según las necesidades» que un estímulo o mecanismo propicio. Su motivación para el aprendizaje aprovecha otros factores del entorno, con o sin la presencia de un maestro talentoso.

Lo que se cumple para el aprendizaje también se cumple para otros comportamientos motivados, tales como la creación, la solución de problemas, la toma de decisiones o el desarrollo. Muchas veces las personas no ejercitan uno de estos talentos no por falta de capacidad sino porque la oportunidad nunca se presenta. El entorno, tan crítico para su comportamiento, no les resulta en absoluto motivador.

Sin embargo, cuando las condiciones son propicias ¡hay que verlo! El comportamiento motivado puede ser espectacular. Por ejemplo, una persona permanece inerte, nada la motiva para invertir su energía hasta que, de pronto, se enfrenta a un problema o necesidad: una crisis en la oficina, un accidente en el hogar, un vecino en problemas, un pedido desesperado de ayuda de un líder de la comunidad. El imprevisto pedido de ayuda puede actuar como el catalizador de una reacción química. Todos los ingredientes están presentes; solo se necesita el catalizador correcto (la introducción de un problema o necesidad) para precipitar la respuesta de la persona.

Además de desencadenar un comportamiento motivado, los factores ambientales suelen *mantenerlo*. Consideren el caso de Amanda, una funcionaria de gobierno motivada por crear situaciones e impresionar. Hace unos años que el municipio está controlado por alcaldes con intereses y propósitos generalmente similares. Como resultado, Amanda es capaz de poner en práctica sus políticas y disfruta viendo los resultados en la vida de su comunidad.

Entonces, asume una administración completamente diferente. De pronto, Amanda pierde influencia; sus recomendaciones no son tenidas en cuenta: se cuestionan, hay demoras, no hay fondos, no contestan sus llamadas telefónicas.

Cancelan los programas que tanto trabajo le han costado. Lenta pero sin pausa, su motivación se evapora y siente que estar o no da lo mismo. Comienza a buscar un trabajo en otra ciudad.

La importancia del entorno como un estímulo para la motivación es un factor particularmente relevante para las organizaciones. La industria hace tiempo que quiere descubrir la manera ideal de utilizar los recursos humanos para que «las personas den lo mejor de sí». Se han probado círculos de calidad, equipos de autogestión, proyectos independientes, jefaturas, descentralización, organizaciones «desde las bases» y otras fórmulas. Ninguna fue la panacea prometida. Algunos trabajadores han respondido bien a estas estructuras organizativas «de punta»; otros, no.

Ahora sabe por qué. Cada trabajador necesita factores ambientales diferentes para desempeñarse bien. Por lo tanto, no puede haber una única manera de organizarse que pueda aplicarse a todos. No pueden hacerse generalizaciones con respecto a la «manera como la gente trabaja mejor»; excepto posiblemente que las personas trabajan mejor cuando la compañía las organiza de acuerdo con sus modelos motivacionales.

Algunos trabajadores necesitan circunstancias propulsoras, otros no. Algunos necesitan estructuras, otros no. Algunos necesitan figurar, otros no. Algunos necesitan contar

> No pueden hacerse generalizaciones con respecto a la «manera como la gente trabaja mejor»; excepto posiblemente que las personas trabajan mejor cuando la compañía las organiza de acuerdo con sus modelos motivacionales.

con resultados cuantificables, otros no. Algunos quieren un cierto tipo de organización, otros, otro.

¿Les parece que los gerentes tendrán mucho trabajo para clasificar a sus empleados según sus necesidades? Puede ser. Al principio demandará tiempo, esfuerzo y dinero. Pero el rédito en dinero y satisfacción puede ser asombroso. Además, es el camino del progreso. No hay otro.

Sin embargo, muchos líderes industriales están convencidos de que de algún modo pueden «hacer» o «lograr» que sus empleados hagan lo que ellos quieren. Buscan (en vano) un conjunto de principios rectores para establecer las condiciones adecuadas para la operación productiva y rentable. Los trabajadores tienen una extraña capacidad para obstaculizar ese tipo de principio, no porque sean por naturaleza obstinados, perezosos o egoístas, sino porque su idoneidad innata se acomoda por instinto al entorno que les sea más propicio. ¿No tendría más sentido, entonces, cooperar con la naturaleza en lugar de contrariarla?

Somos una sociedad que lentamente está aprendiendo a vivir en el mundo, a usar la tierra, el agua, la flora y la fauna, y la atmósfera que nos rodea, sin destruirlas. ¿Cuándo aprenderemos a usar los recursos humanos sin dañarlos?

Capítulo Seis

Cesión de los derechos de nacimiento por un mito

Difícilmente pueda concebirse un cautiverio cultural más insidioso, más costoso y más destructivo de la vida humana y sus valores que la incompatibilidad entre las personas y sus respectivos empleos. Hay diversidad de estudios acerca de la incompatibilidad entre las capacidades de los empleados y los requisitos para el cargo, pero se diferencian solo con respecto a los matices lúgubres que tienen:

- Solo trece por ciento de los trabajadores estudiados encuentra su trabajo verdaderamente significativo.[1]

- Solo veinte por ciento de 350.000 empleados de 7.000 compañías, estudiados en un período de dieciséis años, trabajaba usando sus talentos.[2]

- Cincuenta por ciento de los gerentes contratados en los últimos tres años «no había resultado», de acuerdo a un estudio de cincuenta y cinco compañías.[3]

---

[1] Daniel Yankelovick, «Putting Work Ethic to Work» [La ética del trabajo en la práctica], *Public Agenda Foundation*, 1983.

[2] Herbert M. Greenberg, *Report for the Marketing Survey and Research Corporation* [Informe para la compañía de estudio e investigación de mercado], Princeton, New Jersey, 1976.

[3] Richard Sampson, *Managing the Managers* [Gestión de gerentes], McGraw Hill, Nueva York, 1985, p. 158.

- Solo uno de cada tres gerentes es el más indicado para el cargo, de acuerdo a evaluaciones que hemos realizado durante más de cuatro décadas.

- En la medida que las organizaciones o las personas no son compatibles con su trabajo, estas son imitaciones sin vida, con estrés y resultan inevitablemente mediocres.

- La incompatibilidad laboral se revela en actitudes conocidas: rabietas infantiles, amargura, indolencia, falta de atención o iniciativa, indiferencia y dispersión.

Independientemente del nivel jerárquico o de la función, cuando el trabajo no apela a las capacidades del empleado, el empleador cosecha una retahíla de dificultades: problemas de productividad, problemas emocionales, problemas de entusiasmo, problemas de lealtad, problemas de conflictos, problemas con quienes crean conflictos.

EL COSTO ELEVADO DE NO TOMAR EN CUENTA EL DISEÑO HUMANO

> En la medida que las organizaciones o las personas no son compatibles con su trabajo, estas son imitaciones sin vida, con estrés y resultan inevitablemente mediocres.

Los problemas presentes con la incompatibilidad laboral desenmascaran una tormenta en el interior de la persona. Hay una evidencia creciente que muestra que la incompatibilidad laboral (ya sea la subutilización o el uso inadecuado de la idoneidad) y el estrés consiguiente contribuyen directamente a enfermedades y trastornos circulatorios, separaciones matrimoniales, alcoholismo, drogadicción y otros desórdenes mentales y emocionales, muerte prematura y discapacidad motora.

Tarde o temprano el estrés destructivo que acompaña la incompatibilidad perjudicará la salud física, emocional y espiritual. Un estudio lineal y bien documentado de las causas de los trastornos circulatorios encontró que solo veinticinco por ciento de los casos se debía a factores genéticos o dietéticos, hábitos personales o excesos. *Setenta y cinco por ciento de los casos se debía a lo que los investigadores calificaron como ausencia de satisfacción laboral*.[4]

Considere estos porcentajes y piense en la atención que dedicamos, el dinero que gastamos y cómo nos preocupamos por los niveles de colesterol, el ejercicio físico y las técnicas para disminuir el estrés. Luego piense en lo poco que nos preocupa y lo poco que invertimos en la compatibilidad laboral.

Independientemente de las cifras, las organizaciones pierden dos veces. Los costos laborales están innecesariamente inflados porque los ejecutivos, los gerentes, los supervisores y los trabajadores que son incompatibles con sus cargos son menos productivos. El estrés continuo, producto inmediato y directo de la incompatibilidad laboral,[5] resulta en costos exorbitantes e innecesarios.[6]

---

[4] *Work in America-Report of a Special Task Force to the Secretary of Health, Education & Welfare* [El trabajo en Estados Unidos. Informe de una comisión especial para el Ministerio de Salud, Educación y Bienestar], MIT Press, 1971, p. 79.

[5] «Work Environment, Type A Behavior and Coronary Heart Disease Risk Factors» [Ambiente laboral, Comportamiento tipo A y factores de riesgo de enfermedad cardiaca], *Journal of Occupational Medicine*, vol. 23, no. 8, agosto de 1981.

[6] E.M. Gherman, M.D., *Stress and the Bottom Line* [El estrés y los resultados contables], ANACOM, 1981, pp. 20-21.

Estos son los costos *de un solo año*:

- Muertes prematuras: $19.400.000.000

- Compensación por discapacidad y gastos médicos: $26.000.000.000

- Reclutamiento de suplentes para las personas incapacitadas por enfermedad cardiaca: $700.000.000

- Enfermedades cardíacas y consiguientes días de ausencia: $132.000.000

- Costo para la industria estadounidense debido al ausentismo por alcoholismo y los programas médicos: $16.000.000.000

- Porcentaje de problemas emocionales de los empleados ligados al estrés: 80

- Por cada muerte causada por accidentes laborales, el número de trabajadores que mueren de enfermedad cardiovascular: 50

No tiene ningún sentido las elevadas sumas de dinero que se invierten año tras año para aliviar los síntomas del estrés sin solucionar su causa: la incompatibilidad laboral.

La Fundación Nacional de Ciencias [National Science Foundation] contabilizó *el costo anual relacionado con el estrés en cien mil millones*. La imposibilidad de superar el estrés causa aproximadamente entre setenta y cinco a ochenta y cinco por ciento de todos los accidentes industriales. Hace pocos años, solo estos accidentes costaron treinta y dos mil millones de dólares a las compañías norteamericanas.[7]

No tiene ningún sentido las elevadas sumas de dinero que se invierten año tras año para aliviar los *síntomas* del estrés sin solucionar su *causa*: la incompatibilidad laboral. Por un lado, esta aparente irracionalidad es producto de un malentendido fundamental de las causas de la incompatibilidad laboral y, por el otro, de la dependencia de una «solución» que no tiene en cuenta la verdadera causa.

EL MITO DE «CONVERTIRSE EN»

La «solución» es tan norteamericana como el pastel de manzana o la fecha patria del cuatro de julio. Es la idea bien arraigada en la siquis de la sociedad norteamericana: *uno puede convertirse en la persona que quiera y hacer lo que quiera.*

No cabe duda de que no existe mentira más grande que esta fantasía: creer que uno puede convertirse en la persona que quiera y hacer lo que quiera. Este mito se expresa con frecuencia de este modo: «Con voluntad puede conseguirse cualquier cosa que la imaginación conciba». La creencia difundida de que el destino personal tiene opciones ilimitadas debe ser

---

[7] Citado en M.T. Matteson, J.M. Ivancevich, *Controlling Work Stress* [El estrés laboral bajo control], Jossey-Bass, 1987.

uno de los engaños mayúsculos y más destructivos de nuestra era.

La verdad es que usted tiene solo un modelo de aptitudes (MAP) para servir de guía en su vida, para ser la persona que nació para ser. Sea cual fuere su modelo de idoneidad, este define sus opciones. No puede actuar fuera de ese patrón de manera sostenida y productiva y pretender obtener una sensación de satisfacción y sentido de su esfuerzo.

La tragedia de nuestra era es que nos rendimos al mito de «convertirse en». Tanto el triste trabajador agobiado por su trabajo rutinario como el hombre ambicioso con ansias de progresar oyen el mismo canto de sirena que les dice: «¡Epa! Tú puedes ser otra cosa, ¡algo mejor!» Es el mismo canto que les recitan a los jóvenes: «¡Tú puedes ser cualquier cosa que quieras!»

El tono es tan alto que es casi irresistible. En primer lugar, desear algo mejor es demasiado humano. Y pensar que uno tiene «derecho» a una mejor manera de vivir... pues, ¡digno de cualquier norteamericano que se precie! Para eso se creó ese país.

> «Convertirse en» depende de la visión y los sueños ajenos, no de los propios.

Poner esa idea en tela de juicio es como querer atrapar al viento, porque nuestra cultura se ha tragado el mito de «convertirse en». Sus orígenes se remontan a los días de los pioneros y lo transmiten las personas más importantes e influyentes de nuestras vidas, desde los padres, los maestros y los predicadores, hasta los empleadores y líderes de exploradores. Con estos defensores, quién puede sorprenderse de ver personas arrodilladas frente al altar del «convertirse en». Se criaron dentro de esa religión. Por eso es muy extraño encontrarse con alguien que haya reflexionado seriamente sobre quiénes son.

Sin embargo, la idea de que podemos ser cualquier cosa que queramos es fundamentalmente una mentira basada en un concepto equivocado: que las personas son arcilla que pueden moldearse y amoldarse para adaptarla a los propios deseos, a las necesidades de sus empleadores o a los valores de la sociedad. De acuerdo con este modelo, premisa del mundo laboral transmitida por nuestros sistemas de educación, los seres humanos se conciben como bienes y partes intercambiables, a los que se puede enseñar a ser lo que se necesite y enseñar a convertirse en lo que se valora.

«Convertirse en» depende de la visión y los sueños ajenos, no de los propios:

- «convertirse en» el supervisor que su compañía quiere;
- «convertirse en» el abogado que su padre pretende que sea;
- «convertirse en» un vendedor tan bueno como su tío;
- «convertirse en» el rabino que su sinagoga espera que sea;
- «convertirse en» la madre que su suegra espera que sea.

No importa a quién pertenezcan los sueños que quiere alcanzar, la triste realidad es que «convertirse en» no es más que un conjunto de expectativas. Nos dice que *no* somos adecuados así como somos, pero que con suficiente esfuerzo, con el tiempo podremos (tal vez) «convertirnos en» personas adecuadas. Cualquiera

> «Convertirse en» es un conjunto de expectativas. Nos dice que no somos adecuados así como somos, pero que con suficiente esfuerzo, con el tiempo podremos (tal vez) «convertirnos en» personas adecuadas.

que crea esto se verá pronto agobiado por expectativas. Estará siempre escalando una montaña, siempre «en proceso», pero sin llegar a ningún lado. ¡Qué manera más desgraciada de vivir! Por eso llamo al mito de «convertirse en» un engaño maldito. Bajo el disfraz de liberar a las personas, las esclaviza; las pone bajo un yugo, o mejor dicho, bajo un yugo tras otro.

Un día, cansado de la irritación que me producía el bombardeo del negocio de «cambiar a las personas», elaboré una lista con doce principios como guía para las personas sin éxito e infelices que intentan convertirse en personas felices y de éxito. La llamo la Docena Roñosa.

1. No se preocupe por las señales reveladoras de estrés destructivo (sin dolor no se gana nada).
2. Intente convertirse en lo que el éxito requiere (el principio de Horatio Alger: persevera y triunfarás).
3. Trabaje duro para corregir sus debilidades (el principio del educador).
4. Crea que puede hacer cualquier cosa (si fracasa, intente de nuevo).
5. Establezca metas en torno a carreras redituables (el consejo del tío).
6. Sígale la corriente a la gente (¿qué más da?)
7. Acepte cualquier ascenso para progresar (firmes y adelante).
8. Disimule sus limitaciones (el principio del camino más transitado).
9. Crea que su destino está en sus manos (el principio de la Nueva Era).
10. Aprenda comportamientos que no puede mantener (principio del escritor: lea mi libro).
11. Cuestione sus valores (únase a mi secta).
12. Desarrolle las cosas que no ha desarrollado hasta ahora (el principio para convertirse en lo que será).

No podemos convertirnos en cualquier cosa que queramos ser. En realidad, tampoco podemos *convertirnos en* otra cosa distinta de lo que ya *somos*, si hemos de encontrar la plenitud en nuestras vidas y nuestra vocación. Debemos dejar de intentar «convertirnos» en otra cosa, o «desarrollar» o «cultivar» esos atributos que no disponemos de ningún modo, e identificar nuestra idoneidad y practicarla para comenzar a *ser* quienes ya somos. Podríamos pasarnos la vida entera, y más tiempo todavía, desarrollando y explorando los atributos que ya tenemos.

Ahora bien, como norteamericano de pura cepa, sé que decir que no es posible hacer algo es un acicate. Por lo tanto, si todavía no intentó lo suficiente para rehacerse, siga divirtiéndose. Pero llegará el día en que se dará por vencido y dejará de «convertirse en»; entonces se acomodará en la zona llamada «yo», mucho más emocionante y estimulante. Entonces sí que comenzará a pasarla bien de veras y su vida será decisiva en los demás.

¿POR QUÉ PERSISTE EL MITO?

¿Por qué, entonces, persiste el mito de «convertirse en», a pesar de ser tan mítico como el cerezo de George Washington y no dar resultados? En la sicología conductista, el comportamiento que no recibe recompensa se «extingue», desaparece. Uno pensaría que si un perro se da cuenta que su comportamiento es una pérdida de tiempo porque no obtiene ningún resultado, las personas por ser mucho más inteligentes se darían cuenta que intentar cambiar a los individuos no resulta.

Hay varias razones:

1. El mito de «convertirse en» es democrático e igualitario: todos tenemos la misma oportunidad para convertirnos en lo que sea. Forma parte del ideal democrático.
2. Nos han adiestrado desde la niñez: «Puedes convertirte en presidente si quieres».
3. Hay intereses creados a los que les conviene perpetuar el mito; no porque deseen conscientemente perpetuar algo que saben que no es cierto, sino porque es muy útil y potencialmente muy redituable.

- Los padres lo pueden utilizar (lamentablemente) para animar a sus hijos a «triunfar».

- Los trabajadores insatisfechos pueden usarlo para no perder la esperanza de que puede haber un futuro mejor.

- Los gerentes lo pueden usar como meta ilusoria: «Si trabajas duro te convertirás en una persona de éxito como yo».

- Las compañías pueden usarlo para aumentar la flexibilidad (y estar menos obligadas a rendir cuentas) de los recursos humanos y necesidades empresariales.

- Las consultorías de negocios pueden usarlo para demostrar a las compañías cómo pueden aumentar sus ganancias (cuando el fracaso sea patente, siempre ya habrán puesto de moda otra cosa y las consultorías podrán comenzar de nuevo).

- Los sicólogos pueden beneficiarse con el tratamiento de los síntomas del fracaso del mito: la depresión y otros trastornos.

- Los gurúes pueden enriquecerse.

Me estoy poniendo algo cínico, es cierto, pero me entienden ¿no?

4. Las teorías de personalidad, las categorías de personalidad y las pruebas de coeficiente intelectual suelen *no distinguir el comportamiento motivado del no motivado*. Se extrapolan las conclusiones de los estudios con animales a los seres humanos; el caso de la investigación de Skinner con las palomas o de Pavlov con los perros, son claros ejemplos de los graves errores que se cometen *por no reconocer que los principios de condicionamiento que han descubierto solo son aplicables a los seres humanos cuando no están ocupados en comportamiento motivado*.

En otras palabras, cuando nuestro MAP no anima nuestro comportamiento, como seres humanos estamos sujetos a principios generales de comportamiento, como cualquier otro animal.

> La sicología conductista fracasa por no reconocer que los principios de condicionamiento que han descubierto solo son aplicables a los seres humanos cuando no están ocupados en comportamiento motivado.

El desconocimiento de la dualidad del comportamiento de los seres humanos ha contribuido considerablemente en la elaboración de modelos de comportamiento que sustentan tantas prácticas inútiles e ineficaces empleadas por la educación y la industria.

Esto no implica que no haya opciones. Las hay. Así como está el mundo, podemos elegir la carrera equivocada, pero las consecuencias son graves si lo hacemos; podemos trabajar en algo que no es para nosotros, pero eso resultará en comportamiento *sin motivación*. ¡Qué poco sentido tiene esta elección! ¿Por qué querría alguien dejar de hacer lo que le gusta, lo que le apasiona y para lo que es competente, para dedicarse a algo que no le gusta, para lo que no siente inclinación o para lo que no sirve?

Por supuesto, en el transcurso del día hay veces cuando estamos obligados a llevar a cabo una tarea porque debe ser hecha y no hay nadie más para hacerla. Todos tenemos nuestra lista personal de tareas odiosas y «vacías», como el arqueo de las cuentas bancarias, el papeleo, las compras cotidianas, cortar el césped, seguir el desarrollo de algo, el mantenimiento, y otras más. De vez en cuando y con mucha frecuencia, todos tenemos que dejar atrás nuestro terreno motivador.

Lo trágico es cuando lo dejamos de lado la mayor parte del tiempo. Sin embargo, hay millones de personas que hacen precisamente eso y se dedican a ocupaciones particularmente aburridas. El problema no es la tarea en sí (lo que una persona encuentra aburrido, otra persona disfruta) sino lo que acabamos de mencionar: estos individuos desgraciados están intentando actuar sin tener en cuenta sus modelos. En consecuencia, su ocupación no los inspira; se les revuelve el estómago, su actitud se desmejora, los factores de riesgo de enfermedad cardiovascular aumentan.

> Los programas basados en el mito de «convertirse en» pueden ayudar de veras a las personas cuyo MAP se inspira en estos programas. Pero se trata de una minoría relativamente pequeña.

5. Lo anterior nos conduce al principal motivo de por qué el mito de «convertirse en» es tan popular: el mito de «convertirse en» produce unos pocos éxitos y numerosos logros *aparentes*, pero lo suficiente para mantenerlo vigente.

Algunas personas, gracias a la naturaleza propia de su idoneidad, pueden adaptarse a nuevas exigencias. Algunas cambian y desarrollan sus capacidades en papeles nuevos y más importantes. Los programas basados en el mito de «convertirse en» pueden ayudar de veras a las personas cuyo MAP se inspira en estos programas. Pero se trata de una minoría relativamente pequeña.

Existe otro grupo que manifiesta cambios, pero son más *aparentes que reales*. Cuando los programas no se basan en su MAP, *lo que cambia es su comportamiento no motivado*. El cambio obedece a la adaptabilidad de estos individuos a nuevos desafíos y exigencias dentro de sus capacidades. Pero nada cambia en su MAP. ¡*El comportamiento motivado no se puede cambiar*!

EL RESULTADO FINAL

Por casi cuarenta años hemos explorado los motivos que llevan a las personas a volcarse de lleno a su trabajo de corazón y con todas sus ganas. Algunas personas, gracias a la naturaleza propia de su idoneidad, pueden adaptarse a las nuevas exigencias. Otras cambian y desarrollan sus capacidades en papeles nuevos y más importantes.

Pero después de haber trabajado con miles de individuos lo que *nunca* hemos visto es un cambio en su carácter esencial. Hemos estudiado la experiencia de quienes proclaman poder producir ese cambio, pero no hay evidencia concluyente para demostrar que dicho cambio radical pueda ocurrir.

Hace años desafié a un grupo de sicólogos de comportamiento, pertenecientes a un instituto federal para el desarrollo ejecutivo del sudeste norteamericano, a que me presentaran *un* caso de una persona cuyo comportamiento motivado hubiera tenido un cambio básico.

Aceptaron el desafío y me presentaron a Cyril, una persona a quien luego entrevisté. Esto fue lo que descubrí.

De niño, durante la Segunda Guerra Mundial, Cyril con un grupo de amigos recorrió su vecindario para pedir y juntar papel de aluminio para hacer una enorme bola de aluminio, que luego entregaron en la estación local para recolectar ayuda para la guerra.

Terminada la guerra, Cyril siguió estudios técnicos e hizo una carrera en una compañía hasta que llegó a un cargo ejecutivo en la parte de producción. En determinado momento, renunció a su cargo ejecutivo (este era supuestamente el gran cambio) para dedicarse al trabajo en un centro comunitario de un barrio marginal, donde ayudaba a los niños.

Por lo tanto, durante mi entrevista con él, le pregunté: «¿Cuál fue su siguiente logro después de abandonar su cargo ejecutivo con la compañía de producción?» Resultó ser ayudar a los niños a elaborar y vender productos en la comunidad, donde comenzó un Junior Achievement Club (club de realizaciones para niños). ¿Caso cerrado? En lo que a mí respecta, sí.

En treinta y ocho años, en literalmente varios miles de casos, en todo el mundo, en todos los órdenes de la vida, ni yo ni mis colegas en nuestra compañía de gestión de personal, People Management, *nunca* hemos visto en ningún lado un cambio fundamental en el MAP de una persona. Estudios consecutivos para seguir el desarrollo posterior de algunos individuos en particular nos han confirmado plenamente este hecho aparentemente universal.

El resultado final es el siguiente: nuestro diseño es un regalo maravilloso que no puede cambiarse por un mito. Por más que lo intentemos o por más que lo intenten otros, no se convierte, *no puede* convertirse en otra cosa.

Segunda Parte

Dios nos creó para ser una persona en particular

Sin los atributos que Dios nos dio, seríamos como animales husmeando con asombro las brasas del fuego creado por un rayo. Aunque contamos con un propósito, pasión y poder para lograr grandes cosas en nuestra vida, somos la imagen de Dios y necesitamos el cuidado y la guía de él para protegernos de la autodestrucción.

Capítulo Siete

Cómo descubrir y seguir el plan de Dios para nuestra vida

Dios quiere habitar en la mente y el corazón de sus hijos para guiarlos en sus caminos y en sus propósitos de vida. Dios, el creador y diseñador de los seres humanos, quiere inmiscuirse en nuestra vida. Es un Dios personal, presente y fiel, que desea usar su creación para reconstruir al mundo sobre un cimiento de amor, misericordia y justicia.

Para comenzar nuestra peregrinación, me gustaría que se convenciera, o al menos reflexionara acerca de esta verdad: Dios diseñó a cada persona con determinadas competencias y pasiones. En otras palabras, Dios es responsable de su MAP.

Esta lista contiene algunas de las características de nuestra idoneidad, nuestro diseño, nuestro MAP:

- Universal: *cada* persona tiene idoneidad.

- Inherente: la idoneidad es innata, no es producto del esfuerzo personal.

- Precoz: la idoneidad se manifiesta en la infancia.

- Único: cada persona tiene un modelo distinto de idoneidad.

- Inconsciente: la idoneidad opera independientemente de la conciencia que tengamos de ella.

- Con propósito: la idoneidad procura obtener un resultado determinado.
- Estable: la idoneidad no está sujeta a ningún cambio fundamental.
- Inexorable: la idoneidad siempre busca su expresión.
- Innegable: la idoneidad es evidente durante la vida.
- Dinámica: la idoneidad es el motor de la persona.
- Holística: la idoneidad integra en conjunto a la persona en acción.
- Amoral: la idoneidad puede usarse para el bien o para el mal.
- Dominante: la idoneidad gobierna nuestra manera de pensar, sentir y actuar.
- Previsible: el comportamiento futuro será como el comportamiento pasado
- Sistémica: todos los elementos de la idoneidad operan como un sistema conexo.

Esta lista puede ampliarse mucho más; pero cuando analizamos todas estas características de idoneidad y diseño, difícilmente podemos dejar de agregar otras:

- Predeterminada: la idoneidad ha sido decretada de antemano.

Quiero ser claro sobre este punto. Llegamos al concepto de idoneidad, diseño y aptitudes motivadas después de años de acumular, analizar e interpretar datos; proceso que puede ser realizado y duplicado por cualquiera, independientemente de su creencia religiosa o ideológica. La creencia en Dios no es condición necesaria para estos conceptos.

DIOS Y LA IDONEIDAD

Sin embargo, si creemos en Dios, es imposible eludir la conclusión de que él es el origen de nuestra idoneidad individual. La idoneidad determina tantas cosas de nuestra vida que es imposible creer que Dios se desentienda de nuestro diseño e idoneidad, cuando la Biblia nos enseña lo mucho que se preocupa por nosotros y el propósito que tiene para cada uno.

Además, así lo enseñan las Escrituras. En resumen, la Biblia nos dice:[1]

- Dios nos creó.

- Dios nos ha diseñado con dones para cumplir su propósito en nuestra vida.

- El Espíritu de Dios puede habitar en nosotros y procurar activamente obrar su voluntad mediante nuestro diseño.

- Dios nos hará responsables del fruto de nuestra idoneidad.

- Dios pretende que usemos nuestros dones en tareas apropiadas a su naturaleza y dentro de sus límites.

- Dios quiere que lo amemos tanto a él como a quienes servimos con excelencia y con pasión (¡cosa que solo podemos hacer mediante nuestro diseño!)

- Dios promete bendecirnos y cumplir su propósito en nuestra vida.

---

[1] Las referencias bíblicas para estas afirmaciones se encuentran en el Apéndice C.

- Dios nos encomendó la construcción de su reino celestial sobre la tierra por medio de los dones que nos dio.

Estas expresiones tremendas sobre Dios nos deberían llenar de entusiasmo, temor, asombro y esperanza, todo al mismo tiempo. Dios toma nuestra persona y nuestras vidas muy en serio. Dios tiene una estrategia de juego para nuestras vidas... si se lo permitimos.

LA IMPORTANCIA DE DESCUBRIR LA IDONEIDAD PROPIA

Si todo lo que hemos dicho hasta ahora es cierto, resulta claro que descubrir nuestra idoneidad no es algo que hacemos para satisfacer nuestra curiosidad, propia de una tarde lluviosa de domingo cuando no hay ningún partido de béisbol interesante para mirar en la televisión. Esta búsqueda es de suma importancia.

> No parece haber ninguna base bíblica clara que haga suponer que Dios repartió los dones espirituales para la edificación de la iglesia sin tener en cuenta la idoneidad natural del individuo.

Pero aclaremos un punto antes de continuar. Muchos cristianos ven poca o ninguna relación entre la idoneidad natural y los dones espirituales que Dios ha repartido a cada persona en la iglesia.[2] Sin embargo, no parece haber ninguna clara base bíblica que haga suponer que cuando repartió los dones

---

[2] Romanos 12:6-8; 1 Corintios 12:8-11, 28.

espirituales, para la edificación de la iglesia, Dios no tuvo en cuenta la idoneidad natural del individuo.

Dios no desparrama sus dones (los «dones espirituales») de manera más o menos improvisada entre los fieles. Les «reparte a cada uno según él lo determina» (1 Corintios 12:11). Los dones trasuntan previsión y propósito. Dios ha dado dones incluso a los «rebeldes» (Salmo 68:18).

¿Qué sentido tendría que Dios le diera a una persona dos dones incompatibles entre sí? Es cierto, Dios puede hacer cualquier cosa que decida hacer. *Puede* darle a alguien dos dones que no tengan nada que ver uno con otro o que sean hasta contradictorios. Pero ¿lo hace? Parece haber más evidencia a favor de que los dones del Espíritu están entretejidos con la idoneidad «natural» (pero que también proviene de Dios) que lo contrario.

Tomemos el caso del apóstol Pablo. Es indudable que recibió los dones del Espíritu. Sin embargo, si comparamos a Pablo antes y después de su conversión, resulta claro que sus energías y su idoneidad no cambiaron. Por el contrario, se liberaron para que Pablo pudiera usarlas según el propósito de Dios. Creo que la diferencia que solemos observar en una persona antes y después de su conversión lejos de ser un cambio fundamental de su idoneidad o de un don del Espíritu que, de algún modo, contradice o pasa por alto la idoneidad natural de la persona, se trata más bien de la liberación jubilosa de la persona que por fin puede cumplir el propósito de Dios. A lo último, es el Espíritu Santo que nos permite ser lo que somos, con plena libertad. El Espíritu nos guía a toda verdad: no solo a la verdad teológica o

> No hay duda de que Dios puede y nos guiará para enriquecer el conocimiento de nuestra persona, y el diseño y la idoneidad con que nos creó.

doctrinal sino que nos permite *vivir la verdad* con sinceridad y humildad, que implica vivir en armonía con nuestra verdadera idoneidad.

¿QUÉ SIGNIFICA DESCUBRIR Y CUMPLIR EL PLAN DE DIOS?

Cuando hablamos de «conocer la voluntad de Dios» o de «descubrir el plan de Dios para nuestras vidas» puede ser tentador pensar que de algún modo Dios nos dirá cuál es su voluntad para nosotros de manera especial: tal vez en un sueño, o en una visión repentina o revelación, o mediante cualquier otra manera clara e inequívoca. Dios sin duda usa medios especiales a veces, como en el caso de Moisés o de Pablo. Pero la mayoría de las veces Dios nos guía con suavidad a través de los detalles de la vida cotidiana; a nosotros nos corresponde confiar en él para que nos guíe. Nos guía con sentido común e ideas prácticas; y sin duda puede y nos guiará para enriquecer el conocimiento de nuestra persona, y el diseño y la idoneidad con que nos creó.

> Cumplir la voluntad de Dios y el plan para nuestra vida significa ordenar la vida en función del regalo que nos hizo: el diseño y la idoneidad.

Cumplir la voluntad de Dios y el plan para nuestra vida significa ordenar la vida en función del regalo que nos hizo: el diseño y la idoneidad. Significa descubrir y ser fiel al llamado que Dios nos ha hecho: dar testimonio con *todos* nuestros dones, hacer que nuestra vida cotidiana lleve buenos frutos y producir resultados dignos de gloria.

Esto es cierto para el trabajador de sanitarios, el presidente de un banco, el constructor o la persona con limitaciones severas, enfermedades físicas o incapacidades. Lo fiel que seamos con el uso y la práctica, nuestra idoneidad es el metro que Dios usa para determinar la calidad de nuestros frutos. Este metro nivela todas las diferencias de clase social, prestigio, coeficiente intelectual, raza, capacidades o cualquier otra cosa que la gente compare. No somos responsables de lo que Dios nos ha dado y lo mucho o lo poco que tengamos (según los estándares humanos), pero sí de lo que hacemos con lo que tenemos.

> El trabajo... debería ser la plena expresión de las facultades del trabajador, aquello que le brinda satisfacción espiritual, mental y física.
>
> Dorothy Sayers

Cumplir la voluntad y el plan de Dios implica trabajar para Dios en cualquier parte del mundo que sea lógica para nuestra idoneidad. Debemos llevar su presencia a donde trabajamos y disfrutar del trabajo de nuestras manos, mientras complacemos a Dios en actividades acordes con nuestro diseño.

Dorothy Sayers lo expresa bien:

> El trabajo no es, fundamentalmente, algo que alguien hace para vivir, sino que lo que uno vive para hacer. Es, o debería ser, la plena expresión de las facultades del trabajador, aquello que le brinda satisfacción espiritual, mental y física, y el medio que le permite entregarse a Dios.[3]

---

[3] Dorothy Sayers, *Creed or Chaos* [Credo o caos] Harcourt, Brace, New York, 1949, p. 53. El apóstol Pablo también lo dice en Romanos 12:1: «Por lo tanto, hermanos, tomando en cuenta la misericordia de Dios, les ruego que cada uno de ustedes, en adoración espiritual, ofrezca su cuerpo como sacrificio vivo, santo y agradable a Dios».

A continuación presentamos algunas ideas y sugerencias que serán de ayuda para descubrir y cumplir la voluntad y el plan de Dios en su vida.

PONER NUESTRA VIDA EN ORDEN

En primer lugar, lo que usted hace para vivir debería cada vez más conformarse a su diseño. Antes de aceptar un ascenso o cualquier otro cambio debería analizar muy cuidadosamente la situación para asegurarse de que en el nuevo cargo hará uso de sus facultades. No ceda a las presiones de su familia, sus amigos o su empleador, que lo incitan a aceptar un cargo inadecuado. Se trata de su vida y del diseño de Dios. Cómo la invierte de acuerdo al diseño de Dios, si decide hacerlo, es la segunda decisión más importante que alguna vez tendrá que tomar.

El dinero y el prestigio suelen ser piedras de tropiezo en la toma de decisiones inteligentes. Si cumple bien las exigencias del cargo que actualmente ocupa, correspondería que cobrara un sueldo acorde. Si esa remuneración no es suficiente para mantener a su familia, busque otro empleo compatible con su MAP, con el sueldo que usted cree necesitar.

Todos queremos ganar más y no nos vendría mal, pero ese no es el punto. No soy de los que exhortan a comer y vivir con «lo mínimo necesario» y así tener más para repartir. Creo que debería vivir conforme a su diseño divino en *todos* los aspectos de su vida. Si como Salomón, usted es competente para adquirir y administrar muchos bienes y esto lo motiva, hágalo y sea generoso con su abundancia. Si según su diseño el cilicio le es suficiente, cómprese uno y úselo, pero no para que otros lo vean.

Su casa puede ser corriente o única en su clase, enorme o modesta, llena de antigüedades finas o de artículos de liquidación, pero debería reflejar las necesidades y deseos razonables de usted y de su familia, de acuerdo a cómo Dios los ha creado. Si necesita más lugar para todos sus libros, su equipo de ejercicio o para las visitas (humanas o caninas) que parecen siempre golpear a su puerta porque tiene un don increíble para entablar relaciones y satisfacer necesidades, adelante.

> Cómo invierte su vida de acuerdo al diseño de Dios, si decide hacerlo, es la segunda decisión más importante que alguna vez tendrá que tomar.

Si tanto usted como su cónyuge anhelan una casa en la ciudad o los suburbios o el campo, y sus vocaciones lo permiten, háganlo. Cuando los niños crezcan, ellos podrán hacer sus propias elecciones. Aparte de sus necesidades educacionales, que son una consideración prioritaria, es su decisión.

El tipo de auto que tenga, también, debería reflejar su MAP. Tengo que conducir en muchas clases de condiciones climáticas y de tránsito, y por caminos rurales desde aeropuertos alejados de las ciudades; por lo tanto, necesito un automóvil muy confiable (la mecánica no es mi fuerte), seguro, con buena aceleración, fuerte. La línea que tenga no es un detalle menor. ¿No? ¿Por qué será?

¿Los alimentos que come, su preparación y presentación, pueden ser también un aspecto importante para vivir de acuerdo con su MAP? Sí. ¿Y también la ropa, las telas, la moda y el estilo, y la libertad para actuar en el mundo gracias a la idoneidad? Sí, también estaba pensando en eso.

¿Y qué de la sexualidad y cómo una pareja puede ser consciente del MAP de su compañero y acomodarse recíprocamente: estar a mano, o ser de ayuda o creativo? Sí, eso también. ¿Y la manera de relacionarse, de crear intimidad y hablar cara a cara, y otras cosas como ser buen conversador interactivo, tener sensibilidad, y «ser el caudillo y maestro y jefe de la casa», también depende de las cartas que Dios le ha repartido? Sí, ¡Otra vez!

Dios nos exhorta a amarlo y amar a los demás en todo lo que hacemos, de todo corazón, con todas nuestras fuerzas y con toda nuestra mente.

Por lo visto, solo podemos amar tan plenamente mediante el uso de nuestra idoneidad. Si no puede sentir ese amor para desarrollar relaciones con otras personas, o para la evangelización, o para aconsejar a un alcohólico o a una adolescente embarazada, o a un colega «descarrilado», no llene su vida con estas actividades. Tampoco se sienta culpable. Comprenda que *usted es idea de Dios. Su responsabilidad es usar los elementos que Dios le dio para trabajar, no de cumplir el programa o el MAP de otro.*

¿Qué hacemos con esos «vacíos» de la vida, si las relaciones personales no son un aspecto importante de nuestro MAP? Primer punto: no son vacíos según su propia perspectiva. Segundo punto: si su cónyuge o uno de sus hijos es muy sociable, esa persona podrá perfectamente asumir la carga de construir la relación con usted e integrarlo a la relación. Es el regalo que él o ella ha recibido de Dios, así podemos apreciar otro aspecto importante del amor.

> Usted es idea de Dios. Su responsabilidad es usar los elementos que Dios le dio para trabajar, no de cumplir el programa o el MAP de otro.

Puede expresar su amor (aunque no con todo su corazón, con toda su mente y con toda su alma) alentando a las personas importantes de su vida a expresar su idoneidad y desarrollar su expresión. He aprendido que esto es posible sin falsedad *si* hace un uso considerable de sus virtudes *fuera* de su relación con ellos; de ese modo no tiene que esperar una recompensa motivadora de parte de ellos, que pueden no estar en condiciones de dar. En ese aspecto, usted puede ser una fuente rica y estimulante para los demás miembros de su familia, en el hogar o en el trabajo.

Quizá se pregunte cómo puedo llamar divinas a tantas actividades aparentemente consentidas. *¿Qué tiene que ver la fe con mis helados preferidos?* Aquí tengo una deuda con mi amigo Ralph Mattson, que me enseñó a mí y a otros que Dios era el creador del placer. Sé que esto va a contrapelo de mucha cultura cristiana, pero está de acuerdo con la enseñanza de la Sagrada Escritura.

Dios quiere complacerse en su creación, la humanidad incluida. Lo complacemos cuando cumplimos su diseño, bajo su dirección. Dios quiere que lo disfrutemos. La manera principal como podemos disfrutar a Dios es disfrutando la utilización de la idoneidad que nos ha dado: en el servicio a los demás, en amor, alabanza y adoración a Dios. Gracias a nuestra idoneidad diseñada por Dios, disponemos de cosas en la vida para disfrutar personal y exclusivamente. Podemos disfrutar las montañas y los lagos, la música y la risa, y las duchas de agua caliente. Nos creó con la capacidad para aprovechar todo esto. Su propósito es que gocemos con lo que nos ha provisto. Es bueno que lo hagamos.[4]

> ¿Qué tiene que ver la fe con mis helados preferidos?

---

[4] 1 Timoteo 6:17.

LOS PUNTOS SOBRE LAS ÍES

Jesús les dijo a sus seguidores (y a nosotros): «Si alguien quiere ser mi discípulo, que se niegue a sí mismo, lleve su cruz cada día y me siga. Porque el que quiera salvar su vida, la perderá; pero el que pierda su vida por mi causa, la salvará».[5]

Perder la vida significa esforzarse por lograr la recompensa motivadora tan importante para nosotros, pero también ser capaces de vivir sin conseguirla y estar en paz de todos modos. Implica dejar de proteger lo que consideramos «nuestro campo», nuestro derecho exclusivo a cualquier recompensa que recibamos cuando nos dedicamos a lo nuestro. En lugar de eso, depositamos nuestros esfuerzos idóneos ante Dios para que él haga su voluntad.

Nuevamente, donde más necesitamos negarnos a nosotros mismos es en el lugar de trabajo, ya sea una oficina, una planta industrial, una universidad, un hospital o nuestro hogar. Las circunstancias pueden variar pero nuestro deseo de glorificar y proteger nuestro «yo» alcanza su punto culminante en nuestra vocación: es ahí donde nuestra fe se debilitará o prosperará. Por lo tanto, considere la adopción de los siguientes artículos de fe.

1. Dios no está de acuerdo con la preocupación

«Perder la vida» también significa *dejar de preocuparse* por el resultado de sus esfuerzos. Por supuesto, siga adelante y cumpla con sus deberes. Haga lo mejor posible, ponga toda su energía en lo que la tarea requiera. Trate de aumentar el marcador, pero no permita que sea un *requisito* para poder estar en paz. Nunca

---

[5] Lucas 9:23-24.

pierda la fe ni se olvide del hecho de que Dios lo ha dotado para hacer lo que hace y hacerlo bien. Él hará que siga adelante. Llamo a esta condición de actitud e intención «intensidad despreocupada». ¡Apréndasela de memoria!

Dios lo creó y culminará la obra que comenzó en usted. Llevar la cruz significa ceder el derecho a que todo resulte exactamente como desearíamos; negar el impulso a forzar las cosas: deje de preocuparse por si las cosas resultarán o no, ni por la ansiedad que sentirá si no resultan.

> Perder la vida significa esforzarse por lograr la recompensa motivadora tan importante para nosotros, pero también ser capaces de vivir sin conseguirla y estar en paz de todos modos.

Se han escrito millares de libros y artículos respecto a poner nuestras preocupaciones en manos de Dios. Pero quiero destacar la importancia de entregarle las preocupaciones, ansiedades y temores que enfrentamos en el mercado laboral. No deberíamos sorprendernos que el lugar de trabajo represente un desafío crucial para nuestra fe porque el trabajo, por supuesto, es fundamental para nuestra estima.

Si nuestra intención es seguir a Dios con nuestra vocación, *debemos* dejar el resultado final en sus manos, porque hay demasiadas circunstancias fuera de nuestro control: las elecciones de nuestros superiores, los caprichos de los clientes, los vaivenes de la economía, los cambios tecnológicos, y hasta el tiempo. Pero nada escapa al control del Señor. Nos ha llamado y nos ha prometido que todas las cosas

> Intensidad despreocupada: Haga lo mejor posible, pero deje de preocuparse por el resultado.

ayudan a bien. Por lo tanto, aunque debemos fijarnos en los resultados, estos se los dejamos a fin de cuentas a él.

Por supuesto, otro asunto distinto es si nuestra ansiedad es producto de estar en el trabajo equivocado, haciendo una labor para la que no servimos. En ese caso, necesitamos hacer lo que sea para cambiar de trabajo: a donde seamos más fecundos, y tengamos menos estrés.

2. Actúe con fe

Deje de actuar sobreseguro con su vida; actúe con fe. Dios no solo quiere que tengamos un trabajo idóneo, que seamos constantes en nuestros esfuerzos y confiados en su cuidado, quiere que estemos dispuestos a correr riesgos con nuestra vida. Llevar la cruz todos los días también implica esto.

Por arriesgarse no quiero decir que invierta los ahorros de toda una vida en un proyecto. Quiero decir que debe acoger nuevas y mejores maneras de actuar, conforme a su idoneidad. Significa atender el consejo de personas que tienen los mismos atributos que usted. Significa animarse a cambiar y dejar de lado la seguridad, si es necesario para hacer nuestro sueño realidad. Significa tener la voluntad, de todo corazón, para invertir *su vida* y *sus vivencias* en los dones que Dios le ha dado, y no enterrar los talentos porque prefiere la seguridad y la certeza.

> Llevar la cruz significa ceder el derecho a que todo resulte exactamente como desearíamos.

Deje de confiar tanto en usted y confíe más en Dios para que lo bendiga. Mi propia experiencia me ha enseñado, así como la experiencia de personas allegadas, que la mayoría de nuestras ansiedades y temores radican en unas pocas convicciones muy comunes y arraigadas:

- En el fondo, no creemos que Dios está preocupado por nuestras vidas.
- Si lo está, no creemos que de veras quiere bendecirnos.
- Si así es, estamos convencidos de que las cosas no le salen muy bien, no mucho mejor de lo que podríamos hacer nosotros.

Son falacias, por supuesto. Sin embargo, la mayoría de las personas planifican, deciden y actúan basándose en estas suposiciones; en especial, con respecto a su vocación. Como resultado, muchas pasan la vida en trabajos y con papeles completamente incompatibles con su diseño.

No es que nunca hayan pensado en buscar un trabajo «mejor» para dejar de sentirse desgraciados, sino que tienen miedo. No pueden, o no quieren, confiar en Dios para que las bendiga.

3. Firmes en la roca

Consiga el trabajo «más indicado», uno que haga buen uso de su idoneidad, y quédese en él. Muchas personas comienzan con trabajos y vocaciones apropiadas, pero luego ceden a los ofrecimientos tentadores de escalar a puestos más altos. A veces, siguen aceptando los ascensos hasta que terminan en un cargo para el que no sirven (el Principio de Peter.)

Deje de actuar sobreseguro con su vida; actúe con fe.

Quiero ser claro: aspirar a mayores responsabilidades y desafíos o tareas diferentes puede ser un aspecto de nuestro diseño divino. En realidad, Dios ha usado a personas con estas aspiraciones para ser líderes mundiales, artistas, inventores, lo que sea. Pero está *mal*, es un *pecado* aceptar o permanecer en un cargo cuando *sabe* que usted no es idóneo para ese trabajo.

> Es un pecado aceptar o permanecer en un cargo cuando sabe que usted no es idóneo para ese trabajo.

Tal vez nunca lo consideró pecado: permanecer en el trabajo equivocado. Pero Dios no lo puso sobre esta tierra para que desperdiciara sus años en trabajos que desconocen su diseño o el propósito para su vida, y no importa cuánto le pagan por hacerlo.

Por desgracia, es muy difícil encontrar personas en esta situación dispuestas a decir: «Cometí un error. Necesito salir de esta rutina y hacer algo más idóneo». ¿Por qué? Porque la mayoría de nosotros hemos depositado nuestra seguridad y prosperidad en manos de nuestro empleador más que en las de Dios.

Existe también un pecado relacionado con este, o al menos una tentación peligrosa. Algunas personas son fieles a su llamado a tener trabajos exigentes y de mucha tensión (por ejemplo, un gerente principal de mucho renombre). Los dones de Dios le han permitido escalar con éxito y llegar a esos niveles.

Sin embargo, cierto día esa persona comienza a olvidarse que su puesto y sus dones se los debe a *Dios*. Desarrolla un narcisismo miope: una preocupación por su persona y, como consecuencia, por sus propias limitaciones. Se enfrenta a la enorme tarea que ha aceptado y comienza a dudar de su capacidad, o de que pueda mantener su rendimiento; se olvida de Dios y piensa que todo depende de él.

Para controlar su creciente ansiedad puede comenzar a buscar escapes y placeres destructivos. Al final, si continúa en esa línea y no se arrepiente de su falta de fe, puede llegar hasta arruinar su vocación y acabar en una crisis espiritual. Al olvidarse de que sus dones provenían de Dios y que debía utilizarlos por la gracia de Dios, la estrella autosuficiente pierde la confianza en sí mismo.

La misma suerte nos espera si perdemos la certeza de que Dios está al control y quiere nuestro bien. Confíe en Dios. Permita que él dé forma a su vida.

4. Intimidad con Dios

La senda para caminar con Dios es cultivar una *relación personal* con él, con los medios que nos ha dado para expresar el amor: el diseño de nuestra idoneidad.

Muchas personas suelen creer que para estar cerca de Dios hay que pensar y reflexionar, y tener una clara capacidad para relacionarse con otros. Qué importa que haya muchos santos en las Escrituras que no eran así. Es el resabio de una era monacal pasada, signada por la meditación y la caridad. Ahora bien, si esto fuera cierto, habría muchas personas con dones para ser exploradores, granjeros, artesanos, analistas de costos, expertos en espectrometría, científicos, artistas, diseñadores y hasta predicadores que no podrían haber vivido una vida de fe. *Si fuera cierto; pero no lo es.* Nada hay de malo en la reflexión meditabunda y las relaciones individuales. Las personas con estos dones desempeñan un papel vital en el cumplimiento de la voluntad de Dios.

> Muchos de nosotros hemos depositado nuestra seguridad y prosperidad en manos de nuestro empleador más que en las manos de Dios.

Sin embargo, la voluntad de Dios es más que reflexión y relaciones individuales. Por eso ha repartido dones para cumplir otros propósitos. Flaco servicio le estamos haciendo a los exploradores, los granjeros, los artesanos y al resto si les decimos, explícita o implícitamente, que deberían poner a un lado sus dones y vivir de acuerdo a otro patrón. Si queremos que se relacionen *personalmente* con Dios, deberíamos alentarlos a cumplir el único propósito para el que Dios los ha capacitado, ya sea con personas, vegetales, animales, conceptos, maquinarias, espacios, números, colores, música, aves u hormigas. ¿Hormigas? ¡Sí, hormigas!

Pero ¿qué pasa si la motivación de una persona no incluye las relaciones personales? ¿Cómo puede alguien así cultivar una relación personal con Dios? Pues bien, usted puede ser el camionero más estoico y terrible de las carreteras, un hombre que le gruñe a su jefe, a su madre e incluso a su esposa. Pero con Dios la historia es distinta. Después de todo, Dios es el que se sienta a su lado durante las tormentas de nieve, lo acompaña cuando adelanta a otros conductores, lo contiene para que no alquile un vídeo pornográfico y para que no visite a una antigua novia. Él es su Roca, su Guía, su Vida. Usted se relaciona con él en persona: le habla, discute, le agradece, se queja, lo que sea. El asunto es que se relaciona con él *en persona*, como pueda.

Esto también es cierto para cada uno de nosotros. Todos tenemos que relacionarnos con Dios *en persona*, como podamos.

> No tiene ningún sentido pedirle a Dios que nos capacite para una tarea que nunca nos llamó a hacer.

Por supuesto, el guerrero no se relacionará con Dios de la misma manera que el soñador; ni el granjero como el ingeniero civil; ni el bailarín como el físico teórico; ni el ama de casa como la decoradora de interiores; ni el tesorero como el pescador; ni el recolector de basura como el oficial de policía; ni el coleccionista de monedas raras como el mecánico de automóviles; ni el vendedor minorista como el ingeniero de producción. Está claro.

Es de crucial importancia que estemos convencidos de que, conforme a su promesa, Dios trabajará en nosotros mientras llevamos a cabo nuestro llamamiento. *No tiene ningún sentido pedirle a Dios que nos capacite para una tarea que nunca nos llamó a hacer.* Por otro lado, cuando nuestra idoneidad está en concordancia con una vocación adecuada, necesitamos invitarlo a participar de todos los detalles. «Guíame, Señor, para disciplinar a este niño... solucionar esta falla técnica... conseguir esta venta.» «Bendice a mi paciente, Señor... ayúdame a salvar este diente... dame sabiduría para hacer el diagnóstico correcto.» «Utilízame para llevar tu gracia a quienes me encuentre en la ruta, Señor.» «Ayúdame a encontrar maneras más eficaces para procesar los reclamos». «Padre, ayúdame a escuchar.» «Señor del universo, muéstrame por qué esta operación de armado funciona lentamente». «Espíritu Santo, danos tu unción al considerar esta decisión crítica». «Padre de todo consuelo, fortalece mi determinación de echar a este empleado.» «Hacedor de todas las cosas, permíteme pintar la gloria que apenas vislumbro.» «Dios de los cielos, ¡muéstrame por qué no puedo destapar la cañería!» «Maestro de todos los maestros, que no me olvide ser de bendición para mis alumnos, y que no me intimiden.» «Querido Dios, muéstrame cómo puedo reducir los costos de producción de este artículo sin jugarme hasta la camisa.» «Espíritu de Cristo, canta con mi voz.» «Padre Santo, ¿cómo puedo solucionar este desacuerdo con la gerencia?» «Padre de toda verdad, ¿qué piensas acerca de estos candidatos?»

En esto consiste la *intimidad* con Dios. Nuestro diseño o llamamiento puede ser crear un sindicato de maestros, conducir un programa de entrevistas en la televisión, investigar la corrosión de los acabados esmaltados, desfilar como modelo para una marca, promover la conservación forestal, trabajar como higienista dental, pero *nada* de lo que hagamos es ajeno a nuestra relación con Dios.

Por lo tanto, invitémoslo a participar de *todo*. Si lo hacemos, Dios hará brillar todo lo concerniente a su idoneidad. Nuestras oraciones deberían ser como las de Moisés: «Que el favor del Señor nuestro Dios esté sobre nosotros. Confirma en nosotros la obra de nuestras manos; sí, confirma la obra de nuestras manos».[6] Repita este versículo en voz alta, una vez y otra vez.

5. Aprenda acerca de Dios

Nos relacionamos con Dios mediante nuestra idoneidad. Los detalles de nuestro llamamiento nos enseñan del Señor, de su naturaleza, de su carácter, su sabiduría, su bondad, su fidelidad, su ira y su amor por la creación. No exclusivamente, por supuesto; pero en gran medida. La Escritura define la verdad objetiva de estas características, pero su *vivencia* de estas verdades proviene principalmente del ejercicio de sus dones.

Por ejemplo, si tiene el don de trabajar en equipo, sus momentos fructíferos «con el Señor» se darán en compañía de otros. Por el contrario, si usted es individualista, se sentirá inclinado a encontrarse con el Señor en la intimidad de su propio ambiente. Si aprende leyendo, aprenderá de Dios

[6] Salmo 90:17.

meditando en su Palabra. Pero si aprende haciendo o experimentando una técnica o principio, u observando a alguien mientras hace lo que quiere aprender, o prestando atención y discutiendo: estas serán sus maneras preferidas para aprender acerca de Dios.

6. Ame a Dios

Lo mismo es cierto con respecto al amor a Dios. Lo amamos con los medios que él nos dio para amar: el don de la actuación, la investigación, el mantenimiento, el armado, las ventas o la contabilidad, reflejan nuestra manera de amar a Dios; lo hacemos como si fuera para él.

Somos intrincados destellos de la gracia de Dios manifestada en su creatividad infinita. Por lo tanto el misterio «que es Cristo en ustedes, la esperanza de gloria»[7] es el clarín que nos llama a manifestar a Cristo en nosotros mediante los dones que nos dio. Amamos a Dios de esa manera.

7. ¡Sea brillante!

«Ustedes son la luz del mundo ... Hagan brillar su luz delante de todos, para que ellos puedan ver las buenas obras de ustedes y alaben al Padre que está en el cielo».[8] Si las personas en esta tierra han de alabar a Dios gracias a su «luz», entonces esta debe ser encomiable; si no deslumbrante, al menos suficiente para llamar la atención.

En términos prácticos, significa brindar a cada cliente lo mejor de sí. Significa no economizar esfuerzos éticamente,

---

[7] Colosenses 1:27.
[8] Mateo 5:14, 16.

aunque no haya consecuencias. Significa responsabilizarse del trabajo propio, reconocerlo, reclamarlo, ser rápido para admitir los errores y lento para enojarse cuando los demás lo critican, listo para reconciliarse y tomar medidas preventivas para que el problema no se repita en el futuro. Significa ser digno de confianza y responsable, alguien a quien recurrir a la hora de la verdad, alguien que da más de lo que se espera.

Con respecto a las actitudes, implica no guardar resentimiento ni tener envidia, lujuria o amargura. En cuanto a la comunicación, significa mostrar por fuera lo que somos por dentro. Respecto a nuestro trabajo, lejos de adoptar una moral legalista significa tener una visión para nuestra tarea inspirada en la sabiduría y creatividad de Dios. Implica esperar que Dios dé la unción a nuestra idoneidad. Con referencias a las relaciones, significa defender (y en ocasiones luchar por) los asuntos relacionados con la verdad y la justicia. Quiere decir que nos conozcan por alguien que no solo oye, sino que escucha y responde. Significa ganarse una reputación para el bien.

Es tratar a todos con respeto. Y hacer lo que Dios querría que hiciéramos incluso cuando nadie nos ve y nunca se sepa.

Es obvio que esto corresponde al retrato de un santo en proceso. Nadie puede vivir de acuerdo con todos estos ideales. Debido a la variedad de idoneidades, cada uno de nosotros sobresaldrá en algunas cualidades más que en otras. Sin embargo, la cuestión principal es que si las personas en este mundo han de buscar al Ser que nos respalda, primero tenemos que impresionarlas con lo que ven de él en nosotros.

Reflejar una profunda fe en Dios no es algo que nos podemos «poner» como si fuera un suéter, la falsedad sería evidente. La fe en Dios nos permite ser espontáneos y aceptar los resultados de nuestros esfuerzos con naturalidad, sin orgullo ni falsa modestia.

Sin duda que al principio hacer el trabajo es agotador, pero no nos carcome la ansiedad en medio de nuestras ocupaciones. *Amamos* nuestro trabajo. Amamos a Dios por el gozo que nos brinda el trabajo. Amamos a los que servimos con nuestros dones.

Podemos hacer esto porque hemos invitado a Dios a culminar su obra en nosotros, una que fundamentalmente gira en torno a nuestra idoneidad. Lo hacemos porque confiamos en que Dios habita en nosotros, cumpliendo su propósito. Dios es nuestra fuerza.

Podemos hacerlo porque hemos experimentado su presencia cuando trabaja junto con y por medio de nosotros; cuando nos anima a tomar una decisión, nos aclara un asunto complejo que nos costaba resolver; nos da consejos acerca de cómo mantener una relación casi imposible; nos da una pista para seguir una línea de investigación distinta; nos alienta a defender lo que creemos son políticas inteligentes; nos sorprende con un milagro verdadero que *solo* nosotros comprendemos; nos convence de nuestra arrogancia o de la dureza de nuestro corazón cultivada por décadas; nos rodea con su amor cuando enfrentamos la desilusión o el fracaso.

El trabajo, su fruto y su testimonio, son el deseo de Dios para nuestra vida. Jesucristo quiere que esta sea trascendente, quiere que cumplamos nuestro destino. Quiere que lo dejemos obrar en nuestra vida y a través de los dones que nos dio, para redimir al mundo y así presentar su obra al Padre.

Cuanto más trabajemos en actividades idóneas, más confiaremos en el Espíritu Santo para que guíe nuestros pensamientos y acciones, en especial cuando se presenten tiempos y situaciones críticas. Cuando esto suceda, nuestra luz sensibilizará el entorno. La gente se sorprenderá y comenzará a hacer preguntas.

Una vez que le hayamos entregado la administración de nuestra existencia a Cristo, él reformará nuestra relación para que la vida tenga en cuenta sus prioridades. Cristo será nuestro socio activo: nuestras actividades podrán ser pequeñas y tan ocultas que nadie las notará o podrán ser tan contundentes que nos dejarán sin aliento.

Si no le damos la espalda, el Espíritu Santo nos deleitará, nos sorprenderá, nos cautivará, nos enfrentará. La mayoría de las veces no sabremos qué programa tiene para nosotros, pero siempre será claro para ÉL: Convertirnos en la persona que soñó.

Capítulo Ocho

El lado oscuro de la idoneidad

Es hermoso contemplar la idoneidad cuando se usa de acuerdo a la intención de Dios. Pero cuanto más sea, mayor es el potencial para abusar de la misma; la Biblia llama a eso pecado. Podemos entender el pecado como errar al blanco, el resultado de invertir nuestras vidas en un intento por convertirnos en algo distinto a lo que somos. Sin embargo, tanto el Antiguo como el Nuevo Testamento dejan en claro que nuestras transgresiones contra Dios no son meramente pasivas o benignas, sino intencionales y deliberadas. No somos víctimas del pecado, *elegimos* pecar. *Disfrutamos* nuestro pecado. Por eso, sin la ayuda de Dios, nos *inclinaremos* hacia el lado oscuro de nuestra idoneidad. Y como con cualquier otra elección de nuestras vidas, el *tipo de pecado* que elijamos estará determinado por nuestro diseño.

Actuamos de acuerdo a nuestro modelo cuando amamos y servimos a Dios. Sin embargo, también actuamos así cuando le damos la espalda y elegimos servir a otros dioses o buscar transitar por otro sendero que el correspondiente a nuestro diseño.

En nuestra experiencia de años ayudando a la gente a identificar su idoneidad, vez tras vez nos asombramos de la belleza que Dios incorporó en los individuos, pero nos hemos visto obligados a reflexionar, cuando no hemos quedado atónitos, al ver cómo las personas se pueden dejar seducir por el pecado y abusar de los dones de Dios.

Esto es tan cierto para los individuos como para las instituciones y las compañías, e incluso para las iglesias.

EL LADO OSCURO DE LA IDONEIDAD

Queremos ser Dios. Queremos hacer nuestras propias reglas (no solo para nosotros, sino para otros también). Controlar las circunstancias. Hacer lo que deseamos y cuando lo queramos. Que los demás nos tengan en alta estima. Y, si hay un Dios, no queremos que se inmiscuya ni se meta en nuestra vida, al menos mientras las cosas nos salen bien. En suma, queremos prescindir de Dios; al menos hasta que nos demos cuenta de que no podemos sobrevivir las crisis inmediatas sin ayuda.

La prueba más convincente de este deseo de independencia la encontramos en las personas que procuran y logran el éxito. Está en nuestra naturaleza buscar el reconocimiento y desconocer que nuestro éxito solo es posible gracias a la idoneidad que Dios nos dio. La tragedia de esta aspiración es que tarde o temprano flaqueamos, nos atemorizamos, dudamos y nos alienamos. Basta pensar en las superestrellas que han destruido su vida porque sus propias fuerzas no fueron suficientes para vivir con su éxito. Olvidémonos de ellas; pensemos en personas conocidas derrotadas porque no pudieron sobrevivir con sus propios medios.

Dios nos dio riquezas en tanta abundancia que sobrepasan los límites de nuestra imaginación. Sin embargo, aunque estas riquezas son tan grandiosas y gloriosas, contienen un «pero», un requisito previo que es preciso no olvidar; de lo contrario, nos engañaríamos con un paraíso falso.

Dios mismo introdujo una pequeña trampa en el género humano: en su soberanía determinó que *debemos* vivir nuestras vidas en relación con él. Somos sus criaturas y él sustenta nuestro propio ser. Cada uno de nosotros, aunque preciosos a su vista, somos apenas destellos de su persona.

No podemos eludir esta realidad, y es aquí donde perdemos el rumbo. Dios nos creó para que disfrutemos la vida honrándolo y la eternidad en su gloria. Sus dones nos predestinan para ese fin. Pero ¿qué pasa si ejercitamos esos poderes para otro que no sea él? ¿Qué pasa si los usamos para nuestra propia gloria, o para hacer nuestra voluntad y para nuestros propios fines? En ese caso, las semillas de nuestro destino se convierten en semillas de destrucción.

> El lado oscuro de la idoneidad implica inflar la recompensa más allá de su propósito hasta colocarla en el lugar que le corresponde a Dios.

Tarde o temprano, al pretender nuestra recompensa motivadora, cada uno de nosotros comienza a creerse con un derecho de propiedad. Puede ser conseguir que otros nos adoren, nos alaben, nos envidien, nos consideren algo especial o que se sometan a nuestra voluntad. Puede ser lograr cosas que a otros les resultan muy difíciles de lograr, ver y experimentar cosas que nadie más ha descubierto, ser únicos o construirnos monumentos. Las posibilidades son muchas.

Estas recompensas no tienen nada malo en sí mismas. En realidad, su propósito básico es servir de impulso legítimo y dar sentido a la vida de las personas. Sin embargo, *el lado oscuro de la idoneidad implica inflar la recompensa más allá de su propósito hasta colocarla en el lugar que le corresponde a Dios.*

> **El pecado es la idoneidad sin ningún control.**

El pecado es la idoneidad sin ningún control. Una imagen falsa de nuestra persona nos encandila y buscamos compulsivamente alcanzar nuestro resultado preferido. Nos olvidamos que hacemos lo que hacemos solo porque Dios nos ha proporcionado los medios para ello. Convertimos nuestros dones en un fin en sí mismos; los usamos para subordinar a los demás mientras construimos nuestro propio reino. Queremos tener poder y control. Queremos que nos adoren. Esta demanda perversa puede corromper nuestra alma, tengamos seis años o sesenta.

Intentar lograr algo no es ningún pecado. Dios nos diseñó para conseguir logros. Pecamos cuando dejamos de relacionarnos con el Creador, relación que posibilita y *limita* nuestros emprendimientos; porque le negamos a Dios el lugar que le corresponde como Señor de nuestra vida y nos rebelamos contra su soberanía y su gracia.

Dios no tolera esta conducta. Su carácter soberano no es ambiguo: *nadie* ocupará su lugar, ni usted ni yo. Ha creado el marco humano de manera tal que si intentamos vivir fuera de él, caemos en desgracia. De alguna manera u otra, la dinámica de nuestra idoneidad, junto con nuestros temores, inseguridad y ansias por nuestra libre determinación, nos conducirá a la autodestrucción.

> **Al fin de cuentas, la luz que redime al mundo es el amor de Dios expresado en acción, en vidas humanas que revelan su gloria.**

Hemos visto un sinnúmero de personas transitar este camino en el mundo. Algunas personas «de éxito» se inflan con su ego y viven atormentadas protegiendo y defendiendo sus tesoros, prestigio, reputación y posesiones. Otras se las ingenian por un tiempo pero, sin el vínculo con la fuente de vida y con toda su confianza depositada en sí mismas, pierden el valor, fracasan y nunca llegan a ser lo que pudieran haber sido. La gran mayoría de las personas simplemente parecen ir por la vida dando tumbos, sin apenas darse cuenta de la fuerza latente dentro de sí. Su estrategia es actuar sobreseguro, aferradas a seguridades falsas. A pesar de todo, el pecado domina sus vidas porque no están dispuestas a confiar en Dios y usar los dones que les dio.

Por desgracia, esta última categoría es representativa de muchas personas religiosas que consideran las carreras «seculares» como meras digresiones de lo que «de veras cuenta» para Dios. Entre ellas se encuentran los evangelistas sinceros, pero equivocados, que invaden el lugar de trabajo con el propósito de usar sus labores como plataforma (o sea, como pretexto) para la evangelización. Poco se dan cuenta que su «testimonio» es sospechoso, y que su testimonio de una vida victoriosa resulta hueco porque no la viven. Piensan que con palabras ganarán al mundo para Cristo, pero no es así. Nuestra sociedad se ahoga en un mar de palabras. Al fin de cuentas, la luz que redime al mundo es el amor de Dios expresado *en acción*, en vidas humanas que revelan su gloria, «para que ellos puedan ver las buenas obras de ustedes y alaben al Padre que está en el cielo».[1]

> Nuestros pecados son casi más peligrosos que los de un convicto porque los nuestros suelen ser socialmente aceptables.

---

[1] Mateo 5:16.

Lamentablemente, su luz es opaca, cuando no está apagada. Todos tenemos una manera especial de interceptar la gloria que le pertenece al Padre que está en el cielo. Piense de cuántas formas los dones de Dios pueden usarse para el mal. En todos los siglos de la historia ha habido monstruos terribles cuyos dones les sirvieron sin duda para obtener y detentar el poder. Y hay casos más que suficientes en la prensa diaria de personas que usan sus dones para estafar a las viudas, asaltar bancos, distribuir drogas, hacer fraudes, engañar a los clientes, traficar influencias y oprimir a los pobres.

No nos engañemos. Hasta el más santo entre nosotros está a un paso de tropezar y caer. En realidad, *nuestros pecados son casi más peligrosos que los de un convicto porque los nuestros suelen ser socialmente aceptables.*

Mientras lee la siguiente lista de ejemplos, posiblemente sacuda su cabeza y se pregunte cómo podría un cristiano hacer algunas de estas cosas. Pero si piensa que usted es mejor cristiano porque no las hace, recapacite. Sacuda su cabeza porque ¡algunas de esas cosas están fuera del ámbito de su idoneidad! Lo mismo hacía el hombre religioso (el fariseo) de la parábola de Jesús. El fariseo oraba: «Oh Dios, te doy gracias porque no soy como otros hombres, ladrones, malhechores, adúlteros, ni mucho menos como ese recaudador de impuestos».[2] Solo salimos favorecidos con la comparación cuando no nos damos cuenta que nuestras tentaciones y las ajenas son diferentes, porque las idoneidades son distintas. ¡Las tentaciones mayores se presentan en el ámbito de nuestras mayores capacidades!

Si tenemos talento para negociar, podemos emplearlo para hacer dinero de diversas maneras legítimamente

---

[2] Lucas 18:9-14.

irreprochables pero espiritualmente corruptas. Podemos, por ejemplo:

- crear una impresión falsa para conseguir una venta;
- obtener ganancias mayores cuando la demanda lo permite;
- sustituir un repuesto o ingrediente por otro más barato pero con menos garantía o nunca probado;
- prometer lo que sabemos no podremos cumplir;
- demorar el pago a un proveedor pequeño, con pocos recursos, porque sabemos que no se quejará (y si se queja, no importa);
- retocar los estados de cuenta financieros para que no sean claros;
- evitar incurrir en gastos de seguridad necesarios pero costosos.

> Solo salimos favorecidos con la comparación cuando no nos damos cuenta que nuestras tentaciones y las ajenas son diferentes, porque las idoneidades son distintas.

Si sabemos cómo satisfacer las necesidades de otros, y obtener una respuesta en consecuencia, podemos:

- darnos el gusto de difamar a un colega que no nos cuenta sus problemas;
- usar nuestro carisma para «sonsacar» al representante de un vendedor o de un cliente, para que nos revele datos que podremos usar para sacar ventaja;

- poner a alguien que hemos ayudado en nuestra «lista negra», porque no respondió como queríamos;
- dejar que el trabajo se amontone para que lo haga otro, porque estamos ocupados con necesidades con mayor posibilidad de respuesta;
- lastimar a un subordinado, aceptando y hasta justificando su alcoholismo;
- y, en el hogar, no responder debidamente a la niña independiente e inteligente, y a sus logros: aparentemente tiene muy pocas necesidades que podamos satisfacer.

Si somos la madre o el padre de familia y ejercemos la autoridad, podemos:

- ser despiadados con el pretendiente que quiere casarse con nuestra hija y llevársela;
- sabotear a sabiendas al cónyuge cuyo llamamiento le exige renunciar a un empleo «seguro» y aceptar un cargo de menos prestigio;
- destruir a otro miembro de la familia que quiere embarcarse en una carrera profesional;
- envidiar mucho a la familia «perfecta» que tiene un matrimonio sensacional y cuyos hijos les «han salido tan bien».

Si tenemos talento para sobresalir, podemos:

- codiciar un puesto más alto;
- descalificar a otros para destacar nuestros logros;
- exigir ser el centro de atención en los grupos;

- volvernos pedantes (y aburridos) con historias de nuestros propios logros;
- manipular a los demás para escalar posiciones;
- volvernos tan obsesionados con la perfección que agredimos a quienquiera se interponga en nuestro camino.

Si tenemos talento para la competitividad, podemos:

- «cortarle las piernas» a un rival;
- humillar a las personas a quienes la competencia no les interesa, llamarlas débiles o serviles;
- sacar ventaja del lado humano de las personas, hacer cualquier cosa por ganar;
- convertir todos los aspectos de la vida en un negocio;
- gritarle a nuestro cónyuge o hijos cuando sus acciones o decisiones amenazan nuestra capacidad para «progresar»;
- destruir a nuestros adversarios, asegurándonos que además de perder no se puedan reponer.

Si sabemos cómo crear una imagen, podemos:

- agredir cruelmente a una persona que arruina nuestra exposición con una pregunta molesta;
- crear mitos sin respaldo real;
- ocultar nuestros problemas detrás de cortinas de humo, en lugar de enfrentarlos;
- creernos nuestros propios remitidos de prensa;
- conducir a las personas para que crean algo que les hará daño;

- estar tan obsesionados con el concepto que los demás tengan de nosotros que nos endeudamos a fondo para conseguir o mantener una imagen.

Si tenemos talento para administrar, podemos:

- engañar a un potencial (y amenazador) sucesor, negándole un ascenso prometido;
- no tener contemplaciones con las necesidades y sentimientos de las personas en nuestra campaña por aumentar la eficiencia;
- desestimar las sugerencias de cambio porque podríamos perder control o simplemente porque no nos gusta el cambio;
- defender con firmeza a «nuestra gente» y olvidarnos de las necesidades más generales de la organización;
- estar tan concentrados en los sistemas, los números y los programas que nos volvemos insensibles a la gente;
- no darle dinero a nuestra hija independiente porque se resiste a la manipulación.

Estas son solo algunas de un sinnúmero de posibilidades. El asunto es que hay un lado oscuro en *todos* los modelos, y las personas correspondientes.

¿Cuál es el suyo? Piense sobre las ideas y los comportamientos que se repiten en su vida y que luego lamenta. ¿Se da cuenta cómo se expresan en su idoneidad, así como el resto de su vida? Sus virtudes y pasiones son campo fértil para el bien y el mal.

Esto plantea peligros en particular para su vocación, porque es allí que usted será propenso a seguir sus tendencias. Cuando pone de lleno su corazón, su alma, su mente y sus fuerzas en sus ocupaciones, puede ser fiel al primer y segundo mandamientos. Pero también existe la tentación de dejar de obrar en amor y dejarse llevar por el interés personal, jugando a ser Dios.

En el uso de nuestras dotes divinas, el pecado encuentra muchas ricas y estupendas posibilidades para su expresión: podemos manifestar cualquier clase de malicia, maldad, codicia y depravación; envidia, asesinato, conflicto, engaño y premeditación; rumores, difamación, insolencia, arrogancia y orgullo. Podemos volvernos insensibles, perder la fe, convertirnos en crueles y despiadados, dejar de amar, de perdonar y de sentir compasión. (¡Todavía no terminé!) Podemos manifestar o provocar odio, discordia, celos, ataques de rabia, ambición egocéntrica, disensión, división y envidia.[3] Podemos hacer todo esto en concordancia con nuestra idoneidad y *por medio de* nuestra idoneidad.

La gente hace estas cosas, personas como usted y como yo; individuos con atributos y pasiones especiales que el Creador dotó para un propósito único. Recordemos: el pecado es la idoneidad sin ningún control.

EL LADO OSCURO DE LA IDONEIDAD EN LAS EMPRESAS E INSTITUCIONES

El pecado opera no solo en el aspecto individual sino en el aspecto institucional también. Por eso es tan peligroso hacer caso omiso de la idoneidad. La idoneidad sin restricciones puede subvertir sistemas enteros para los propósitos más oscuros del alma humana. Esta es la verdadera causa del mal sistémico. Los siguientes casos alarmantes son claros ejemplos:

[3] Romanos 1:29-32; 2 Corintios 12:20.

Organizaciones

Si en la actualidad la gente siente que está perdiendo el control sobre su vida, ¿quién lo está tomando? Evidentemente no puede ser el estado que lenta, pero inexorable y gradualmente, ve reducida su injerencia. En absoluto. La institución que está tomando el control, no solo de los individuos sino de las naciones y las economías, son las grandes compañías. Bastaría revisar la campaña presidencial norteamericana para advertir el resentimiento en contra de las grandes compañías y la desconfianza latente en muchos corazones.

Cada vez más la gente cree que las grandes empresas multinacionales son las culpables de todo lo que está mal con el capitalismo democrático. Es una ironía, porque como nos lo recuerda el profesor Ralph Estes de la Universidad Americana (American University), las corporaciones fueron instituidas por los soberanos y luego por las naciones estado con el fin expreso de *llevar a cabo los propósitos públicos para fomentar el bienestar general*. Históricamente, las corporaciones se crearon para servir al interés público de los estados y los pueblos.[4]

> La idoneidad sin restricciones puede subvertir sistemas enteros para los propósitos más oscuros del alma humana. Esta es la verdadera causa del mal sistémico.

Sin embargo, cada vez más, las grandes corporaciones parecen estar más preocupadas por servir a sus intereses propios que a los del público. Para ser más preciso, parecen estar más al servicio de los intereses de sus administradores que de quienes trabajan para ellas,

---

[4] Ralph Estes, *Tyranny of the Bottom Line* [La tiranía del estado de resultados], Berrett-Koehler Publishers, San Francisco, 1996, pp. 30-31.

les compran o invierten en su patrimonio. En realidad, si a alguien en la actualidad le va extraordinariamente bien en la economía de libre mercado, es a la plana mayor de las grandes corporaciones.

¿Por qué debería ser así? ¿Por qué el caudillo corporativo promedio goza de poder, bonificaciones y beneficios que el ciudadano común apenas puede imaginar? (El derecho a compensación en 1992 fue, en promedio, *157 veces* el correspondiente a un trabajador promedio).[5] De acuerdo con Estes, la respuesta es que las corporaciones han cedido a la «tiranía de las ganancias»; una fijación, casi una obsesión, con la repercusión que cada proyecto y decisión tendrá sobre los resultados finales. Esta tiranía es un claro ejemplo de lo que puede suceder con la institucionalización del lado oscuro de la idoneidad.

> La «tiranía de las ganancias» es un claro ejemplo de lo que puede suceder con la institucionalización del lado oscuro de la idoneidad.

Estes prueba fehacientemente cómo el verdadero poder en las grandes corporaciones no reside en los accionistas, la junta de directores, los mercados o los gobiernos sino en los gerentes corporativos. Cita una investigación de Edward Hermann, del Wharton School of Business:

> «El control administrativo de las grandes corporaciones ha aumentado gradualmente en este siglo: de veinticuatro por ciento de las grandes compañías en 1901 a cuarenta y uno por ciento en 1929, a noventa y dos por ciento en 1974.
> »Con el torrente de compras accionarias de sociedades en la década de los ochenta y la reciente ola de fusiones y ad-

---

[5] *Ibid.*, p. 71.

quisiciones, aumentó y se amplió el control de la gerencia. La tendencia es clara: el control de las grandes compañías por parte de la gerencia es prácticamente completo».[6]

¿Quiénes son estas personas que administran estas enormes empresas multimillonarias? ¿Qué las impulsa a acaparar mayor participación en el mercado, aumentar el patrimonio corporativo y expandir las compañías, para tener más poder y prestigio personal? Estes describe su motivación en términos morales; básicamente son «buenos» en su vida privada, pero dejan de lado sus principios cuando se enfrentan con las exigencias del estado de resultados.

«Los hombres de negocios, fuera del mundo empresarial, son individuos responsables de sí mismos y con conciencia, moral, familia y religión: todos estos elementos son un freno a su conducta personal».[7]

Pero dentro de la compañía reina otra moralidad. «La corporación no tiene religión ni padre como guía; no tiene una filosofía personal ni alma ni conciencia; sus estándares morales obedecen a los estados financieros. Estos se convierten en el alma de la corporación. Al aceptar un cargo en la empresa, y las primas consiguientes, los gerentes se sienten obligados a poner a un lado su moralidad personal y actuar de acuerdo a los estándares morales de la compañía, al menos mientras actúen en su capacidad de gerentes de la corporación y no como individuos». De esa manera, las corporaciones hacen que «las buenas personas hagan cosas malas», según Estes.[8]

El talento para maximizar las ganancias y aumentar el capital tiene su lado oscuro: el dinero puede convertirse no solo

---

[6] *Ibid.*, p. 67-68.
[7] *Ibid.*, p. 74-75.
[8] *Ibid.*

en el fin principal, sino en el objetivo exclusivo, y por último en un ídolo ante quien todos y todas las cosas deben inclinarse. El lado oscuro es que en lugar de seguir las políticas piadosas y las declaraciones de misión, las compañías se deshumanizan, la gente se torna prescindible y poco más que partes intercambiables en la maquinaria del negocio. No se las considera personas sino recursos explotables.

Por eso es que todos, incluso nuestros estimados gerentes principales, gerentes financieros, gerentes de operaciones y otros gerentes, necesitan entender su diseño: para contribuir a develar nuestra tendencia natural hacia el pecado. Como siempre, C.S. Lewis resume esta situación muy bien:

> La corporación no tiene religión ni padre como guía; no tiene una filosofía personal ni alma ni conciencia; sus estándares morales obedecen a los estados financieros.
>
> Ralf Estes

«La única manera que tengo para entender de veras lo nefasto del pecado es recordar que todo pecado desvirtúa la energía que nos anima. Esta energía, si no la distorsionamos, aflora en alguna de esas acciones santas en las que tanto "Dios lo hizo" y "yo lo hice" son descripciones válidas. Envenenamos el vino que vierte en nosotros; asesinamos la melodía que podría tocar si fuéramos su instrumento. Somos una caricatura del autorretrato que desea pintar. Por lo tanto, todo pecado es un sacrilegio, no importa cuál».[9]

---

[9] C.S. Lewis. p. 131, Cap.8.
Cartas a Malcom: Principalmente sobre la oración, Harcourt Brace Jovanovich, New York, 1964, p. 69

Educación

Encontramos un patrón similar en las instituciones educativas. La educación se basa más en el carácter motivador de los educadores, administradores y políticos, que en la idoneidad individual de los alumnos.

Para que la educación sea valiosa para los estudiantes, debe comprender *qué* los motiva a aprender, *cómo* se motivan para aprender y *por qué* están motivados a aprender; con o sin un maestro, a solas o en grupo. Tal como está en la actualidad, la educación solo sirve para los estudiantes cuya dinámica (¿Qué? ¿Cómo? ¿Por qué?) coincide con la de los educadores y con el programa vigente: menos del veinticinco por ciento del estudiantado, a lo sumo. Y además, el éxito educacional se mide con pruebas que también reflejan el carácter motivacional de los centros educativos.

> Todo pecado desvirtúa la energía que nos anima. Esta energía, si no la distorsionamos, aflora en alguna de esas acciones santas en las que tanto «Dios lo hizo» y «yo lo hice» son descripciones válidas.
>
> C.S. Lewis

Lo triste es que casi no se nota la relación que existe entre rendir bien en las pruebas y tener una carrera fructífera o una vida plena. Desde la perspectiva de una década más tarde, la experiencia educacional para la mayoría de las personas no compensó en lo más mínimo los gastos y el tiempo invertidos.

De todos los miles de experiencias de logros que tenemos de personas que relativamente «tienen éxito», muy pocas se refieren a una experiencia académica. El aprendizaje es evidente en todo lo que consideran emocionante y digno de recordar en detalle, pero los logros que describen muy pocas veces se reducen al estudio de una materia. Y las calificaciones tampoco son importantes, al menos para la mayoría.

¿Se trata de un pecado institucional? ¡Sí! La educación que no reconoce la idoneidad individual no solo fracasa porque no educa a los niños cuyo modelo motivacional no se adapta a las exigencias académicas, sino que además los perjudica, y tiene un potencial perturbador capaz de dejar secuelas negativas a largo plazo en los estudiantes.

- Que una persona no motivada para favorecer el aprendizaje «enseñe» puede tener un efecto escalofriante en los intereses del estudiante, incluso en los cursos que tienen un valor potencial para el estudiante. (Setenta por ciento de las clases se basan en la memorización: una experiencia agotadora, sin ninguna recompensa personal significativa.)

- Calificar de «tonto» a un estudiante en las materias que personalmente no le interesan no aporta nada de valor a la institución excepto comprobar que ha fracasado de nuevo. Además de debilitar la confianza y la autoestima del estudiante, lo pueden llevar a eliminar una o más materias de su campo de posibilidades vocacionales o profesionales. (¿Qué sucedería si la misma materia se enseñara de manera ajustada a la dinámica de aprendizaje y la recompensa compatibles con el estudiante?)

- Lo más trágico del lado oscuro de la educación es que no tiene en cuenta las vidas y los destinos de los estudiantes que no se adaptan al sistema. La educación está tan complacida consigo que ni siquiera puede ver a los estudiantes tal como son o sus necesidades. Uno podría pensar que en los trece años transcurridos entre la educación inicial y la secundaria, alguien se tomaría suficiente tiempo con cada estudiante para descubrir qué, cómo y por qué el niño está motivado a aprender, y ayudarlo a desarrollar técnicas para usar su dinámica de aprendizaje para abordar algunas materias. Uno podría pensar.

Hay una diferencia entre las corporaciones y las instituciones educativas. Si los estados contables no muestran ganancias, el responsable es el gerente principal; pero en la educación, no se le echa la culpa a los educadores sino a los estudiantes, por el fracaso de la institución de no preparar a los estudiantes para tener carreras fecundas y plenas. ¡Qué error! Como mínimo, habría que reformar las escuelas que preparan a los estudiantes para fracasar o llevar vidas marginadas. Comencemos de nuevo de acuerdo a lo que la sociedad quiere.

EL LADO OSCURO DE LA IDONEIDAD EN LA IGLESIA

Si se le pide a un pastor que describa el propósito de la iglesia, posiblemente hablará sobre una institución que sirve a las familias y la comunidad dentro de determinados límites geográficos.

Puede hablar sobre la iglesia y sus miembros como una comunidad de adoración, un centro para la comunión y la oración, para extender sus servicios a la comunidad o como cualquier cosa que él y su MAP conciben como la misión principal de la iglesia. Terminará sintiendo que, excepto en caso de fallecimiento, enfermedad, incapacidad y posiblemente desempleo, usted y su vida cotidiana no aparecen en su visión de la iglesia. Esta parece interesarse en usted principalmente para que se integre a su vida como institución y para acompañarlo en tiempo de necesidad.

La tragedia de lo que acaba de leer es que el ministro no solo define la iglesia de acuerdo a sus propios parámetros sino que, además, conceptúa lo que significa vivir como cristiano. En la práctica, la iglesia entiende que la vida cristiana debe girar en torno al ente institucional. La iglesia se preocupa de sí misma, espiritual, financiera y físicamente. Esto parece ser cierto para todas las denominaciones. Incluso con respecto a los dones del Espíritu, la iglesia se concentra más en sí misma que en las vidas reales de las personas. Además, los «dones» se cubren de vestiduras sagradas, para diferenciarlos de los dones «naturales» que Dios nos dio para usar en el resto de nuestra vida.

> Los cristianos no saben cómo vivir y trabajar como cristianos. Solo saben cómo reconciliar su fe y su vida en la iglesia.

Los cristianos no saben cómo vivir y trabajar como cristianos. Solo saben cómo reconciliar su fe y su vida en la iglesia. No saben por qué están en el mundo. No saben lo importante que es para Dios que sean contadores o ingenieros. Su vida no tiene propósito ni sentido. No tienen la más pálida idea si están cumpliendo o no la voluntad de Dios en la elección de vida que han hecho. Las cosas que los entusiasman o que les preocupan parecen tan remotas a su vida de fe como lo que comen para el desayuno.

En consecuencia, su vida verdadera y su fe se apartan cada vez más. El tiempo importante con Dios se limita a experiencias o reuniones en la iglesia: en los cultos, los retiros, los merenderos, las actividades de comunión. El resultado final es que, salvo en los casos obvios de inmoralidad, no ven ninguna relación entre una cosa y la otra, entre su vida cotidiana como actuarios o fontaneros y Dios.

La iglesia cumple muchos de sus propósitos de manera admirable. Donde se queda atrás es en su santa tarea de preparar a los que aman a Dios a descubrir y consagrarse a su llamamiento de amar y servir al mundo. La prioridad de la iglesia debería ser «producir» santos trabajadores.

Sin embargo, demasiado a menudo, la iglesia en teoría reconoce la necesidad de los dones de sus miembros, pero en la práctica acaba siendo el lugar donde un aspecto de la idoneidad es normativo; ya sea la evangelización, el activismo político, el estudio de la profecía o cualquier otra cosa. Por lo general, este énfasis sesgado refleja la idoneidad de los líderes de una iglesia en particular y se refuerza a sí mismo. Las personas cuya idoneidad no se ajusta a la norma se sentirán culpables por no ser «espirituales», se desalentarán y sencillamente se alejarán.

La iglesia tiene muchas maneras institucionalmente válidas para expresar el lado oscuro de su idoneidad:

- no permitir que las personas experimenten a Dios como su idoneidad les permite y hasta las obliga;

- no permitir desacuerdos entre las personas. Cuanto más dejamos de lado nuestra idoneidad, más energía se requiere para mantener la ilusión, para nosotros y para los demás, que todo está bien; y más fácilmente nos sentimos amenazados por los que no están de acuerdo con nosotros o piensan diferente;

- fomentar una «espiritualidad» de principios y virtudes que pueden ser observados superficialmente y llevar a muchas personas de la iglesia a orar como el fariseo de la parábola de Jesús: «Oh Dios, te doy gracias porque no soy como otros hombres», y a muy pocas a orar: «¡Oh Dios, ten compasión de mí, que soy pecador!»;[10]

- hacer normativa una forma de espiritualidad (el estudio bíblico, la meditación o el hablar en lenguas) y desdeñar las restantes manifestaciones;

- fomentar una humildad falsa basada en la *negación* de nuestra idoneidad para ajustarla a alguna noción indebida de lo que deberíamos ser. La verdadera humildad está en la *aceptación* con gratitud de nuestra idoneidad, de quienes somos: el regalo de Dios para que los usemos para él y para los demás, mientras aceptamos con alegría la idoneidad de los demás.

> La iglesia fracasa como iglesia si no reconoce que la idoneidad individual proviene de Dios.

Es triste que esta lista sea todavía más larga. Pero lo principal es que *la iglesia fracasa como iglesia si no reconoce que la idoneidad individual proviene de Dios.*

---

[10] Lucas 18:9-14.

TERCERA PARTE

El poder transformador del diseño humano

Considere la siguiente realidad: cada uno de los cientos de millones de personas de este siglo tiene un destino potencial y el impulso para aprovecharlo. Sin embargo, una institución nada interesada en ese dato nos «educa», una compañía demasiado preocupada por sus asuntos nos emplea y somos miembros de una institución religiosa a la que poco le importamos.

Debemos cambiar esta situación. Si la educación preparara a los estudiantes para una vocación acorde con su idoneidad, si las empresas emplearan a las personas conforme a sus facultades, si la iglesia disciplinara a los creyentes para vencer la oscuridad, podríamos entonces conquistar las fuerzas sociales que atentan contra la vida, la libertad, la felicidad, la justicia y la misericordia para todos.

Capítulo Nueve

La transformación del trabajo

Si se tomara más en serio la idoneidad, el funcionamiento de la industria mejoraría rápidamente. Pero el diseño humano no es una técnica sino una manera de concebir la vida. Es una manera de entender la naturaleza de las personas y cómo desean actuar. Por lo tanto, la pregunta crucial no es: «¿Cuál es la próxima fórmula para tener éxito? sino «*¿Existe concordancia entre las acciones o los planes y la conformación de las personas?*»

Muchos intentos por ser más competitivos en el mercado, nacional e internacional, fracasan por no contar con un modelo realista y práctico de la naturaleza humana. Ninguna de las grandes ideas y propuestas novedosas creadas con el fin de revolucionar el mundo de los negocios (reingeniería, círculos de calidad, trabajo en equipos, atención al cliente, organizaciones abiertas, gestión por competencias, administración por objetivos, globalización, gestión del cambio) tiene respaldo con datos de la realidad acerca de la verdadera naturaleza de las personas involucradas, ni siquiera la tienen en cuenta.

> **Muchos intentos por competir con más eficacia en el mercado, nacional e internacional, fracasan por no contar con un modelo realista y práctico de la naturaleza humana.**

Ninguna ha podido cumplir con lo prometido y han fracasado porque sus premisas sobre los sujetos involucrados eran erróneas, muy erróneas, tremendamente dañinas y destructivas.

Ya se trate de cualquier negocio o de la última novedad en sistemas, herramientas o técnicas, el éxito es factible y posible *si* hay garantías de que los ejecutivos, los gerentes, los profesionales y los empleados están en trabajos donde hacen uso de sus facultades. Repito: *No es posible conseguir la excelencia en ninguna función, a ningún nivel, si la persona no es la más indicada para su trabajo.*

Si usted tiene subordinados (para diferenciarlo del personal administrativo), puede estar en principio de acuerdo; pero entonces se da cuenta de que no recaba información ni mantiene registros de lo que sus empleados (ejecutivos, gerentes y otros) hacen bien y con motivación. Como no cuenta con esos registros, no puede estar seguro de que sus empleados sean los más indicados para sus respectivos trabajos. No hay entrenamiento ni desarrollo capaz de salvar la diferencia que existe entre lo que las personas pueden aportar, y la motivación y aptitudes necesarias para el trabajo.

La incompatibilidad laboral es endémica en la mayoría de las organizaciones debido precisamente a esta falta de datos sobre las facultades de sus empleados, a todo nivel. Según las cifras más conservadoras, uno de cada dos empleados (posiblemente dos de cada tres) están en empleos «equivocados.»

Si la compañía donde trabaja se asemeja a esta descripción, tome en serio las siguientes recomendaciones. Transformarán su organización, su rentabilidad, el grado de satisfacción y los niveles de productividad de su recurso más preciado: su gente.

> No es posible conseguir la excelencia en ninguna función, a ningún nivel, si la persona no es la más indicada para su trabajo.

LA IDONEIDAD EN EL LUGAR DE TRABAJO: CLAVE PARA LA PRODUCTIVIDAD

La clave para la productividad en el lugar de trabajo y el grado de satisfacción del personal está en combinar la idoneidad de las personas con los requerimientos de las tareas. No será especialmente difícil ni caro conseguirlo, si se tienen en cuenta los beneficios a obtener, y puede ser determinante para los resultados. Recomiendo los siguientes pasos.

Identifique la idoneidad de cada empleado

Identifique la idoneidad de los empleados en todos los niveles jerárquicos de la organización. Las compañías se refieren a las personas como «recursos humanos». En muchos sentidos, las personas son el *único* recurso renovable que siempre genera riqueza. Son el valor agregado a la materia prima y quienes prestan los servicios a los clientes. Las facultades que los trabajadores aportan a la tarea son el verdadero potencial de la compañía. Cada vez más se aprecia cómo la administración del activo humano tiene una incidencia crítica en la competitividad de la compañía.

> En muchos sentidos, las personas son el único recurso renovable que siempre genera riqueza.

Por lo tanto, para los empleadores tiene mucho sentido identificar las facultades que sus empleados pueden ofrecer. Con demasiada frecuencia, los ejecutivos de las compañías se asombran al descubrir lo *poco* que usan de cada persona. Tienen empleados en tareas que posiblemente usan el veinte por ciento de su idoneidad. La compañía puede mejorar este coeficiente de eficacia en setenta por ciento con la evaluación de las facultades personales y la correspondiente asignación de tareas.

Los empresarios suelen hablar de lo mucho que valoran a su gente. Si esto es así, deberán descubrir las tareas que ese empleado mejor desempeña y lo motivan. Tenga la certeza que para muchos empleados será la primera vez que *alguien* se toma la molestia de hacerlo. Me resulta difícil pensar en otra cosa que más convenza a los empleados de cuánto los valora la compañía como seres humanos.

Supongamos que una compañía decide invertir un millón de dólares en un nuevo equipo. Antes de realizar esa inversión, los compradores de la compañía revisan muy detenidamente las especificaciones y las prestaciones del equipo. Sin embargo, casi todos los empleados representan un activo de por lo menos un millón de dólares, tal vez mucho más, en salarios durante toda su carrera profesional.[1] En vista de este patrimonio de capital, ¿no

> La compañía puede triplicar el coeficiente de eficacia de sus empleados con la evaluación de las facultades personales y la correspondiente asignación de tareas.

---

[1] Un empleado que hoy percibe ocho dólares por hora ganará casi $600.000, en dólares constantes, si trabaja treinta y cinco años (mucho más con ajuste por inflación.) Si a ese gasto se le agregan los aportes a la seguridad social, los seguros de enfermedad y otros gastos, el «valor capital» total de ese empleado superará fácilmente el millón de dólares. (Los costos son mucho mayores si se considera el reclutamiento, traslados, entrenamiento y retención de asalariados y gerencia jerárquica.) Esta línea de razonamiento puede proyectarse para estimar el valor que cada empleado agrega (o disminuye) al producto o servicio de la compañía. Supongamos que por cada dólar que un trabajador le cuesta a la compañía, produce $1,25. Parece justo (un valor agregado de 125 por ciento) hasta que nos damos cuenta que la compañía solo emplea el treinta por ciento de la capacidad de la persona. Ahora bien, supongamos que pudiéramos identificar las facultades del individuo y ayudar a la gerencia a asignarlo a un puesto donde su eficacia se duplicara. Sería entonces razonable duplicar el valor agregado estimado a $2,50. Un empleado con esas características ¡sería literalmente una veta de oro!

tendría sentido que las compañías exigieran más «diligencia debida» al considerar su inversión en su gente?

No tome decisiones con respecto al personal sin identificar la idoneidad del candidato y compararla con el trabajo correspondiente

Lo que es cierto para las nuevas contrataciones también es válido para las promociones, los traslados, la asignación a equipos y proyectos, y otras decisiones en las que la intervención de la gente es crítica para el resultado. Siempre que la administración tenga que tomar una «decisión de personal», debería cotejar los requerimientos de la tarea, las competencias imprescindibles, con las capacidades comparativas del empleado.

El modelo de aptitudes (MAP) debería ser el primer documento en la hoja de servicios del empleado porque provee al empleador (y al supervisor del empleado) con información clave para entender al empleado. Cuando surja el nombre de un posible candidato para un nuevo puesto o tarea, quien deba tomar la decisión tendrá en el MAP información *crucial*: cómo se desempeñará el empleado en ese trabajo y, por ende, si la oportunidad le sirve a la persona.

De manera similar, la información acerca de las facultades del empleado deberían incluirse en los formularios de evaluación, para que el supervisor y el empleado las usen en la especificación de las metas de rendimiento, los aspectos a mejorar, la fijación de objetivos, las áreas problemáticas y la posible redistribución de tareas.

Los MAP son de mucha ayuda para solucionar los problemas operativos causados posiblemente por personas. Mediante el análisis de los modelos de aptitudes de los responsables, los jefes posiblemente podrán determinar el origen del problema. Ejemplos típicos son los estragos que una persona con incapacidad para la planificación puede producir con los plazos, o la falta de iniciativa de un trabajador cuya naturaleza motivacional es responder.

Aliente a los trabajadores de todos los niveles a dar a conocer su idoneidad

Esto es especialmente válido para cualquier tipo de planificación de carrera o desarrollo profesional. Los equipos deportivos son famosos por hacer alarde de las virtudes de sus jugadores. Quieren que todos conozcan a sus estrellas y los talentos únicos que aportan al juego. Los empresarios más lúcidos saben que el éxito financiero de una franquicia multimillonaria suele estar directamente relacionado con tener los jugadores correctos en el puesto apropiado.[2]

Las empresas harían bien en adoptar esa postura. Deberían alentar a sus empleados a comunicar sus virtudes al resto de sus colegas. En realidad, todos los que trabajan en equipos interdependientes o de autogestión deberían conocer las aptitudes y motivaciones de los demás integrantes. De esa

---

[2] La comparación entre los negocios y los deportes merecerían un libro aparte. Diariamente, en la sección deportiva de todos los periódicos del país, se publican un sinnúmero de estadísticas con detalles del rendimiento de sus deportistas profesionales. Esto es un tributo a la seriedad con que los equipos deportivos, sus aficionados y los apostantes encaran el desempeño individual y del equipo. ¿Por qué no pueden las compañías hacer lo mismo con sus «jugadores»? Conozco muy pocas empresas que «llevan un registro» de su personal, al menos no con el tipo de información relevante para su rendimiento.

Sin embargo, en el caso de las empresas (y sus inversores), los riesgos son mayores que en las franquicias deportivas. Un equipo deportivo puede costar entre treinta y cinco millones de dólares y ciento treinta y cinco millones (algunas franquicias pueden valer más). En comparación, muchas compañías valen diez a cien veces ese valor, y ¡algunas grandes corporaciones miles de veces más! Cabría pensar que para ese tipo de inversión el grado de detalle relevante con respecto al rendimiento de cada empleado (y para colocar a los empleados en el cargo con mayores ventajas comparativas) sería mayor que cualquier cosa imaginable en el deporte. Sin embargo, ¡la ignorancia es la regla! Me animaría a decir que algunas compañías posiblemente conocen menos a sus empleados que a sus clientes.

manera, cada uno sabrá qué esperar de su compañero y, por lo tanto, qué exigir; sabrá cómo organizar su trabajo y cómo mantenerse motivados recíprocamente.

Las compañías tienen la responsabilidad de crear condiciones que favorezcan la eficacia de sus equipos de trabajo y que aseguren una verdadera diversidad mediante la combinación de modelos de aptitudes complementarios. Esto no significa necesariamente que todos deben llevarse bien entre sí. Significa que se armaron los equipos para ser productivos. Los trabajadores deben ser complementarios, así como debe existir una compatibilidad entre cada trabajador y su tarea respectiva.

> Los gerentes tomarían de manera muy distinta sus decisiones con respecto a la contratación, las promociones y los traslados, si supieran que la compañía va a evaluar la sabiduría y eficacia de sus elecciones.

Sería conveniente contar con un «entrenador de la compañía» que le mostrara al equipo cómo beneficiarse de las virtudes de los demás y cómo permitir que cada integrante del equipo contribuya oportunamente con su aporte. El entrenador también podría ayudar al grupo a comprender y solucionar los conflictos naturales que surjan de las diferencias personales.

Los gerentes deben asumir la responsabilidad de sus decisiones de personal

Los gerentes tomarían de manera muy distinta sus decisiones con respecto a la contratación, las promociones y los traslados, si supieran que la compañía va a evaluar la sabiduría y la eficacia de sus elecciones. Sospecho que los gerentes pondrían mucho más interés en predecir cómo alguien «va a resultar» en un nuevo cargo.

Los gerentes deben rendir cuentas de estas decisiones porque forman parte de su tarea de administración. Por desgracia, cuando un gerente hace una mala decisión con respecto al personal, quien más se resiente es el empleado, luego la compañía, luego la familia del empleado y luego los colegas del empleado. El gerente es la última persona afectada, y muchas veces muy poco afectada.

Para revertir esta situación, los gerentes deben contar en primer lugar con las herramientas adecuadas para tomar sus decisiones de personal: una síntesis del modelo de aptitudes potenciales y una descripción de las tareas indispensables del cargo. Con esa información, las personas con dotes para la gestión deberían poder discernir las compatibilidades laborales correspondientes.

Estas herramientas también proporcionan la base para responsabilizar a los gerentes (y a otros expertos asesores) de las decisiones con respecto a la selección y las promociones, así como a la gestión general de los recursos humanos.

Es obvio que el gerente no es responsable del rendimiento de su empleado, pero sí es responsable de su decisión de asignarlo a ese puesto, porque su elección desempeña un papel causal en el rendimiento del empleado.

El tipo de responsabilidad que tengo en mente es una auditoría dos veces al año de las decisiones de personal, por parte de una comisión «de compatibilidad laboral» integrada por personal jerárquico y administrativo. La auditoría analiza la compatibilidad laboral de cada subordinado de los gerentes administrativos medios y altos. En caso de identificar una incompatibilidad, se elabora un plan y un cronograma para cambiar el trabajo del empleado: un cambio de tareas o un traslado, o ayudarlo a conseguir trabajo en otra compañía. La acción que se decida deberá controlarse para hacerla efectiva.

Esta sugerencia puede resultar sin duda demasiado amenazadora para algunos gerentes de empresas estadounideses. Pero no tiene por qué serlo. Si de veras tengo aptitudes para ser gerente, *desearía* aceptar responsabilidad del *uso que hago de ellas*. En realidad, me gustaría recibir ayuda para mejorarlas y poder así cumplir cada vez mejor con mi trabajo. El proceso de responsabilidad, en combinación con las herramientas para identificar la compatibilidad laboral, me servirán de ayuda a este respecto.

> La función prioritaria del departamento de recursos humanos debe ser identificar los requerimientos críticos de todas las vacantes y garantizar la compatibilidad laboral en el momento de reclutar personas idóneas para esas funciones.

Por otro lado, si no tengo las aptitudes requeridas para ser un buen gerente, no debo trabajar como gerente. (Sé que algunas personas lo harán, sus razones tendrán; pero no quiero desperdiciar mi vida haciendo algo para lo que no sirvo.) En ese caso, una evaluación de mis decisiones de personal podrá servir para mostrarme que no soy la persona más indicada para tomarlas. Así podré comenzar a contestar la pregunta: ¿para qué sirvo?

Reorganizar la función del departamento de recursos humanos

Muchos departamentos de recursos humanos (o de personal) desarrollan tareas no esenciales pero necesarias para la administración de los seres humanos en el empleo.

Yo cambiaría la función de los departamentos de personal para que fueran responsables de asesorar a la gerencia en la toma de decisiones relacionadas con los trabajadores. La función prioritaria debe ser identificar los requerimientos críticos de todas las vacantes y garantizar la compatibilidad laboral en el momento de reclutar personas idóneas para esas funciones. El departamento debería asesorar a los gerentes en la toma de sus decisiones de personal, para asignar funciones a los empleados estratégica y eficazmente, y poder organizarlos adecuadamente. A los empleados despedidos, que cambian de trabajo, se jubilan, o por cualquier otro motivo dejan la compañía, les ofrecería su MAP, para que pudieran tomar las consiguientes decisiones con información segura.

> La pregunta clave para una compañía es: «¿Qué coherencia hay entre lo que hacemos y la manera de ser de nuestros empleados?»

El departamento de personal y los protagonistas de las decisiones deben ser *responsables de promover relaciones fluidas con la gerencia operativa y garantizar la calidad de la información que el departamento proporciona a los gerentes para la toma de decisiones de personal.* También debe adquirir conocimientos y experiencia con respecto a la compatibilidad laboral existente, controlar e informar a la gerencia superior de las compatibilidades existentes, y prever futuros requerimientos.

Las demás funciones que hoy corresponden al departamento de personal, que tienen que ver con el control y las tareas administrativas de la plantilla, deberían transferirse al departamento de asuntos legales o de contabilidad. Las funciones relacionadas con las comunicaciones internas de personal y con actividades sociales, deberían ser parte de una labor de relaciones públicas: tratar con el público, los clientes o la comunidad.

Incorpore la idoneidad a su manera de hacer negocios

Como ya mencioné anteriormente, la idoneidad no es una técnica sino una concepción de vida. Es una manera de entender a la gente; en el caso de una compañía, a sus empleados. La pregunta clave para una compañía es: «¿Qué coherencia hay entre lo que hacemos y la manera de ser de nuestros empleados?» En otras palabras: «Nuestros empleados deben conseguir los objetivos de la compañía; por lo tanto, ¿tomamos en cuenta su idoneidad en todo lo que hacemos?»

Con el objetivo de integrar la idoneidad de los empleados al funcionamiento de la compañía, todos los niveles de la organización deben formularse estas preguntas. Por ejemplo:

En la contratación

Diseñe las técnicas de reclutamiento para atraer a los mejores candidatos para el puesto. Aprenda una lección de los departamentos de promoción: no publique avisos con descripciones de su compañía, sus productos y la tecnología que utiliza, sino describa cómo debe ser el candidato y qué le debe gustar hacer.

En la primera etapa, estudie principalmente a los candidatos que posean las aptitudes necesarias, no se detenga en factores tales como una extensa educación, «experiencia laboral» o antigüedad.

En la colocación

Piense estratégicamente, coloque las personas con determinadas facultades en lugares donde puedan solucionar problemas y satisfacer necesidades operativas críticas. ¿Un determinado departamento necesita innovación? Nombre por un año a Isaac el innovador.

> Todas las idoneidades son transferibles; no hay aptitudes específicas para una función.

Antes de efectuar cualquier cambio en la estructura de la organización es preciso identificar y verificar la idoneidad personal. Nunca cambie a los supervisores o las tareas asignadas sin calcular el precio. Pregúntese: ¿Cómo afectará este cambio a las personas involucradas y cómo contribuirán sus idoneidades al cambio? Si cambia una supervisión muy controladora por una facilitadora, o al revés, sea consciente que estará creando nuevos problemas de «compatibilidad».

Promueva la flexibilidad en la fuerza laboral: identifique a las personas por sus talentos y no por el título de sus cargos: «José es nuestro hombre "de resultados"» *en vez de* «José es el supervisor de planta»; «Peggy es una persona que le gusta ganar» *en vez de* «Peggy es una abogada». *Todas las idoneidades son transferibles; no hay aptitudes específicas para una función.*

En la distribución de tareas

Defina los puestos de trabajo en función de las capacidades y resultados imprescindibles; en lugar de hacerlo con descripciones genéricas de tareas.

Mejore continuamente la compatibilidad entre el trabajo y las capacidades de una persona. De ser necesario, redistribuya el trabajo para hacerlo concordar con las capacidades disponibles. Tome en consideración la opinión de los empleados a la hora de distribuir las tareas.

Si asigna una tarea para «desarrollar» a un individuo,[3] asegúrese de que implique expandir las capacidades que el individuo ya tiene. No intente desarrollar lo que no está presente. ¡No es posible rearmar a la persona!

En la formación de equipos

Forme equipos compatibles. (No suponga que todos pueden y debieran trabajar en equipo.)

Forme grupos, equipos y plantillas con personas cuyas idoneidades se complementan mutuamente. No haga una clonación; eso solo sirve para empeorar los defectos, aunque posiblemente las relaciones sean más cordiales. Procure formar grupos de personas complementarias, para que aúnen sus respectivos talentos y logren resultados fecundos.

Aliente a los trabajadores de la organización a depender mutuamente de las facultades de los demás. Solicite que las personas se enteren y usen la información de las virtudes de cada uno. Es la respuesta al conflicto que se genera al incorporar diversidad en los equipos.

---

[3] Como he dicho que la idoneidad no cambia, tal vez suponga que las personas no pueden cambiar o desarrollarse. Pueden sí, pero solo con respecto a los elementos de idoneidad que ya tienen. Por ejemplo, el individuo apto para solucionar problemas complejos puede comenzar encontrando la solución a un error contable relativamente menor o explicando una reacción química sencilla. Pero al enfrentarse con problemas gradualmente más complejos, la persona puede cultivar sus habilidades y, veinte años más tarde, contribuir considerablemente a la gestión financiera o trabajar en el departamento de investigación y desarrollo. Lo que no es posible hacer es «entrenar» a la persona para que se convierta en lo que no es. No se le puede decir: «Sé que usted es bueno para la solución de problemas, pero lo que realmente necesitamos es una persona que invente nuevos productos. Le proporcionaremos un curso de creatividad con un especialista para que desarrolle su inventiva». No resultará, a menos que la persona ya tenga inventiva de antemano.

En la gestión

Administre activamente los talentos que ya tiene. Prevea cuando los empleados se están quedando sin gasolina motivadora: son quienes son, así que tome eso en cuenta. Encargue al departamento de personal el registro de los MAP y la notificación de posible necesidad de nuevas asignaciones.

Si desea mejorar el rendimiento, mejore la compatibilidad entre la persona y el cargo. Decirle a los empleados que «trabajen más» casi nunca es la solución.

Administre con más dedicación los «puntos débiles» de sus empleados. No suponga que son suficientes las buenas intenciones.

Descubra y enfrente los casos de escaso rendimiento usando como guía los principios de la idoneidad. Los problemas de rendimiento suelen estar radicados en alguna incompatibilidad laboral. ¡No se dé el lujo de no considerarla!

Para solucionar riñas y conflictos, y enfrentar las tensiones propias de las relaciones laborales, analice cuidadosamente los talentos de las personas involucradas en busca de pistas que justifiquen el problema. No suponga que se debe a las personalidades, la «química» u otras ideas de sicología popular.

Al analizar el desempeño a largo plazo de una persona, limite la información a datos ricos en contenido sobre sus competencias motivadas. No tome en cuenta la información que no tenga relevancia comprobada con el desempeño.

En la promoción

Para ascender de rango a los empleados tome en cuenta la idoneidad requerida para el nuevo cargo. No premie automáticamente a la persona con un desempeño excelente en su puesto actual con un ascenso.

Aliente a los empleados a pensar sobre el efecto que sus facultades tienen en su carrera y deje de estimularlos a trepar la escalera mítica del «éxito», y mucho menos apele a su supuesto «potencial». Es económico, pero a largo plazo crea muchos problemas de compatibilidad laboral. Sin embargo, si trabaja junto con sus empleados en la definición de sus respectivos MAP y sus repercusiones, obtendrá un sólido crecimiento futuro.

Enfrente el problema de los empleados desanimados o «estancados», es un mal innecesario; investigue la recompensa motivadora de las personas y por qué el trabajo no las inspira. Si no tiene idea de cómo redistribuir un trabajador valioso, someta su MAP a una comisión de alto nivel para escuchar sugerencias respecto a nuevas direcciones o nombramientos. (Véase la página 204 sobre las auditorías de compatibilidad laboral.)

En el cumplimiento de la misión principal de la compañía

Integre los objetivos de la organización a las motivaciones individuales. No suponga que puede «venderles» automáticamente la misión corporativa a sus empleados. Tienen sus propias razones para trabajar más y estas son más importantes que las de la compañía. Combínelas.

Evalúe la incompatibilidad

En los negocios aprendemos a medir, medir y medir; porque solo con resultados precisos es posible evaluar el rendimiento y definir las mejoras requeridas para obtener los objetivos, o algún otro aforismo más artístico y técnicamente más elaborado que signifique lo mismo.

Lo que es cierto de un proceso de producción también es válido para la compatibilidad laboral. ¿Cómo es posible medir el grado de compatibilidad entre el trabajo y las aptitudes motivadas de los empleados? A continuación, presentamos algunas sugerencias. Recopile y publique información sobre:

- el porcentaje de empleados cuyas capacidades cree que la compañía utiliza bien, aceptablemente o muy poco;
- cantidad de promociones en la compañía, y la calidad de la información usada para evaluar a los candidatos; cantidad de promociones rechazadas y explicación de motivos;
- nombres de los gerentes encargados de la contratación y la promoción de un empleado para un puesto donde fracasó o tuvo mucho éxito;
- número de empleados que solicitaron ser trasladados en el último año, y la acción correspondiente;
- cantidad de ceses voluntarios y motivos aducidos más frecuentes de las renuncias;
- ausentismo de los empleados, frecuencia, duración y motivos;
- número de empleados que alegan estrés regular en su puesto de trabajo, lo suficientemente grave para tener consecuencias en su eficiencia; las razones más frecuentes de ese estrés y las medidas que el empleador toma para contrarrestarlo.

CREACIÓN DE VALOR, Y PROPÓSITO

No sirve de nada aceptar la premisa de que cada empleado tiene una contribución única y valiosa que hacer si no se toman medidas prácticas para asegurar que cada uno está haciendo su respectiva contribución. Sería como comprar equipos o suministros y dejarlos en el depósito, sin desenvolver.

Por suerte, existen los medios para sacar a luz los talentos de las personas y ubicarlos donde brindarán el mejor servicio.[4] En efecto, las compañías pueden hacer del SIMA® su *tecnología principal* y mejorar considerablemente su productividad en *todos* los campos de su operación. Descubrir el diseño de una persona prescinde de la adivinación en la consecución del trabajo. Ofrece una manera segura de colocar a la persona indicada en el puesto adecuado, y en el momento oportuno para que produzca los resultados apropiados.

Además, hace otra cosa, algo mucho más valioso que cualquier otro producto o servicio que la compañía tenga para ofrecer: le permite a los trabajadores contribuir, y mucho, a la prosperidad de la compañía y encontrarle significado, dignidad y valor a su cotidiano vivir.

El trabajo se transforma de obligación y rutina aburrida en una brillante oportunidad para la satisfacción personal: fruto exclusivo del esfuerzo

> Descubrir el diseño de cada quien ofrece una manera segura de colocar a la persona indicada en el puesto adecuado, y en el momento oportuno para que produzca los resultados apropiados.

---

[4] Sistema para la identificación de aptitudes motivadas (SIMA ®).

enérgico y significativo. Cuando los trabajadores trabajan en tareas que efectivamente hacen uso de quienes son, sus labores incorporan un sentido de destino. Aunque no lo crea, ¡se *entusiasman* con su trabajo! El trabajo *les importa,* porque *¡ellos importan!* Sienten que vale la pena cumplir su llamamiento y hacer lo que tienen que hacer en este planeta. Nada en el mundo puede ser mejor que eso.

LAS COMPAÑÍAS DEBEN RENDIR CUENTAS

Los inversores institucionales y los accionistas deben tomar otra medida más que es fundamental para conseguir estos resultados: *las compañías deben rendir cuentas de la selección y administración del personal.* Cuando a los empleados les va bien, a la compañía también. Cuando los empleados no prosperan, corresponde hacer una auditoría del proceso de selección y promoción; en especial de los aspectos relacionados con los requerimientos críticos para el trabajo y la definición clara de las capacidades del empleado. La realización de encuestas confidenciales de los empleados, semejantes a las que actualmente se usan con regularidad, permiten asegurar la compatibilidad entre el individuo y sus funciones; si así no fuera es preciso averiguar las causas. No intente saber si su gente está «contenta».

> ¿A quién deben rendir cuentas los ejecutivos del uso productivo que hacen de las capacidades a su disposición?

¿Quién va reconocer que no lo está? Estudie los aspectos que implican el uso de sus talentos: ¿Tienen suficiente desafío? ¿Cómo podrían ser más productivos?

No sería difícil elaborar y desarrollar una evaluación de grados de incompatibilidad. Los resultados de las encuestas serían públicos. Podrían establecerse procedimientos confidenciales para que las personas (de manera figurativa) levantaran su mano en caso de incompatibilidad laboral (por ejemplo, se les acabó la gasolina motivadora), y estudiar cada caso en particular. Las evaluaciones de rendimiento, tan mentadas en la actualidad, evitarían cualquier tendencia de los gerentes por obviar un rendimiento escaso de sus empleados.

¿A quién deben rendir cuentas los ejecutivos del uso productivo que hacen de las capacidades a su disposición? Un consejo formado por líderes naturales, internos a la organización y de diversos niveles y funciones, podrían velar por el sistema establecido para imponer la responsabilidad del uso productivo de las facultades del personal. No se trata de un sindicato propiamente dicho sino de líderes, de *todos* los niveles, facultados para inspeccionar, emitir su juicio y proponer medidas correctivas.

El hecho de tener que rendir cuentas no solo redundará en un plantel de empleados más saludables y productivos, sino que también discriminará los ejecutivos y gerentes no aptos para sus tareas, que han sabido mantenerse en su puesto gracias a que nunca nadie analizó su compatibilidad laboral. Cuando se examina la compatibilidad laboral de un subordinado, también quedan en evidencia las aptitudes y debilidades del jefe, porque son un factor crucial en la determinación de la compatibilidad del subordinado.

EL PODER DEL INTERÉS PROPIO

El esfuerzo concertado y continuo para administrar y usar productivamente las capacidades disponibles en la plantilla, repercutirá favorablemente en la mejora de la productividad, la calidad y la rentabilidad. Pero muy poco de esto se logrará si los gerentes de la compañía no creen que estas medidas redundarán en su propio interés personal.

Si no se consigue el compromiso de las gerencias de mayor jerarquía, aun cuando sea posible mejorar significativamente la rentabilidad y el retorno de la inversión, yo recomendaría apelar al interés propio movilizando las fuerzas de cambio disponibles en una sociedad libre.

Algo de esto ya se ve hoy día. A pesar de que algunos ejecutivos corporativos actúan de manera destructiva para otros miembros de la sociedad, hay un cuadro de voces y fuerzas de contraofensiva en gestación: la prensa, el gobierno, el cuerpo académico, las ciudades y los estados, las cortes de justicia, los grupos de empleados, las pequeñas empresas y hasta los propios mercados.

Ralph Estes reclama la creación de una nueva «tabla de posición corporativa» para evaluar el rendimiento de las corporaciones. Plantea que «deberíamos preguntarnos cómo y de qué modo la empresa corporativa sirve a la sociedad y cómo ha perjudicado el interés público». El libro de Estes proporciona listas detalladas de factores para evaluar la responsabilidad de las corporaciones hacia los clientes, los trabajadores, las comunidades y la sociedad en general.[5]

Cada vez más grupos se unen a este esfuerzo, interesados activamente en medidas más amplias, no financieras, del rendimiento corporativo: la prensa y los medios, grupos de control industrial, grupos ambientales, organizaciones relacionadas con la salud y la seguridad laboral, organizaciones religiosas, grupos de expertos, analistas políticos, grupos de presión, accionistas y servicios de inversión. La Internet cada vez más permite que esta información esté disponible, y sea bien conocida, en todo el mundo.

---

[5] Ralph Estes, *Tyranny of the Bottom Line*, Berrett-Koehler, San Francisco, 1996, pp. 30-31.

Si dichas expresiones de la sociedad no surten el efecto deseado, entonces habría que considerar medidas de mayor enfrentamiento. Una posibilidad sería política: un partido político, de los ya existentes u otro nuevo, consigue apoyo de los votantes y elabora un programa legislativo para corregir la incompatibilidad entre la gente y la educación, el trabajo y la distribución de la riqueza económica; con reglas de juego más equitativas para que el capitalismo democrático controle los asuntos de la industria privada. Ese movimiento potencial debería estar acompañado de estatutos que estimularan la aparición de «unidades de negociación» colectivas e individuales, similares a las que hay en el deporte profesional.

Dichas medidas llevarían a la industria a abandonar su fetiche de corto plazo, interesado solo en los resultados financieros, y así aumentar la rentabilidad brindándoles a sus trabajadores y gerentes la oportunidad de ser más productivos y sentirse plenamente satisfechos.

Capítulo Diez

La transformación de la educación

Un factor muy relacionado con las sugerencias del capítulo anterior es el hecho de que la gran mayoría de las personas trabajadoras han padecido un sistema educativo que no toma en cuenta los talentos personales, excepto en el sentido restringido de «talento académico». Si queremos ver cambios a largo plazo en los lugares de trabajo, debemos introducir transformaciones fundamentales en nuestras filosofías y sistemas educativos.

Posiblemente ya haya llegado el momento de experimentar una educación basada en la idoneidad, si no en escuelas públicas y universidades (donde pueden haber intereses creados en mantener el estado actual), sí en aquellos programas educacionales tales como centros educativos privados, escuelas parroquiales, educación domiciliara, y otros que están interpelando a las instituciones porque le fallan a nuestros niños y jóvenes.

En este capítulo es especialmente importante recordar que cuando me refiero a los «talentos» utilizo el término en el *sentido amplio* descrito en la primera parte, *no* en el sentido restringido de «talento académico».

> Si queremos ver cambios a largo plazo en los lugares de trabajo, debemos introducir transformaciones fundamentales en nuestras filosofías y sistemas educativos.

LOS ESTUDIANTES: LA PARTE MÁS IMPORTANTE DEL PROGRAMA DE ESTUDIOS

La idoneidad no puede enseñarse ni desarrollarse. Los estudiantes llegan a la escuela con su modelo exclusivo ya formado. La tarea de las escuelas (lo ideal) es honrar a la persona y prepararla para usar su idoneidad en la sociedad.

Esto convierte al individuo en la parte más importante del programa de estudios. En efecto, de todas las asignaturas que un estudiante debe estudiar, ninguna es remotamente tan importante como el estudio de sí mismo. Ninguna.

Hace mucho tiempo, el conocimiento de uno mismo era considerado tan importante como el del mundo. En la actualidad, los niños deben arreglárselas solos para aprender quiénes son y lo que tienen para ofrecer. Como resultado, la mayoría de ellos desperdician *años* de su vida y muchos miles de dólares, y sufren lo indescriptible buscando una respuesta.

Si quisieran, las escuelas podrían solucionar este problema contribuyendo con un esfuerzo serio que les permitiera a los estudiantes identificar y utilizar su idoneidad. Esta iniciativa no tiene por qué ser ajena al programa de estudios. Por el contrario, aumentaría la eficacia del programa porque revelaría por qué aprenden los estudiantes.

Además, más que ninguna otra cosa, concentrarse expresamente en la idoneidad contribuirá al éxito del estudiante en la sociedad y le brindará satisfacción durante toda su vida.

> La idoneidad no puede enseñarse ni desarrollarse. La tarea de las escuelas (lo ideal) es honrar a la persona y prepararla para usar su idoneidad en la sociedad.

MEDIDAS PARA UNA EDUCACIÓN BASADA EN LA IDONEIDAD

Para expresarlo más enérgicamente: las escuelas y otros ámbitos educativos lograrán educar a los estudiantes siempre y cuando hagan uso de la idoneidad de los maestros y los estudiantes. La motivación de los maestros para enseñar y de los estudiantes para aprender (qué, cómo y por qué), depende de los MAP de los maestros y de los estudiantes respectivamente. El aprendizaje tendrá lugar en la medida que concuerden los estilos individuales de aprendizaje y los personales de enseñar.

Con ese propósito, recomiendo lo siguiente:

1. Identificar y ayudar al niño a reconocer y valorar los aspectos de su diseño único, en particular los relacionados con el aprendizaje, durante sus primeros días en el sistema educativo.

Algunos de mis asociados trabajan de esta forma con niños de solo seis años. Buscan las claves a la idoneidad de los niños mediante técnicas tales como la narración de historias, la explicación personal por parte del niño de un dibujo que ha pintado, la observación de las actividades preferidas por el niño cuando tiene varias situaciones y objetos opcionales, la anotación de canciones e historias que contienen algunas de las «cosas favoritas» de ese niño, la observación de los papeles preferidos en las dramatizaciones, o pidiéndole al niño que hable de sus héroes, deportes o personalidades televisivas favoritas.

Además, a la maestra del niño le solicitan informes sobre el comportamiento observado cuando aprende y a los padres les piden información sobre el comportamiento observado en el hogar. (A las maestras y los padres se les suele enseñar cómo observar los comportamientos significativos en cuanto a la motivación.) Otra técnica que ha resultado provechosa es pedirles a los niños con la idoneidad apropiada que registren las entrevistas de logros de otros chicos.[1]

2. Identificar posteriormente en cada nivel de escolaridad (elemental, primaria, secundaria, terciaria, universitaria) la idoneidad de los estudiantes y perfeccionar el entendimiento que el estudiante y la institución tengan de la misma, de la siguiente manera:

> Las escuelas y otros ámbitos educativos lograrán educar a los estudiantes siempre y cuando hagan uso de la idoneidad de los maestros y los estudiantes.

- De 10 a 14 años. Si existe información anterior disponible, un especialista entrenado conversa con el estudiante para obtener un relato más detallado de sus historias de logros y enriquece así los datos y el conocimiento.

En esta etapa, el énfasis está en identificar la dinámica del aprendizaje. El objetivo es clarificar la motivación para el aprendizaje y las habilidades para la investigación, y cómo estas motivarán la educación del niño, en el presente y en el futuro.

- De 15 a 18 años. Durante los primeros años de secundaria, el enfoque ideal consiste en un curso de compatibilidad vocacional de dos semestres, con una carga horaria de dos horas semanales. En el primer semestre, los estudiantes trabajan en grupos de tres para esbozar los modelos de idonei-

---

[1] Las «entrevistas de logros» consisten en pedirle a una persona que relate detalladamente cómo hacía aquellas cosas que disfrutaba hacer y que hacía bien (véase el capítulo 2.) Algunos niños tienen una facilidad asombrosa para obtener esta información de otros chicos, y pueden ser entrevistadores de logros.

dad respectivos.[2] En el segundo semestre, tienen los resultados computarizados de la compatibilidad laboral entre su modelo motivacional y los requerimientos de diversos trabajos.[3] Con la guía de un especialista entrenado, exploran la importancia de la compatibilidad laboral y otros temas relacionados con las carreras profesionales más aptas para ellos. Para esta propuesta cuentan con información vocacional profusa disponible en las bibliotecas escolares y de la localidad.

Otra herramienta para desarrollar en esta etapa de la vida es una «estrategia de aprendizaje» formal: un esbozo escrito con una descripción de cómo el estudiante en particular aprende y las consecuencias que su forma de aprender puede tener en sus estudios futuros. Una estrategia de aprendizaje útil será aquella que muestre las preferencias con respecto a los profesores, el estilo de enseñanza de las asignaturas, los métodos de evaluación de los trabajos, y las oportunidades para proyectos especiales, el estudio independiente o el estudio en grupos.

- De 19 a 22 años. Durante la escuela preuniversitaria, en el primer o segundo año, la escuela proporciona un curso vocacional de dos semestres de duración, con dos horas semanales.

---

[2] Los grupos de tres son efectivos para llevar a cabo entrevistas entre iguales. Consiste en una persona que relata su historia de logros; un entrevistador que hace las preguntas y averigua los detalles; y un observador, que toma nota y cuida de que nadie divague.

[3] Hay una diferencia entre este planteo y el enfoque de muchos inventarios de capacidades, donde se comparan las respuestas individuales a un cuestionario con las respuestas de personas que ya trabajan en diversas actividades. La compatibilidad laboral compara el modelo motivacional de un individuo con los requisitos críticos para un puesto en particular, buscando determinar cuanta «compatibilidad» hay entre la persona y el puesto. No compara a la persona con otros porque el que una persona sea compatible con un trabajo no es relevante para determinar si otra en particular será compatible con ese trabajo.

Durante el primer semestre, los estudiantes adquieren un cuadro más completo de sus modelos motivacionales o, de ser necesario, aprenden el concepto de la idoneidad por primera vez y se determina su modelo de aptitudes motivadas. De la misma manera que en el curso de secundaria, la determinación del modelo puede hacerse en grupos de tres. Durante el primer semestre, de ser necesario, también se revisan y verifican las estrategias de aprendizaje de los estudiantes (véase más arriba).

En el segundo semestre, el curso examina las consecuencias de los modelos de los estudiantes, para ayudarlos a elegir un curso de postgrado, de modo que se imaginen en posibles carreras (en términos muy generales) y para elegir los cursos y profesores más apropiados. El curso además tiene la ventaja de beneficiar a los estudiantes al permitirles entender el porqué de sus reacciones emocionales fuertes hacia situaciones o personas, así como conocer las dinámicas motivadoras presentes en sus relaciones sociales. También les proporciona una oportunidad para examinar sus valores y su desarrollo espiritual.

En el último semestre del primer año, los estudiantes tienen que afrontar decisiones cruciales; se beneficiarán de un curso de dos horas semanales que les permita usar su MAP para discernir la carrera futura más factible. El curso incluye un análisis de las posibles carreras de postgrado, la identificación de posibles profesiones afines, posibles empleadores y hasta las regiones geográficas preferibles; la determinación tentativa de las «encrucijadas» que aparecerán en su carrera futura, como si se dedicará a algo general o será un especialista, un gerente o un colaborador, un trabajador de planta o administrativo, y así sucesivamente. También incluye una declaración escrita de su «compatibilidad ideal», la elaboración de planes para entrevistas de campo con personas que ya trabajan en profesiones afines y para la carrera que interesa al estudiante; e instrucción en las técnicas de búsqueda de trabajo, entrevistas, elaboración de su currículum, evaluación de ofrecimientos de trabajo y negociación de las condiciones de empleo.

- **Adultos.** La escuela proporciona libre acceso a recursos de instrucción y consejería para aquel alumnado que se equivocó de carrera. Esto implica que mantengan contacto activo y comprometido con sus graduados; aunque esta tarea no les compete solo a las escuelas. Pueden estimular a su alumnado a buscar ayuda mutua proporcionando los servicios administrativos y técnicos para apoyar una red de estudiantes, y también posibles redes con empleadores.

3. Programar la educación de los estudiantes en torno a sus aptitudes motivadas. En otras palabras, concentrándose en sus facultades y no en las capacidades que no tiene. Si un niño sobresale en la redacción, que se le brinden tantas oportunidades para escribir como sea posible; si un adolescente quiere sobresalir en la música, que tenga más oportunidades para recibir instrucción musical; y menos expectativas en los campos donde el estudiante tiene poca o ninguna motivación, o carece de aptitud.[4] *Solicite a*

---

[4] Todos los ciudadanos sin duda, necesitan algunas habilidades básicas para poder desenvolverse y contribuir a la sociedad: leer, escribir, hacer cuentas, expresarse con claridad, entre otras. Podríamos debatir cuál es el mínimo aceptable en cada uno de estos aspectos. Mi sugerencia apunta a que una vez obtenidos los conocimientos y destrezas básicos, deberíamos plantearnos si corresponde exigir más destreza y pericia en una tarea en particular o de una rama de conocimiento especial, si es motivación válida para el individuo. O sea, ¿le estaremos pidiendo que produzca resultados sin el «circuito» fundamental para conseguirlos? Si ese es el caso, no le hacemos ningún favor ni a él ni a la sociedad pidiéndole que sea «más aplicado». De hecho, posiblemente sea perjudicial. Podemos dejarlo con un sabor amargo para el aprendizaje, y además estamos obligándolo a concentrar su atención y energía en cosas que lo distraen de las que sí hace bien y que disfruta.

Algunas personas al recordar sus días estudiantiles dicen: «Nunca entendí para qué servía lo que tenía que aprender, pero ahora me sirve». ¡Maravilloso! Es un testimonio de su capacidad para usar y hallarle valor a la información aprendida hace muchos años. Muchas otras personas, sin embargo, evocan el pasado y dicen: «El noventa y cinco por ciento de mi educación fue una pérdida de tiempo. No aprendí nada hasta que dejé la escuela y comencé a vivir en el mundo». Eso también es un testimonio de la idoneidad, pero además nos revela que el sistema educativo nunca entendió cómo aprendían esas personas.

los profesores que obtengan una experiencia de logro de cada estudiante para todos los cursos.

4. Animar a sus alumnos a festejar el conocimiento de su idoneidad; a defenderla e identificarse con ella; a usarla productivamente en la vida cotidiana, tanto dentro como fuera de la escuela; a buscar ayuda cuando enfrentan dificultades para vivir de acuerdo con su modelo; a asumir responsabilidad del uso de sus talentos, incluyendo el uso impropio o excesivo que hagan de ellos de manera dañina; a proporcionar textos, historias o descripciones acerca de las carreras que se imaginan para ellos, de acuerdo a quiénes son, y cómo esas carreras contribuirán a su idoneidad.

Planificar y evaluar la eficacia global de la educación, con respecto a cómo contribuye a la vida del estudiante después de finalizar su instrucción educativa. Con ese fin, establecer un principio operativo principal: que la idoneidad y la dinámica de aprendizaje de los estudiantes sea la guía en la elaboración de nuevos programas de estudio. La eficacia de los cursos debe juzgarse en función de los logros que los estudiantes obtengan en dichos cursos.

5. Contratar nuevos profesores con idoneidad probada para la enseñanza: que hayan logrado que sus alumnos aprendieran en el pasado. (Otra alternativa sería pedirles que demuestren su capacidad en el aula. Las personas con auténtica idoneidad para la enseñanza la manifestarán casi inmediatamente. Incluso quienes tengan dudas demostrarán a los pocos días si pueden hacer que el aprendizaje tenga lugar o no.)[5]

6. Brindar recursos para ayudar a los profesores que no tienen la capacidad ni la motivación para enseñar a

---

[5] Es preciso evaluar el modelo de aptitudes motivadoras (MAP) de cualquier nuevo profesor que no parezca tener capacidad para enseñar.

encontrar nuevos empleos. Naturalmente, esto conlleva la evaluación de los verdaderos talentos de la persona y la ayuda para encontrar un trabajo idóneo para ella.

7. Nombrar supervisores, jefes de departamento, administradores y personal ejecutivo sobre la base de su idoneidad para las responsabilidades correspondientes.

8. Revisar los planes de retribución para mejorar la calidad de la enseñanza y obtener el mayor número de logros de la mayor diversidad de alumnos.

9. Hacer uso sustancial de la idoneidad de los estudiantes y sus padres para apoyar a los primeros con necesidades educacionales. Esto implica tutorías individuales y la organización de equipos de estudiantes que se sientan motivados a aprender en grupo.

Por ejemplo, los estudiantes muy creativos muchas veces no pueden aprender en una clase típica. Tienden a aprender haciendo, observando o experimentando, y si tienen que solucionar un problema, defender una postura, ganarles a otros o desempeñar un papel. Estos niños luchan académicamente cuando se enfrentan con los métodos normales de instrucción. Sin embargo, es posible ayudarlos en una sesión de discusión de ideas donde puedan proponer sus sugerencias para adquirir los conocimientos y destrezas de acuerdo con su estilo de aprendizaje preferido. De esa manera podrán hacer uso recíproco de la idoneidad de otros.

APRENDER EN FUNCIÓN DE LOGROS: ¿SERÁ EDUCATIVO?

Algunas personas pueden creer que la educación basada en la idoneidad no producirá el tipo de disciplina y esfuerzo que la enseñanza tradicional logran. En realidad, ocurre lo contrario. Cuando el joven está plenamente motivado, aprende con una pasión que asombra a la mayoría de los adultos. Solo piensen en el muchacho entusiasmado con su juego de química; o la niña que se pasa leyendo; o los actores en ciernes que se pasan todo el día y gran parte de la noche pensando en un próximo espectáculo; o el atleta que quiere triunfar y juega en la cochera encestando pelotas hasta bien entrada la noche.

Conozco educadores que harían cualquier cosa para hacer brotar las fuentes de energía y esfuerzo que estos ejemplos reflejan y que saben que sus estudiantes tienen. ¿Saben qué? ¡Los estudiantes también harían cualquier cosa! La llave que abre la puerta a la motivación es la idoneidad. La idoneidad les dice a los profesores dónde, cuándo y cómo empujar a un estudiante y pedirle un esfuerzo prodigioso. Cuando los profesores acceden a las cualidades de un estudiante, la respuesta puede ser muy superior al promedio de la clase y hasta impensada.

Si el profesor persiste en esta aptitud demostrada y le exige más rendimiento y mejores resultados, puede llevar al estudiante a niveles de comprensión y expresión cada vez más elevados, casi ilimitados. Cuando se activa el patrón motivacional de un estudiante, no es posible contenerlo dentro de los límites artificiales del aprendizaje genérico; él se mantendrá firme en su esfuerzo, explotando y aprovechándose de todo cuanto le brinde la recompensa motivadora que busca.

De vez en cuando, vemos este tipo de aprendizaje intensivo en el sistema escolar actual. Un maestro talentoso se conecta con la inclinación motivadora de sus estudiantes y de pronto todos se reaniman. Creemos que estos casos son excepcionales. Lo que sugiero es que no debería ser así. Si prestáramos más atención a la idoneidad de los estudiantes y de sus maestros, ¡nos asombraríamos de todo lo que se puede aprender!

Las escuelas pueden proveer un servicio continuo para determinar y registrar la idoneidad de cada alumno. Esa información sería la medalla de honor del estudiante. Se le podría festejar y rendirle honor; él lo daría a conocer a sus compañeros de estudio, sus profesores, sus padres, sus entrenadores, sus consejeros, a cuantos contribuyen a su educación; querría que todos supieran quién es, cómo aprende y la disposición única que trae a nuestro mundo.

Al graduarse del sistema, le ayudaríamos a transmitir esa información a sus potenciales empleadores, para que supieran dónde colocarlo, cómo dirigirlo y cómo conseguir que trabaje con dedicación.

> Si prestáramos más atención a la idoneidad de los estudiantes y de sus maestros, ¡nos asombraríamos de todo lo que se puede aprender!

Si todo esto parece demasiado utópico, es solo porque estamos muy desencantados con el sistema actual. Aceptamos que las personas vaguen de aquí para allá durante los primeros treinta años de su vida hasta que (ojalá) encuentran su «lugar en el mundo». Sin embargo, he visto demasiados casos individuales donde los elementos de mi propuesta han dado resultado. Si efectivamente resultó en algunos casos, no hay motivo para que no suceda igual en la mayoría de ellos.

¿Cómo hacemos para que resulte en más casos?

Liderazgo idóneo

En su libro tan penetrante *Visions of Grandeur* [Visiones de Grandeza], mi amigo Ralph Mattson señala que todos los líderes son agentes de cambio.[6] No se refiere al liderazgo de

---

[6] Ralph T. Mattson, *Visions of Grandeur: Leadership That Creates Positive Change* [Visiones de grandeza: el liderazgo que crea cambio positivo], Praxis Books/Moody Press, Chicago, 1994, p. 18.

notables, como si solo si contáramos con suficientes Thomas Jeffersons, Winston Churchills, o Martin Luther Kings Jr. en todos los puestos clave podríamos transformar al mundo.

El liderazgo tiene que ver con el cambio, y este es una *condición*. Los líderes surgen cuando la persona con el temple adecuado, en condiciones propicias, comienza a producir transformaciones sostenidas.

Esto es una buena explicación de por qué muchas propuestas para reformar la sociedad y sus instituciones terminan juntando polvo sobre un estante. Las ideas pueden tener mérito o no, pero no se implementan por otras causas. Fracasan porque no hay nadie con las aptitudes y motivación necesarias para ponerlas en práctica en el lugar propicio y en el momento oportuno. En otras palabras, mueren por falta de liderazgo. No de cualquier tipo de liderazgo, sino por falta de uno *idóneo*.

Piensen en nuestras escuelas. ¿Hace cuánto que la gente reclama reformas fundamentales en el sistema educativo nacional? ¿Cuántos expertos brillantes, perceptivos y bien documentados, han propuesto ideas creativas, visiones denodadas, programas innovadores y nuevas estrategias en un intento por mejorar el desempeño de las escuelas? Sin embargo, la mayoría de las veces el cambio ha resultado esquivo.

Sin embargo, si prestamos atención al diseño humano, entenderemos por qué. Quienes dirigen las escuelas, pienso en

> Muchas propuestas fracasan porque no hay nadie con las aptitudes y motivaciones necesarias para ponerlas en práctica en el lugar propicio y en el momento oportuno. Estas propuestas mueren por falta de liderazgo; por falta de liderazgo idóneo.

los administradores y en quienes determinan las políticas, obedecen a sus propios modelos motivadores. Nadie esperaría que hicieran otra cosa. Pero ¿qué pasa si el modelo del administrador lo predispone a mantener el estado actual en lugar de cambiarlo? En dicho caso, lo que otras personas consideran una «reforma», él considerará una molestia y una amenaza y opondrá resistencia a su ejecución.

Es cierto, es posible «apretarlo» y obligarlo a realizar el cambio. Pero solo se conseguirá un acatamiento a regañadientes, nada de reforma auténtica: el administrador no puede cambiar *quién* es. Genio y figura hasta la sepultura. Si está en su naturaleza resistir el cambio (lo que en algunas circunstancias no es malo), no tiene sentido (y sería injusto) hacerlo el hombre clave para el cambio.

Cero que el objetivo de la educación es equipar a los estudiantes para la vida y el trabajo. Concuerdo con el famoso educador Paul Gagnon en que la educación tiene tres vertientes: repercusiones en la eficacia futura de los estudiantes en el mundo del trabajo, los asuntos públicos y en su cultura privada.[7]

En la actualidad, la mayoría de las escuelas no hacen nada semejante. Si queremos que lo hagan, las escuelas deberían importar líderes que gracias a su *motivación propia* tengan la pasión y la energía para convertir a la educación en un proceso de equipamiento que conduzca a una vida productiva y plena. No alcanza con convocar a una reunión de directivas, de juntas o de otra cosa similar, promulgar un conjunto de objetivos nobles y esperar que los administradores valoren ese programa y lo pongan en práctica. No sucederá, no ha

---

[7] Paul Gagnon, «What Should Children Learn» [¿Qué deberían aprender los niños?], Atlantic Monthly, diciembre de 1995, p. 70.

sucedido de este modo porque *no puede* tener lugar sin las personas idóneas para llevarlo a cabo.

Hasta donde sea posible, deberíamos hacer nuevos nombramientos y redistribuir al personal para colocarlos en los puestos donde sus facultades serán más provechosas. Que una persona no sea agente de cambio no significa que no tenga nada para contribuir a la educación de la juventud. Debería hacerse un nuevo nombramiento en función de su idoneidad, sin humillarlo en el proceso.

> Solo la idoneidad inherente puede tener consecuencias importantes en el mundo.

Estos son elementos de la idoneidad que tienden a conformar a las personas para sus papeles de liderazgo. No es posible «entrenar» a la gente para que los tengan, solo es posible identificar a las personas que ya los tienen, y luego colocarlas donde serán más fecundos. Una cosa es cierta: no es posible llevar a cabo los cambios si no se cuenta con las personas idóneas para llevarlos a cabo. No es cuestión de «hacer lo mejor posible con las personas que tenemos». La única manera para lograr cualquier objetivo es mediante las personas idóneas para lograr dicho objetivo. Como siempre, solo la idoneidad inherente puede ser de trascendencia en el mundo.

Educadores que rindan cuentas

Si los educadores y los administradores rindieran cuentas de la preparación que les brindan a sus estudiantes para desarrollar una vida y un llamamiento relevantes a su disposición, nuestro proceso e historia educativa cambiaría de manera radical. El tiempo que puede llevar esta transformación depende. Posiblemente tome al menos una generación cambiar todo el sistema escolar, pero si algunas escuelas secundarias, comunitarias y preuniversitarias aceptaran esta idea ya la podrían poner en práctica.

Aunque el principal beneficiario será el estudiante, los maestros idóneos gozarán la recompensa de enseñar principalmente a aquellos que se entusiasman con la materia favorita del profesor.

¿A quién correspondería la tarea de producir las encuestas y otros métodos de control de la eficacia educativa para evaluar la experiencia docente y su valor a partir de los veinte y treinta años de edad? A la misma entidad o autoridad que se encarga de asignar los recursos financieros, ya sea un ente estatal, la junta de la escuela o la comisión de padres, en el caso de escuelas secundarias, preuniversitarias y universidades privadas. Con el tiempo, las mediciones se volverán más exactas y servirán para determinar las debilidades específicas de cada escuela que hay que atender, en el cuerpo de profesores, en el programa de estudios o en la administración.

> La sociedad finalmente se liberará de esta tautología paralizante que convierte al éxito académico en un fin en sí mismo.

La sociedad finalmente se liberará de esta tautología paralizante que convierte al éxito académico en un fin en sí mismo. La institución será responsable de la educación que produce resultados indudablemente determinantes en la vida adulta del estudiante.

Si los educadores tienen que tener un rendimiento aceptable para justificar su trabajo y retribución, algunos encontrarán la manera de obtener resultados. Otros deberán buscarse un trabajo más apropiado para ellos en otro lado. No hay lugar para cargos titulares vitalicios.

Políticas educativas coherentes con el diseño humano

Los líderes son decisivos, pero como alguien lo ha señalado, para ser un líder se necesita tener seguidores. Si no hay seguidores, uno no es un líder, independientemente del título y las credenciales que uno posea. Esta puede ser una realidad humillante, porque sugiere que los líderes pueden producir cambios solamente cuando las personas deciden cambiar. Sin el colectivo detrás de ellos, los así llamados líderes solo son voces clamando en el desierto.

El colectivo se expresa mediante políticas. Las políticas suelen establecerse formalmente en leyes, normas y pautas escritas; o informalmente aceptadas porque «así son las cosas». De cualquier modo, las políticas manifiestan y refuerzan el deseo del grupo.

En este mismo momento, muchas políticas de Estados Unidos operan en contra de los individuos y las instituciones y del mejor uso de su idoneidad. Por ejemplo, hace un instante mencioné la voluntad política y la inercia burocrática que se interponen en el camino de cambio en las escuelas. Son fundamentalmente una cuestión de políticas, lo que un observador describiría como el extraordinario entramado de leyes, normas y contratos que preservan el poder monopolista de los educadores regionales.

Estos impedimentos incluyen:

- leyes sobre habilitaciones estatales que solo permiten enseñar a las personas que han gastado miles de dólares y un sinnúmero de horas para obtener un título en la educación obsoleta;

- leyes que no permiten que las personas con dotes para la administración general pero sin entrenamiento exhaustivo en una institución educativa ocupen cargos tales como la superintendencia de la escuela;

- acuerdos producto de negociaciones colectivas que dictaminan la cantidad de estudiantes por clase y exigen igual paga para todos los maestros, sin tomar en cuenta la oferta y la demanda que haya para un cargo en particular y el nivel de rendimiento laboral;
- leyes laborales que hacen difícil la sustitución de empleados ineficaces.[8]

Es fácil comprobar cómo este clima mantiene a los administradores y maestros ineficaces en el sistema escolar y ahoga cualquier redistribución del personal de acuerdo a sus MAP. Si la sociedad quiere mejores escuelas, deberá cambiar las políticas que rigen el funcionamiento de las escuelas.

¿Qué políticas educativas son coherentes con la idoneidad?

- Políticas que exijan capacidad *probada* para enseñar y para otros cargos académicos, y no solo un certificado probatorio de la realización de un curso.

- Políticas que estimulen a los maestros a utilizar al máximo sus estilos de enseñanza, y a no conformarse con una manera establecida de dar la clase.

- Políticas que pongan la función administrativa en manos de personas con capacidad probada para la administración, y no a cargo de personas que han sobrevivido y trepado posiciones.

---

[8] James H. Snider «Education Wars: The Battle over Information-Age Technology» [Guerras en la educación: la batalla por la tecnología en la era de la información] The Futurist, mayo-junio 1996, pp. 26-27. Snider es un ex miembro de la junta de la escuela y catedrático en la Northwestern University. El propósito de su artículo es proponer usos más eficaces de las tecnologías para fines educativos. Sin embargo, como él lo plantea a grandes rasgos, hay políticas atrincheradas y entrelazadas que representan una barrera impresionante al cambio.

- Políticas que recompensen el rendimiento de los empleados y no solo la antigüedad.

- Políticas que además de tomar en consideración el rendimiento del estudiante según pruebas estandarizadas, evalúen dónde se encontrará dentro de cinco, diez o hasta veinte años después de dejar la institución, y las repercusiones que la escuela haya tenido sobre eso.

¿Es posible implementar este tipo de políticas? Sí, pero posiblemente a un alto costo. Soy reacio a intentar legislar el cambio, pero dudo que se puedan cambiar las políticas que gobiernan el funcionamiento de las escuelas sin el trago amargo de una lucha política. En realidad, esa lucha ya está encaminada y posiblemente se recaliente considerablemente en los próximos años. Sin duda que van a rodar algunas cabezas. Por otro lado, también es posible que seamos testigos de una revolución sin heridos donde se permitan nuevas alternativas para la educación y las escuelas tradicionales se vean obligadas a competir, y como resultado aprendan a satisfacer el «mercado» o seguir la misma suerte que las vías ferroviarias.

Capítulo Once

La transformación de la religión

¡Amo a la iglesia![1] Sin embargo, es necesario que cambie radicalmente la idea que tiene de la razón de su existencia, entre muchas otras cosas porque *no* tiene nada que ver con la iglesia. En lugar de estar a la vanguardia de la sociedad, parece quedarse en los flancos. La iglesia ha olvidado mucho el porqué de su existencia. Tiende a definir su propósito en función de sus necesidades e intereses institucionales, y a organizar a sus miembros en torno a ese objetivo. Pero la acción no está en la institución. El Señor de la iglesia no está en la institución, sino en las personas, y estas trabajan afuera en el mundo.

> Es necesario que la iglesia cambie radicalmente la idea que tiene de la razón de su existencia, entre muchas otras cosas porque no tiene nada que ver con ella.

Con ese fin nos ha dotado y llamado a una vida de amor sacrificado, que se derrama por medio de un llamamiento justo en una acción constante de culto y adoración. Creo que su intención es

---

[1] Me veo obligado a limitar mis comentarios a las instituciones cristianas, dentro de mi tradición. Espero que los líderes de otras religiones traduzcan mi razonamiento al lenguaje de su propia fe y transfieran mis sugerencias a la administración de sus propias instituciones.

transformar al mundo mediante el trabajo de sus santos. Y esa es la misión de la iglesia: producir trabajadores santos.

CÓMO PRODUCIR «TRABAJADORES SANTOS»

¿Cómo puede la iglesia (incluyendo las denominaciones, las congregaciones locales, los seminarios y los ministerios vinculados a las iglesias) cumplir esa tarea? La única manera es mediante la dedicación y la santificación de la idoneidad de su pueblo para servir al mundo. Algunas sugerencias:

Desarrollar una Teología del diseño humano

Este libro abre las puertas a ese proyecto; sin embargo, las personas con talento para la investigación y el pensamiento teológico necesitan investigar la base bíblica de la idoneidad para que el entendimiento de la iglesia esté de acuerdo con la Escritura. También necesitan estudiar la historia de la idoneidad y los aportes cristianos al tema en el transcurso de los siglos. A este respecto, la cuestión de los dones espirituales» necesita una revisión a fondo (véase también el capítulo 7).

Enseñar el diseño humano en los seminarios

Las materias del diseño humano están relacionadas con casi todos los aspectos de la discusión teológica.[2] También

---

[2] Por ejemplo: la persona de Dios (teología propiamente dicha); el diseño de Cristo (cristología); el papel del Espíritu Santo para cumplir la obra de Dios mediante la idoneidad humana (neumatología); el pecado y el «lado oscuro» de la motivación (hamartiología); la gracia de Dios expresada en nuestra vida cotidiana (soteriología); la manera como el diseño hace a los humanos distintos de los ángeles (angelología); el papel de la iglesia para cultivar los dones y proveer los recursos de su pueblo (eclesiología); y el propósito final que nuestros esfuerzos y dones buscan alcanzar, para que la voluntad de Dios se cumpla «en el cielo como en la tierra» (escatología).

encuentran su lugar en el programa de cuidado pastoral: para entrenar a los futuros pastores a identificar la idoneidad de las personas y el uso primario de aquella para pastorear a los fieles.

Admitir personas con idoneidad probada al seminario

> Que alguien diga que ha sido «llamado» para la obra cristiana vocacional no debería ser motivo suficiente para considerarlo un candidato a la preparación. La pregunta más importante es si Dios lo ha equipado con los dones requeridos para esa obra.

Los hombres y las mujeres deberían ser admitidos a los seminarios sobre la base de su idoneidad probada para las exigencias críticas del trabajo futuro que quieren desarrollar, y no solo debido a un «llamamiento» subjetivo al ministerio. No me voy a poner quisquilloso con la idea de un llamamiento especializado para el ministerio, solo diré que no es suficiente. Que alguien diga que ha sido «llamado» para la obra cristiana vocacional no debería ser motivo suficiente para considerarlo un candidato a la preparación. La pregunta más importante es si Dios lo ha equipado con los dones requeridos para esa obra. Si no fuera así, ese no es su lugar; ha entendido mal su «llamamiento» porque Dios nunca llama a una persona a hacer algo sin dotarlo con la capacidad para llevarlo a cabo. En efecto, la capacidad es una de las claves primarias para conocer el llamamiento de Dios para nosotros.

Si antes de su admisión o después de matricularse los seminarios hicieran el «perfil» de los estudiantes (evaluación de su modelo de aptitudes motivadas o MAP), harían una contribución valiosa al servicio de los líderes de la iglesia. Podrían orientar a los estudiantes hacia trabajos o ministerios más indicados, aumentando considerablemente su productividad y satisfacción.

Si esto parece muy trabajoso, considere cuántos más problemas provienen de admitir personas que no sirven para el ministerio.[3] Piense, también, cómo sería posible mejorar la eficacia de la preparación de los seminarios si se conociera el perfil de motivación de cada estudiante. (Para entender por qué, véanse mis conclusiones anteriores sobre las repercusiones de la idoneidad en el trabajo y la educación.)

Identificar la motivación de los actuales líderes de la iglesia[4]

Acabo de señalar que la misión de la iglesia es producir santos trabajadores. Sin embargo, la evidencia acumulada sugiere que nuestras iglesias hoy en día no inspiran a los santos

---

[3] En la actualidad, los procesos de admisión a los seminarios prueban la capacidad de los candidatos para el estudio en un seminario, no para desarrollar la actividad de su vocación para el ministerio. Como cualquier otra institución de estudios terciarios, los seminarios consideran entre otras cosas los escritos, las licenciaturas y los cursos, y las referencias de profesores. Esta evaluación, aunque inexacta o no relevante, supuestamente permite a la escuela decidir si el candidato está capacitado para estudiar en un seminario educativo.

[4] Es de suponer que la mayor parte de los cargos ministeriales se analizaron bien, y que es fácil determinar los requisitos para cada cargo en particular. Los seminarios pueden recolectar esa información y armar una sencilla base de datos con los cargos para orientar o encauzar a los estudiantes en la elección de sus carreras.
Por ejemplo, todos sabemos que un pastor con trayectoria tiene como una de sus tareas fundamentales predicar y enseñar. Por lo tanto, la persona encargada de la admisión debería cotejar las actividades de logros del candidato y preguntarse: ¿Qué indicaciones hay que esta persona disfruta y se comunica verbalmente bien con grupos? ¿Qué ejemplos hay de que haya enseñado a otros? ¿Parece tener cualidades comunicativas, para dar explicaciones, persuadir, promover o inspirar? ¿Qué cosas en su perfil muestran que le interesan los conceptos, las palabras, los principios, los valores y los grupos?
No es posible hacer un juicio definitivo del MAP de la persona con ese ejercicio; para eso se requiere una historia de logros completa y una evaluación de sus motivaciones. Sin embargo, si el individuo tiene don para la predicación y la enseñanza, el ojo entrenado lo detectará en este primer enfoque. Si no hay nada entre los logros que sugiera que la persona se comunica bien con grupos, eso no significa que no sirve para alguna otra forma de servicio cristiano vocacional; pero sí es un argumento sólido para no admitirlo con el propósito de entrenarlo para ser un ministro. Hacerlo sería injusto. Al menos, sería necesario hacer el «perfil» antes de que se gradúe del seminario.

trabajadores, aquellas personas espiritualmente vivas y particularmente eficaces en sus actividades cotidianas.

Una encuesta reciente encontró que menos del uno por ciento de los pastores consultados estaba de acuerdo con que si Cristo volviera hoy a la tierra, diría que la iglesia se caracteriza por estar realizando una «obra formidable y muy eficaz». En cambio, cincuenta y tres por ciento cree que la iglesia «tiene muy poco impacto positivo en nuestras almas».

«No creo que ningún pastor verdaderamente comprometido con el evangelio pueda considerar la situación de Estados Unidos y afirmar que se está haciendo una revolución en el país», comentó uno de los ministros consultados, líder de una congregación mediana en Alabama.[5]

¿Por qué? Efesios 4 deja bien claro que Dios ha puesto en la iglesia a determinadas personas con los dones precisos para equipar a los santos para su obra. Por lo tanto, si una congregación no produce estos santos trabajadores, esto sugiere carencia de la idoneidad para producirlos, tal vez porque está ausente.

No se trata de buscar culpables. Se trata de determinar si está presente la idoneidad correspondiente a la tarea. Así como las escuelas necesitan maestros idóneos para que tenga lugar el aprendizaje, las iglesias necesitan pastores y otros líderes idóneos para favorecer el crecimiento espiritual.

A pesar de esto, el informe muestra que muchas iglesias están a cargo de pastores sin esa idoneidad. En su fascinante

> Las iglesias necesitan pastores y otros líderes idóneos para favorecer el crecimiento espiritual.

---

[5] George Barna, *Today's Pastors* [Los pastores de hoy], Regal Books, Ventura, CA, 1993, pp. 57-60.

estudio, *Today's Pastor* [Los pastores de hoy], el investigador George Barna nos informa que solo cincuenta y dos por ciento de los pastores con experiencia reconoce tener el don de la predicación o la enseñanza. Seis por ciento de los pastores dijeron que ¡no tenían idea de cuáles eran sus «dones espirituales»!

De acuerdo con Barna, «Estos números nos llevan a la conclusión de que esperamos que los pastores hoy a cargo de nuestras iglesias se comuniquen y relacionen a nivel individual y con grupos de personas, pero no necesariamente con consideraciones estratégicas en mente».[6] ¡Qué cierto! Muchos pastores y sus congregaciones parecen simplemente «ir a la iglesia» por rutina, porque sí, con poca o ninguna pasión o propósito en lo que hacen, ninguna llama ardiente de misión o plan de acción inteligente que sea trascendente en el mundo.

> Pocos males son peores que la incompatibilidad laboral. Que la iglesia la permita en el seno de sus instituciones es doblemente malo, porque la iglesia debería saber más basada en la Escritura.

A esto se le agrega el hecho de que *solo seis por ciento de los pastores con trayectoria cree que tiene don para el liderazgo*,[7] y creo que es indudable que la iglesia solo se beneficiará si sus líderes tienen un claro entendimiento de cómo Dios los ha dotado para su servicio.

---

[6] *Ibid.*, pp. 121-22. Me resulta interesante la lista de dones que Barna no considera dones espirituales. Si bien es cierto que estas funciones no se encuentran en la lista de dones del Nuevo Testamento, nuestros estudios de la idoneidad personal muchas veces nos muestran alguna expresión de estas capacidades en el comportamiento motivacional de las personas.

Por lo tanto, no me sorprende que un pastor sienta que tiene el don para la visitación en hospitales, o para cocinar. Posiblemente sea así, y debería usar ese don.

[7] *Ibid.*, p. 122.

La transformación de la religión 249

Como cristianos, nos estamos perjudicando seriamente si nombramos y mantenemos en el liderazgo a personas que no cuentan con las cualidades y la motivación necesarias. A la luz de esto, la siguiente sugerencia es bastante obvia.

Redistribuir a los ministros, los misioneros y otros líderes de la iglesia que no tengan los dones necesarios para cumplir el ministerio encomendado

Pocos males son peores que la incompatibilidad laboral. Que la iglesia la permita en el seno de sus instituciones es doblemente malo, porque la iglesia debería saber más basada en la Escritura.

Lo que quiero decir es que deberíamos analizar el perfil de motivaciones de los trabajadores cristianos vocacionales, el diseño humano que Dios les ha provisto. Deberíamos analizar los requerimientos críticos para las funciones ministeriales, los aspectos de la tarea indispensables para cumplir con la función. Luego habría que evaluar si la persona es la indicada para el trabajo que desempeña. Si así no fuera, sin perder tiempo habría que encontrarle otro lugar de servicio más apropiado, por su salud y la del reino de Dios.

Quizás todavía pueda servir en el trabajo cristiano vocacional, pero en otro lugar. Sin embargo, también puede ser que el mundo esté sufriendo demasiado porque escondemos su lámpara debajo de un cajón sin santificar.

Predicar y enseñar acerca del diseño humano en la iglesia local

Apenas me animo a sugerir la predicación sobre el diseño humano, no sea que alguien la transforme en algo académico. Los pastores con inclinaciones hacia lo teórico pueden hacer justamente eso, ¿sabe?

De todos modos, hay una verdad teológica y práctica con respecto al diseño humano que cada cristiano tiene derecho a conocer y *celebrar*. Por eso, si fuera pastor, le plantearía a mi congregación que Dios tiene un interés *personal* en ellos como individuos únicos. Les explicaría que Dios los ha equipado para un propósito, con ejemplos de personas que en la Biblia y en la historia fueron dotadas para cumplir una tarea en particular. Podría nombrar o señalar los dones que manifiestan las personas de mi congregación, no para destacar a una persona en particular sino para alabar a Dios por su arte y para reafirmar lo que es bueno. Haría continua referencia a los pasajes de la Escritura que hablan de la excelente habilidad de Dios para crearnos como seres humanos individuales, y las consecuencias de esa verdad (véase el apéndice C, «La base bíblica de la idoneidad»).

> Si como pastor puedo comprender la idoneidad de una persona, tengo muchas pistas acerca de su forma de relacionarse con Dios, de persona a Persona. Incluso puedo tener una idea de los pecados que se sentirá más tentado a cometer.

Identificar las facultades y los modelos de motivación de los miembros de la iglesia, para usar esa información como herramienta estratégica en el cuidado pastoral

Si como pastor puedo comprender la idoneidad de una persona, cuento con una herramienta poderosa para satisfacer sus necesidades espirituales. Sé cómo aprende; sé lo que le importa; conozco la dinámica de su motivación; entiendo cómo se relaciona con los demás; sé las cosas que lo apasionan, que liberan su energía y lo que necesita para mantenerse motivado.

La transformación de la religión

Tengo muchas pistas acerca de su forma de relacionarse con Dios, de persona a Persona, e incluso puedo tener una idea de los pecados que se sentirá más tentado a cometer.

En realidad, si combino toda esa información con su historia de vida, puedo prever a grandes rasgos la dirección de su existencia.[8] Puedo ayudarlo a definir y articular su propósito. Puedo ayudarlo a interpretar los acontecimientos de su vida, para que adquieran sentido. Puedo hasta casi predecir cómo sobrevendrán sus «depresiones», así como sus victorias.

Por supuesto, este tipo de cuidado pastoral requiere tratarlo como individuo. ¿O sea que necesita un miembro del ministerio tratándolo siempre de persona a persona? No necesariamente. Puede ser un laico con talento para esa función, o que la persona participe de pequeños grupos formados para el desarrollo espiritual individual (presididos, por supuesto, por una persona idónea para producir desarrollo espiritual).

Asignar los puestos de ministerios relacionados con la iglesia en correspondencia con la idoneidad de los voluntarios

Una vez identificados los modelos de motivaciones de las personas, será fácil encontrar los voluntarios con el MAP más idóneo para cubrir el servicio (si los requerimientos críticos de esas oportunidades de servicio han sido también debidamente identificados.)

Esto no significa que todos los miembros de la iglesia debieran ofrecerse como voluntarios para los programas. Significa que evidentemente algunas tareas deben llevarse a cabo porque

---

[8] Bill Hendricks presenta unas dos docenas de ejemplos de estos principios en su libro *Exit interviews: Revealing Stories of Why People Are Leaving the Church* [Entrevistas de bajas: historias reveladoras de por qué la gente deja la iglesia], Moody Press, Chicago, 1993.

se relacionan directamente con los programas y propósitos de la institución. Los voluntarios para estos puestos deberían reclutarse sobre la base de su idoneidad para la tarea (no por sentimiento de culpa o buena voluntad).

> Los voluntarios para puestos en la iglesia deberían basados en de su idoneidad para la tarea (no por sentimiento de culpa o buena voluntad.)

Toda función vinculada a la iglesia debería ser desempeñada por la persona adecuada para la tarea: lectores idóneos para leer la Escritura, personas que se interesan por las palabras y la expresividad; maestros idóneos para la escuela dominical, personas que saben favorecer el aprendizaje; personas interesadas en los números para encargarse de la contabilidad, alguien que le gusta ver una fila ordenada de cifras exactas.

En todos lados, en cualquier función, todo debe reflejar la gloria de Dios, aunque sea algo tan «mundano» como el mantenimiento del edificio o el hacer y servir café. Dios merece la excelencia: seleccione a las personas que por su naturaleza tomarán su tarea en serio y con gozo.

Si usted es pastor, *no* haga cosas que ni su congregación ni sus ayudantes tienen el don para hacer; o al menos deje de insistir. Si Dios está de veras interesado en ellas, si efectivamente quiere que se hagan, confíe que él proveerá la persona indicada para que se ocupe. No aburra a Dios ni se aburran mutuamente con esfuerzos ineficaces, sin gracia y sin vida. Estimule la alegría, la frescura y lo que honra a Dios.

Derribar las paredes entre lo «secular» y lo «sagrado»

En el Nuevo Testamento no hay diferencia entre lo «sagrado» y lo «secular». Esa dicotomía tiene origen pagano. El Señor de la Escritura es Señor de todo; nada cae fuera de su interés y soberanía. Por lo tanto, los asuntos y actividades que tienen lugar fuera de las cuatro paredes del templo (cosas «seculares» como la estrategia y planificación comercial, conflictos con los supervisores, las ideas de un profesor universitario o los pañales sucios) merecen tanta consideración como las que tienen lugar dentro de la estructura (la oración, las actividades misioneras, la Santa Cena y los himnos).

> Si usted es pastor, no haga cosas que ni su congregación ni sus ayudantes tienen el don para hacer; o al menos deje de insistir.

Muchos líderes en las iglesias deberán adoptar una nueva manera de pensar. Una manera de fomentarlo sería que los pastores y maestros pasaran más tiempo en el mundo «secular» del trabajo, para apreciar lo que las personas tienen que enfrentar y poder así comprender mejor lo que significa cumplir el llamamiento personal en ese ambiente.[9]

Considerar la diversidad de idoneidades personales en la práctica de la verdad espiritual

A los predicadores les gusta terminar sus sermones con algún tipo de llamado a la acción. Con frecuencia, tienen un comportamiento específico en mente.

Sin embargo, necesitan reconocer que lo que conciben

---

[9] Es irónico que el pastor en su mundo tenga que afrontar problemas semejantes a los que experimenta su congregación. Los retos que enfrenta con respecto a la concurrencia a la iglesia, los presupuestos, los conflictos, las reparaciones del edificio, la administración del personal, el reclutamiento de líderes, dificultades y eficacia del personal, no son muy distintos. La diferencia está en que considera estos problemas como asuntos importantes para Dios porque no los enfrenta desde la óptica del diario vivir, sino desde la perspectiva de su llamamiento.

como la manera ideal de poner en práctica la verdad está muy influida por su perfil de motivaciones. Les garantizo que la mayoría de las personas practicarían la verdad de manera diferente si pudieran hacerlo a su manera.

Proporcionar diversas maneras de aprender en la iglesia, porque no todos aprenden igual

¿Tengo permiso para hablar lisa y llanamente? Muchos pastores entraron al seminario y les fue bien ahí porque aprenden escuchando conferencias. Por el contrario, la mayoría de los laicos no aprenden con conferencias, sino con experiencias, actividades, discusiones u observaciones. Sin embargo, deben sentarse todas las semanas y escuchar a un pastor acostumbrado a dar conferencias.

¿Qué hacen entonces? Lo mismo que hacían en la escuela: se dispersan, sueñan con los ojos abiertos; algunos se duermen.

Los pastores pueden criticar su falta de atención y tildarla de «falta de compromiso», pero el problema no tiene nada que ver con el celo que estas personas sienten por el Señor.[10] Tiene que ver con su manera de aprender: sencillamente ¡no aprenden escuchando!

También tiene que ver con la manera de enseñar. Es posible que el noventa y nueve por ciento de los pastores con experiencia

---

[10] Según el informe de Barna treinta por ciento de los pastores culpan a «la falta de compromiso de los laicos» como su mayor frustración en el ministerio. Con esto quieren decir «una falta (por parte de los laicos) de compromiso con la fe; que los creyentes no asumen su responsabilidad de ministrar, confusión con respecto a lo que conlleva interesar a otros en la fe; desencanto con los miembros más antiguos, quienes parecen los menos entusiastas en el ministerio; la dificultad para conseguir voluntarios para ayudar en la iglesia, y el desafío de mantener un compromiso a largo plazo.»

Es fácil comprobar que esta «falta de compromiso» es una cuestión de motivación más que una cuestión espiritual. Sin embargo, como los pastores tienden a entender todo en términos espirituales, diagnostican estos males como una supuesta falta de compromiso espiritual.

> Los predicadores necesitan reconocer que lo que conciben como la manera ideal de poner en práctica la verdad está muy influida por su perfil de motivaciones. Les garantizo que la mayoría de las personas practicarían la verdad de manera diferente si pudieran hacerlo a su manera.

deba predicar, pero Barna encuentra que ¡apenas la mitad de ellos cree que tiene el don de la predicación! (¡Y vaya uno a saber cuántos que creen tenerlo efectivamente lo tienen!)

A pesar de estos datos, las iglesias —y en especial las iglesias protestantes— han convertido el sermón en el principal medio de instrucción. Los resultados hablan por sí solos.

Me gusta escuchar un buen sermón; pero está claro que las iglesias serían mucho más eficaces para ayudar a los adultos a aprender si enseñaran de diversas maneras, incluso durante el culto matutino dominical.[11]

A algunas iglesias que han intentado hacer justamente eso se las critica por ofrecer entretenimiento en lugar de edificación y adoración. Puede ser cierto en algunos casos, o mera envidia en otros. Pero ¿cómo podemos estar seguros? Como siempre, la pregunta correspondiente para evaluar la eficacia de la educación es determinar si los alumnos aprendieron algo. ¿Demuestran conocimiento o habilidad que no estaba presente antes de recibir instrucción?

---

[11] Una idea para considerar la puesta en práctica de esta sugerencia: de acuerdo con nuestra experiencia después de evaluar a miles de personas durante cuarenta años, hemos encontrado que la gran mayoría de los adultos (por encima del sesenta por ciento) prefieren aprender haciendo, probando o experimentando algo. Para las iglesias, esto sugiere que si queremos que «retengan» algo, la mayoría de sus miembros necesitan un entorno más interactivo para aprender.

Cualquiera sea el método que una iglesia elija para enseñar a sus miembros (la lectura de la Escritura, los himnos tradicionales, la música contemporánea, los testimonios, el arte dramático, la proyección de diapositivas o de videos, las danzas litúrgicas, las conferencias, los grupos de reflexión, los proyectos de servicio, excursiones al aire libre, la lista de posibilidades no tiene límite), debe *usar* personas idóneas para desarrollar esas actividades si quiere que sus miembros aprendan. De lo contrario, estos intentos serán solo artilugios.

Resolver los conflictos y los problemas entre personas tomando en cuenta la idoneidad como elemento causal

Muchas veces se pasa por alto en las trifulcas sociales que surgen en todas las congregaciones el hecho de que las personas se relacionan entre sí en función de quiénes son. Se relacionan mediante sus MAP.

Intentar resolver estos conflictos aludiendo a las personas que están «bien» y están «mal» es inevitablemente contraproducente. No es que no haya cosas que están bien y otras mal. Por supuesto que las hay, y en ocasiones la gente puede estar completamente equivocada. Pero las personas se relacionan entre sí en

> Cuando surgen conflictos personales en una congregación, los pastores y otros líderes necesitan resistir la tentación de buscar inmediatamente causas «espirituales». En cambio, deberían preguntarse: ¿cuál es la inclinación motivacional de las personas que tienen problemas entre sí?

función de sus MAP, y si no tomamos en cuenta quiénes son y cómo Dios las ha hecho, no hacemos nada para ayudarlas a llevarse bien con los demás. Solo las condenamos.

Cuando surgen conflictos personales en una congregación, los pastores y otros líderes necesitan resistir la tentación de buscar inmediatamente causas «espirituales». En cambio, deberían preguntarse: ¿cuál es la inclinación motivacional de las personas que tienen problemas entre sí? ¿Qué quieren conseguir con todo lo que hacen? ¿Qué papel desempeñan los demás en sus intenciones? ¿Qué incompatibilidades hay en la relación de idoneidades de las personas involucradas?

Este enfoque permite solucionar muchos conflictos, con una simple recomposición de los jugadores, que les permita satisfacer sus respectivas necesidades motivadoras en vez de frustrarlas. En realidad, el conflicto puede conducir a relaciones mejores y más íntimas en el seno de la iglesia porque los integrantes pueden apreciarse y valorarse recíprocamente como personas. Y si hubiera factores espirituales implícitos, la mejor manera de encontrarlos es prestar atención a la idoneidad, porque revela si alguien está sucumbiendo al «lado oscuro» de su modelo. Llegamos así al siguiente punto.

Desafiar a las personas para que sepan cómo sus dones pueden servir al mal

Ya vimos en el capítulo 8 que todos los modelos tienen su lado oscuro. Las mismas facultades que nos habilitan para el servicio provechoso pueden convertirse en los medios para pecar contra el Señor y otras personas. Solemos pensar que el pecado es una expresión de debilidad moral. Pero creo que si uno analiza los pecados más atroces cometidos por la gente, casi siempre son formas corruptas de los mismos dones que, por lo general, producen mucho bien. Solo piense la pasión y energía con que un abogado puede defender a un criminal. Luego imagine el mismo potencial dirigido hacia su familia, de la que puede aprovecharse de la peor manera. Piense en el carisma arrollador que una actriz con talento puede ejercer en su público y luego considere cómo puede usar ese mismo encanto para manipular y conspirar para llegar a la cúspide de su profesión.

> Si uno analiza los pecados más atroces cometidos por la gente, casi siempre son formas corruptas de los mismos dones que, por lo general, producen mucho bien.

Las iglesias necesitan hacer una advertencia con respecto a la idoneidad. Necesitan advertir a sus miembros sobre la tentación de usar sus facultades para servir al pecado. Deben enseñar a la gente a poner sus dones bajo el señorío de Cristo y a ejercerlos con espíritu de sacrificio. Parte de morir al yo es *abstenerse* de usar los talentos en acciones impropias o indebidas. Junto con el resto de nuestra vida, debemos depositar nuestros dones en el altar como el «sacrificio vivo» que el Nuevo Testamento nos invita a ser.

Animar a las personas a formar y participar de pequeños grupos de afinidad, especialmente en torno a sus intereses vocacionales, experiencia y problemas

Hace tiempo que se reconoce el valor de los grupos pequeños como instrumento eficaz para cultivar el crecimiento personal y espiritual. Lo que todavía no se reconoce es por qué estos grupos son tan provechosos: tocan las fibras íntimas de la persona. En los grupos pequeños, hay muchas más oportunidades para que los individuos expresen sus inclinaciones únicas y se beneficien de la contribución de los demás.

Gracias a la discusión, la celebración, el enfrentamiento, la oración, la responsabilidad, la solución de problemas y el aprendizaje en grupo, los miembros tienden a armonizar las idoneidades respectivas.

El diseño humano afecta la vida de la comunidad cristiana de muchas otras maneras. Pero creo que las ya mencionadas son más que suficientes para que cualquier líder de la iglesia reflexione y las ponga en práctica (eso espero). Al considerar estas ideas, deseo que note que no hay nada contrario a ninguna creencia o doctrina básica del cristianismo ortodoxo. Reconozco que puede parecer una manera novedosa de trabajar con la gente, pero considero que es un retorno a un entendimiento justo de las personas y no una desviación. Si alguna vez la iglesia necesitó volver atrás en sus pasos es ahora, porque el mundo, más que nunca, necesita personas con vitalidad espiritual.

Tome en cuenta los beneficios que la iglesia y sus miembros podrían disfrutar:

La compatibilidad laboral del pastor o pastores y del cuerpo eclesial tiene mucha incidencia en el cumplimiento de las metas y objetivos espirituales, financieros y administrativos de la iglesia y sus líderes.

Los laicos (y el personal profesional) deben comprometerse y participar como miembros activos y dedicados de la iglesia porque:

- encontraron un propósito para su vida;
- integraron su fe con el resto de su vida;
- aprendieron a conocer y amar a Dios de manera tal que les permite vivir y desarrollarse;

- solucionaron molestos y destructivos problemas relacionales, financieros y vocacionales que amenazaban su tranquilidad;

- se rebelaron contra y vencieron los pecados y malos pensamientos y acciones provocados por la mala utilización de su idoneidad;

- tienen valor para comenzar una vida nueva, seguir un llamamiento nuevo, tener nuevas relaciones y establecer nuevas prioridades;

- construyeron familias saludables y desarrollaron carreras productivas y fecundas;

- encontraron un trabajo de servicio y ministerio dentro de la iglesia a qué dedicarse y asumieron un papel activo en el cuerpo local de Cristo.

Capítulo Doce

Para comenzar el proceso de transformación

Cambiar los pilares de la sociedad de la manera fundamental descrita en los tres últimos capítulos es un camino largo y penoso, «inviable e impracticable» dirá si usted es pesimista (o si se considera una persona realista). Necesitamos un «gancho», una razón arraigada en el interés propio de quienes hoy mandan, para conseguir el tipo de acción propuesta. La familia como «institución» tiene un interés vivo e inherente en este asunto de la idoneidad, sea la cabeza una madre o un padre, o ambos.

LA FUERZA DE LA FAMILIA

Sería fácil conseguir el apoyo de las familias con niños en edad escolar, para reformar la educación. De hecho, la familia bien pudiera ser la *única* unidad de la sociedad con un interés inherente en el bienestar de sus hijos, porque desea prepararlos para tener éxito en la vida.

No hay lugar en el mundo donde, después de presentar nuestros hallazgos, los hombres y las mujeres no se acerquen para pedirnos ayuda para sus hijos (preadolescentes y jóvenes). Resulta claro que hay una preocupación seria y permanente por parte de los padres con respecto a la formación de sus hijos y a la ausencia de una visión de carrera. La mayor parte de las veces, los pedidos de ayuda provienen de padres. Las críticas a la orientación vocacional que reciben los muchachos son severas, frecuentes y mordaces.

Esta preocupación de los padres parece ser universal; ciertamente podría coordinarse para forjar el cambio en los sistemas educativos vigentes. Esto sería especialmente cierto si las dinámicas de aprendizaje y las necesidades educacionales de los muchachos hubieran sido identificadas y se aguardara la respuesta de la escuela.

Sé de maestros que suelen quejarse porque muchos padres no desean participar seriamente del análisis del rendimiento de sus hijos; pero si la discusión fuera más afín con las necesidades específicas de los jóvenes, creo que la motivación de los padres aumentaría. En otras palabras, si los padres entendieran qué, cómo y por qué sus hijos están motivados a aprender, creo que las reuniones de padres y maestros serían mucho más concurridas y más productivas.

La clave es siempre la motivación: la motivación de los maestros, la motivación de los padres y, por supuesto, la motivación del estudiante. Si la familia puede identificar claramente y en detalle las dinámicas de aprendizaje de su hijo, cada uno de sus miembros cuenta con un programa de acción para el año académico. La cuestión es no suponer que la maestra sabe más y resistir activamente a la escuela que insiste en adaptar al estudiante al sistema educativo vigente.

Posiblemente, la estrategia más efectiva para una familia es explicar a cada maestra la historia de logros del estudiante y su patrón de idoneidad, y pedirle a la maestra que cree las condiciones propicias para que su hijo consiga logros. Ofrecerse a colaborar con la maestra para crear esa oportunidad sería, sin duda, una buena política.

La familia puede acabar con mucho del misterio y la inseguridad presentes en el laberinto educacional, sirviendo como fuente de información de sus jóvenes y una fuerza que busca el rendimiento creativo de los maestros. En fin, la familia tiene razones de peso para exigir que las escuelas proporcionen una educación significativa para sus hijos. Está en juego el fundamento para la vida: el fundamento de sus hijos y la vida de ellos.

Depender de las familias es sumamente importante por las repercusiones que tendrá en el mundo laboral y religioso, donde los miembros de la familia también tienen una injerencia personal.

Conforme a nuestra experiencia en el mundo industrial y religioso, es posible que las familias puedan incorporar su entendimiento de la idoneidad y el diseño humano a los papeles que desempeñan como empleados y miembros de una iglesia.

Pero ¿qué pasa con los miembros de la comunidad que no constituyen familias con hijos? ¿Dónde podemos encontrar la motivación en la comunidad para ayudar a los que la organización familiar no los alcanza?

LA FUERZA DE LA COMUNIDAD

La mayoría de los problemas más graves que afectan a las personas en la comunidad radican en una sola causa: son personas que no encajan en nuestro mundo tal como opera en la actualidad. Están quebrantadas; se ahogan; no lograron lo más mínimo o fueron dejadas de lado; sus vidas no tienen ningún sentido aparente; perdieron el tren (o las bajaron del tren) y no saben cómo volverse a subir o tampoco saben si realmente quieren volverse a subir aun si pudieran. Para ellas la comunidad «está podrida».

Considere lo siguiente:

- desempleados acérrimos
- abandono escolar
- analfabetismo juvenil extendido
- pandillas juveniles violentas
- sociedad de beneficencia
- embarazos en la adolescencia
- adicción a las drogas y el alcohol
- crimen y reincidencias
- infidelidad desenfrenada

La incompatibilidad en la escuela y el trabajo empuja a las personas de todas las edades a conductas destructivas, en su esfuerzo por encontrar alguna experiencia nueva, alguna emoción, alguna energía que les dé algo de sentido a sus vidas. Incluso en esto, se manifiestan los patrones de idoneidad.

- Los jefes de las pandillas tienen talento para ser líderes.
- Los dominadores combativos pueden cometer rapiñas de talento y estimular a los hombres y mujeres.
- Las personas motivadas a cumplir requisitos pueden seguir a líderes carismáticos que esclavizan su pensamiento y las conducen a la destrucción.
- Los arriesgados se ven envueltos en el juego o las drogas.
- Los empresarios principiantes pueden dedicarse a las estafas para conseguir pingües ganancias.

- Las jóvenes y los jóvenes que procuran conseguir respuestas, al fracasar en la escuela pueden acabar en la prostitución.
- Los que buscan sobresalir pueden querer algo más grande, mucho más, más vistoso, lo que sea.
- Los estrategas pueden idear estafas y atracos complejos.
- Los motivados para causar impacto y formar a otros pueden ser una influencia nefasta e insidiosa para desviarlos.
- Los pioneros pueden inventar nuevas maneras de burlar a las autoridades y meterse en problemas.

Todas estas formas de comportamiento aberrante son llamativas revelaciones de la idoneidad frustrada. Solo basta entender cómo los talentos se usan siempre, incluso de manera errónea, para conocer la fuerza de la idoneidad que todos tenemos disponible para ser utilizada con fines y objetivos legítimos, llenos de vida.

Los jefes de las pandillas tienen talento para ser líderes.

En cada comunidad se establece un cuerpo idóneo de consejeros y defensores del pueblo para trabajar con los necesitados; con las empresas empleadoras y con los bancos acreedores, para avanzar hacia una mejor salud, felicidad y seguridad; y con las organizaciones y agencias religiosas que brindan apoyo humano y financiero, especialmente en momentos de crisis.

Los programas hacen hincapié en la idoneidad de las personas: su potencial. Además de descubrir el diseño, el entrenamiento destaca las consecuencias prácticas de la idoneidad, tales como la especificación de empleos apropiados, el desarrollo de técnicas para entrevistas de selección laboral, el enfrentamiento con los excesos y los malos hábitos producto de sus patrones motivadores, el fortalecimiento de la disciplina en torno a sus competencias, y otras actividades similares.

El programa sirve para mostrar a los participantes una salida de las sombras, porque los introduce a la luz que ya tienen, enciende su fuego interior, y proporciona ayuda en los momentos críticos mediante redes de seguridad a cargo de consejeros duchos en la idoneidad y las consecuencias prácticas.

Gracias a la explotación del diseño humano, todas las comunidades pueden ubicar personas con las capacidades y motivaciones requeridas para trabajar con personas en problemas y con las instituciones y agencias que fomentan su recuperación. En equipos o «familias» este personal calificado se desenvuelve esencialmente como una empresa privada, de continuo midiendo el éxito de sus «clientes».

En la práctica, hasta es posible reclutar voluntarios con los «elementos apropiados» para estos esfuerzos, siempre que el personal central sea pagado; lo ideal sería que recibiera una compensación salarial e incentivos (¡la necesidad ajena llama a buscavidas además de consejeros!).

Lo primero que se hace, lo segundo y lo tercero, y lo que se sigue haciendo, es identificar, educar, aprovechar y explotar los talentos únicos que tienen los necesitados para encaminar sus vidas con la ayuda de su idoneidad. En cada etapa del proceso de asistencia debemos recurrir a las capacidades de los necesitados y desarrollarlas (¡no hay mejor manera de encauzar esas facultades que observar cómo se manifestaba la idoneidad en su comportamiento aberrante o anormal!).

En la escuela, el programa de estudios se elabora en torno a la preparación necesaria para los campos de actividad más indicados en función de sus capacidades. Aparte de esos cursos personales «indispensables», se establecen cursos sencillos de control para que puedan desempeñarse en la vida normal (por ejemplo: aritmética elemental).

El enfoque de su educación se basa en proporcionarles *los elementos necesarios para que tengan carreras productivas y fecundas*, no en el cumplimiento de alguna norma impuesta por las autoridades educativas (estándares imposibles de defender en los cursos «indispensables»).

> En cada etapa del proceso de asistencia debemos recurrir a las capacidades de los necesitados y desarrollarlas.

En el caso de los conocimientos y habilidades correspondientes a su idoneidad, se exige más trabajo y disciplina; tan a fondo y tan rápido como su entusiasmo y habilidades lo permitan. *Hay que asegurarse de que reciban abundante recompensa motivadora para alimentar su espíritu.* A medida que progresan, aumenta la concentración en la carrera que finalmente elegirán. Con la carrera correspondiente en vista, el proceso educativo se centra en niveles más especializados de conocimientos y habilidades.

Todo lo que quieran aprender debe tener un nexo evidente y directo con su idoneidad. El tiempo que pasen dentro de la educación formal, antes de pasar a un contexto más vocacional y desempeñarse como aprendices más o menos formales, dependerá del oficio, actividad u ocupación.

Es posible ayudar de modo similar a los adultos desorientados. El proceso de identificar el patrón único de idoneidad es particularmente crítico para las personas que «no lo lograron» en la sociedad.

Para sentar el fundamento necesario hay que asegurarse de que recuperen el sentimiento de verdadera autoestima, que sus talentos sean el centro de una vida renovada y fructífera, y que efectivamente entiendan su idoneidad y el tipo de ocupaciones y carreras que deberían seguir.

Como bien saben los asistentes sociales que ayudan a los excarcelados a reincorporarse a la sociedad, los pasos son incrementales, básicos y tediosos; pero es posible revitalizar el proceso si se lo relaciona con la poderosa dinámica de desarrollar su idoneidad para una vida nueva. El esfuerzo coordinado de un grupo de coordinadores y consejeros en cada iglesia, institución, agencia y empresa de la comunidad es, por supuesto, crítico para el éxito. Sus mejores prácticas sirven de inspiración y modelo.

> Identificar el patrón único de idoneidad es un proceso particularmente crítico para las personas que «no lo lograron» en la sociedad.

Fundamentalmente, este mismo concepto debería ser el motor disponible en las instituciones penales para favorecer la reinserción de los presos y prepararlos para vivir vidas productivas y satisfactorias después de haber pagado su deuda con la sociedad. Los programas de trabajo deberían asegurar la compatibilidad entre el preso y su actividad. Sería factible tener planes de desarrollo personal para identificar las posibles carreras a seguir una vez en libertad, y que otros presos idóneos (o por cursos a distancia) proporcionaran educación y entrenamiento. Para muchos tipos de tareas hasta sería posible conseguir experiencia práctica durante su estancia en prisión.

Un objetivo valioso y factible sería darle al preso una razón para hacer el gran esfuerzo que se le exige. Proveer suficiente asistencia durante los primeros meses de confinamiento para ayudarlos a encontrar un trabajo apropiado, permitiría bajar drásticamente los groseros niveles de reincidencia, y aumentar así las filas de ciudadanos productivos.

¿Qué hace la comunidad con respecto a las personas cuya salud está quebrantada? Si dejamos atrás esos casos «casi perdidos» y consideramos otros no tan graves, como los atendidos por cualquier servicio médico, el paciente sin duda prestará mucha atención a *por qué* su cuerpo está mandando pedidos de «ayuda».

Si se pudiera incluir la estructura y dinámicas motivacionales y de competencias del paciente como parte del diagnóstico físico o sicológico, los problemas médicos tendrían soluciones a largo plazo. Como hemos recalcado en este libro, y en un número creciente de otras fuentes y estudios de diversas ramas, la incompatibilidad laboral produce estrés mortal, que se manifiesta en depresiones, lo que a su vez requiere tratamientos caros o conduce a muertes prematuras.

Si algo hemos aprendido en un tercio de siglo ayudando a trabajadores de todos los niveles, es que en tiempo de crisis particular, las personas están más dispuestas a analizarse y a examinar sus motivos y capacidades. Creemos que se da un fenómeno similar cuando las personas se enferman lo suficiente para llamar al doctor. No es difícil determinar las causas más probables de las enfermedades relacionadas con el estrés una vez identificada la idoneidad de la persona, en especial en los casos de incompatibilidad grave.

Si el paradigma planteado en este libro pasara a formar parte del sistema de creencias que sirve de base al entendimiento social de la naturaleza del género humano, sería posible rescatar las vidas condenadas a la desesperanza. La educación, el trabajo y la religión pueden proporcionar la comprensión de la idoneidad personal y salvar a muchos que, de lo contrario, se perderían. Las agencias de servicio social (de beneficencia, rehabilitación, terapia, desempleo) que realizan pagos y subsidios deberían exigirles a sus beneficiarios que se sometieran a un proceso de descubrimiento, para proporcionar información útil a los consejeros en la elaboración de un programa de recuperación basado en la idoneidad de la persona. Dicho programa comenzaría con el descubrimiento, seguiría con el diagnóstico de las causas de la presente condición, y luego daría a las personas las herramientas para poner su vida en orden, en función de su idoneidad; comenzando por el empleo, o el entrenamiento y la educación necesarios para encontrar el empleo más indicado.

> En tiempo de crisis particular, las personas están más dispuestas a analizarse y a examinar sus motivos y capacidades.

Esto podría suceder en cualquier comunidad suficientemente interesada en su transformación. Una vez que el cambio se operó en sus vidas, sin duda se extenderá naturalmente a quienes nunca «lo lograron» bajo el viejo sistema.

LA FUERZA DE LA COMPETENCIA

Como Estados Unidos todavía es un crisol que atrae a inmigrantes de todo el mundo, disfruta una variada riqueza de idoneidades que los procedentes de diversas razas y familias del género humano han traído consigo. Como la idoneidad aparentemente es en parte genética, la pluralidad de comunidades genéticas proporciona una ventaja comparativa frente a otros países con menos diversidad. La única condición es: *Si* se identifica y desarrolla la variedad de dones disponibles en los hermanos y hermanas de lejanos lugares.

Si los empleadores son lo suficientemente inteligentes para comenzar a hacer un uso más productivo de la amplia variedad de facultades de sus empleados, gozarán un mejoramiento sostenido de la productividad y la competitividad. No solo se llega a esta conclusión en términos de productividad laboral, sino que Estados Unidos debería poder competir con las principales naciones industriales a pesar de su reputación nacional (por ejemplo: la precisión alemana, la comercialización japonesa, el diseño italiano, el sentido comercial holandés). Si Estados Unidos cuenta con idoneidad representativa de estos países y puede emplear debidamente a los portadores de estos dones en la fuerza de trabajo, debería poder competir con mucha eficacia en todos los frentes: diseños más agradables y funcionales, productos, estrategias de comercialización y presentación, estructuras imaginativas de precios y redes de distribución centradas en el consumidor.

Para conseguir esta ventaja competitiva en el mercado internacional es necesario, además, estimular el desarrollo de la pequeña empresa basada en la idoneidad de un grupo exclusivo de personas con visión y capacidad necesarias. Si los servicios e impuestos estatales y federales fomentaran la creación de empresas basadas en la noción de la idoneidad complementaria, aumentaría la competitividad y descendería el índice excesivo de fracasos en los nuevos negocios.

> Si dedicáramos a la evaluación de los recursos humanos clave una décima parte del tiempo que dedicamos al análisis de los presupuestos, menos nuevas empresas fracasarían y más tendrían éxito.

Para cumplir esta condición inicial, los prestamistas de fondos y proveedores de servicios expertos deberían solicitarle a los empresarios en ciernes lo que nunca les piden: «Además de sus números y brillantes descripciones de sus productos y mercados, su plan de negocios deberá incluir un esbozo de la idoneidad del personal clave y los campos donde han demostrado su capacidad y motivación».

Si dedicáramos a la evaluación de los recursos humanos clave una décima parte del tiempo que dedicamos al análisis de los presupuestos, menos nuevas empresas fracasarían y más tendrían éxito. *Las organizaciones tienen éxito o fracasan debido fundamentalmente al grado de compatibilidad entre las personas y su trabajo.*

Lo que se cumple para una pequeña tienda minorista también es válido para la compañía multinacional gigante al evaluar la decisión de compra de una potencial empresa rentable en otro campo de actividad distinto pero seductor. Todo se analiza bajo el microscopio, excepto las personas. Nadie sabe exactamente cómo se desempeñarán los ejecutivos y otros gerentes clave bajo las nuevas «circunstancias». ¿Por qué? Porque nadie hizo averiguaciones.

El nivel de empleo, la productividad y la prosperidad de las pequeñas ciudades de Estados Unidos pueden realizar grandes progresos. Hay regiones que han padecido tasas groseras de desempleo durante una generación que podrían beneficiarse. Si una ciudad o pequeño pueblo hace un inventario de la idoneidad presente en los desempleados, los subempleados y los que tienen un empleo que no les gusta, los planificadores de la ciudad tendrán un panorama claro de las disponibilidades y las necesidades.

Con esa información, los líderes del gobierno y las empresas pueden hablar acerca del tipo de empresa o industria capaz de aprovechar la capacidad humana disponible, atraer y obtener inversión apropiada, y comprar cualquier otra competencia suplementaria necesaria para la creación de unidades integrales para formar organizaciones viables.

LA FUERZA DEL INDIVIDUO

En este mundo no hay fuerza más inexorable, imaginativa e implacable que el interés propio. Para poner en marcha la transformación bastaría recurrir a esa fuerza, proporcionando a las personas las posibilidades de satisfacer su interés propio.

Como para darnos una mano, la industria ha venido declarando desde hace unos años que los empleados son los principales responsables de su propio desarrollo y han subvencionado talleres profesionales e inventarios o pruebas expeditivas para ayudar al proceso de organización de la carrera profesional. Todavía se necesita mucho más, y las compañías deberían proveerlo, especialmente si están convencidas de que los empleados que buscan satisfacer su interés propio acabarán en puestos más indicados y por lo tanto ellas mismas se beneficiarán de su mayor productividad.

Se requieren mecanismos prácticos que permitan a los empleados acceder a la información sobre las carreras que pueden investigar y probar. Lo más útil sería una mayor profundización y calidad del conocimiento personal que el obtenido con los instrumentos actuales. No alcanza con que un empleado sepa qué tipo de persona es y cómo se compara con los estándares normativos. Por lo menos una vez en su vida, los empleados necesitan comprender sus facultades únicas y la pujanza de sus dotes individuales. Todo lo demás, no importa lo bien presentado, no puede describir o predecir el comportamiento individual.

> De este lado de la eternidad no hay fuerza más inexorable, imaginativa e implacable que el interés propio.

Sería conveniente que para cualquier programa de búsqueda interna de empleo por parte de los empleados, la compañía haya establecido procedimientos prácticos y simples que los gerentes hayan aceptado como favorables en el largo plazo.

¿Qué pasaría si pudiera probarle que sus empleados pueden rendir veinte por ciento más, con lo mismo que usted les paga y que ahora no obtiene porque los colocó en el cargo equivocado? ¿Treinta por ciento más? ¿Cincuenta por ciento más? ¿Le interesaría ahora identificar las facultades de su gente? ¿Tiene idea de cómo mejoraría su competitividad si tomara en serio a su gente y el potencial productivo que tienen cuando hay compatibilidad laboral?

En última instancia, y especialmente en Estados Unidos, es necesario apelar y allanarle el camino al individuo y al interés propio para conocer y conseguir el llamamiento correcto. Michael Novak lo expresa bien:

> Cualquier economía política que pretenda ser tan creativa como sea posible debe esforzarse por inventar un sistema que le permita a las personas de talento en todos los campos descubrir sus dones, desarrollarlos y encontrar la posición social donde el ejercicio de ellos produzca el máximo fruto social. Necesariamente, ese sistema debe estimular programas masivos de descubrimiento propio y de autosuperación.[1]

---

[1] Michael Novak, *The Spirit of Democratic Capitalism* [El espíritu del capitalismo democrático], Touchstone Books, New York, 1983, p. 85. La manera de lograr esto es con el SIMA®, el «sistema para identificar las aptitudes motivadas», la norma para «medir» el comportamiento humano motivador. He hecho todo lo posible para evitar convertir este libro en propaganda de nuestros servicios.

Apéndice A

Limitaciones de las pruebas sicológicas

Las pruebas sicológicas han reducido el estudio del ser humano al análisis de las partes o componentes que se supone están presentes en todos los seres humanos. Debido a esta metodología, la sicología se conoce como una ciencia reduccionista. En otras palabras, el estudio de las personas se reduce a cualidades o aspectos simples y discretos de las personas, y a sus relaciones con otras cualidades y comportamientos. El objetivo es encontrar leyes válidas y generales para el comportamiento humano.

Este reduccionismo es fundamental para «las pretensiones» que la sicología tiene de ser una ciencia, porque permite el uso de técnicas de medición y de comparación estadísticas, lo que a su vez es un requisito absoluto: si no se puede expresar numéricamente, no es *ciencia*.

Ahora bien, donde las pruebas sicológicas se han descarriado (definitivamente) es en la premisa fundamental que las personas tienen efectivamente cualidades universales que pueden medirse y compararse. Por el contrario, nuestras conclusiones, y las de muchas otras autoridades, determinan que cada individuo es una combinación única de rasgos de personalidad, aptitudes e inteligencia. Además, esa combinación individual puede *o no* incluir una o más de las así llamadas cualidades universales relevantes para su funcionamiento. En otras palabras, si esa cualidad universal (por ejemplo, el dominar a otros) no es motivación relevante para la persona, la medición de esa cualidad carecerá de cualquier trascendencia en la vida real.

En lugar de increpar contra este defecto fatal de las pruebas sicológicas, me gustaría presentar el peso de otros más entendidos. El siguiente material es un extracto de un artículo de hace quince años, pero está extrañamente bien articulado, es claro y conciso. Los siguientes son solo algunos pocos extractos de especial valor (las expresiones destacadas son mías).

- Una limitación básica de las técnicas de medición es que *las pruebas no miden características únicas*; solo miden los rasgos comunes a muchas personas.

- Tal vez la primera lección que los que usan pruebas debieran aprender es que el grado alcanzado en la prueba no es una medida del valor o dignidad de la persona. *Cada persona opera de manera única.* Los rasgos se definen a partir de una amplia complejidad de conductas humanas por motivos de conveniencia. *No es posible describir a la persona como una combinación de diversas cantidades de rasgos distintos.*

- El segundo gran error que cometen los que usan las pruebas y el público es suponer que estas miden características innatas. Esto ha sido bastante problemático en las pruebas de inteligencia, pero también ocurre en la interpretación de las pruebas de aptitud y talentos, las tendencias neuróticas, los intereses y muchos otros rasgos también. La cuestión es que *no hay prueba que pueda medir estas cualidades originales.*

- En último lugar, y posiblemente el punto más importante, las pruebas de inteligencia no miden la fuerza y la duración de la motivación ... Los educadores deben darse cuenta de que no pueden producir esta calidad de motivación en personas que no la posean con anterioridad, y aunque la podemos reconocer, no la podemos medir.

- Existe la creencia gratuita que equipara los resultados de las pruebas de interés con la motivación de los individuos para tener éxito en la ocupación o el curso de postgrado que eligieron. Por desgracia, esta suposición no tiene ninguna base. Las pruebas de intereses no miden cuánto interés la persona tiene en algo, sino únicamente la dirección que sus intereses han tomado.

- Más cauto hay que ser al sacar conclusiones de los resultados de inventarios de personalidad ... el problema más grave es que la mayoría de las pruebas de personalidad no se diseñaron para revelar atributos positivos o admirables. Estas pruebas surgieron como resultado de identificar a las personas con tendencias sicóticas o neuróticas.[1]

Abraham Maslow, al reflexionar sobre su trabajo como sicólogo escribió:

> Mi pregunta original era: ¿cuál es la mejor manera de conocer a la persona? Puedo replantearla más específicamente ahora. ¿Cuánto sirven para este propósito los procedimientos comunes de las ciencias físicas normales, (que conviene recordar son el paradigma de todas las ciencias e incluso de toda clase de conocimiento)? En general, mi respuesta es que no sirven

---

[1] Es posible encontrar una excelente síntesis de las limitaciones de los perfiles de personalidad, pruebas de inteligencia, e inventarios de aptitudes e intereses en Leona E. Tyler, «Testing The Test: What Tests Don't Measure» [La prueba puesta a prueba: lo que no miden las pruebas] *Journal of Counseling and Development*, setiembre 1984, vol. 63, p. 48

mucho. De hecho, son prácticamente inútiles si lo que me interesa no es solo conocerlo sino comprenderlo.[2]

Lo que nos dice Maslow es que el método científico, el auténtico método científico empleado por las ciencias físicas, no sirve para entender a las personas. Se requieren métodos distintos. Gordon Allport explica por qué:

> Sin duda que es cierto que muchas veces deseamos usar normas universales y de grupos. Queremos saber si Bill, en comparación con otros, es más o menos inteligente, dominante, dependiente. Pero aunque podemos comparar muchas dimensiones de Bill con las del ser humano promedio o con las de su grupo cultural, él combina todos estos atributos en un sistema idiomático propio y exclusivo. Su personalidad no contiene tres sistemas sino solo uno. Sea lo que fuere, la individualidad no consiste en el residuo desordenado que queda después de analizar completamente las dimensiones generales. La organización de vida de Bill es en principio, al final, y todo el tiempo el factor primario de su naturaleza humana.[3]

Una eminencia en psicometría, la base de las pruebas y mediciones sicológicas, llegó a la conclusión de que la validez y utilidad de esas pruebas dependía de la presencia universal de rasgos, atributos o características que operan en la «esencia» del carácter y comportamiento de la persona.

---

[2] Abraham Maslow, *The Psychology of Science: A Reconnaissance* [La ciencia de la sicología: una investigación], Harper & Row, New York, 1966, p.10.

[3] Gordon W. Allport, *The Person In Psychology* [La persona en sicología], Beacon, Boston, MA, 1968, pp. 87-88.

Hace ya algunos años que existe una controversia sobre la existencia o no de rasgos generales de personalidad. La controversia está planteada entre dos puntos de vista: el nomotético y el idiográfico. El primero se refiere a las «leyes generales», aplicables a todas las personas, y el segundo a un enfoque personalizado. Fundamentalmente, el punto de vista idiográfico sostiene que cada persona es su propia ley. En cuanto a análisis de los factores esto significa que las características de personalidad no tienen factores generales o, si existen, no describen la «esencia» del individuo...

Los que sostienen el punto de vista idiográfico tienen este argumento importante: para encontrar rasgos (factores) de personalidad, es necesario hallar las correlaciones entre los rasgos específicos (hábitos); pero la experiencia cotidiana sugiere que dichas correlaciones son con frecuencia muy débiles o hasta inexistentes. Es decir, tiene sentido estudiar un rasgo general de dominación solo si existe una correlación positiva entre las tendencias a la dominación en situaciones específicas; sin embargo, hay muchos ejemplos de personas que son dominantes con sus esposas pero no son dominantes en el trabajo; son dominantes con hombres pero no con mujeres; son dominantes en asuntos intelectuales pero no en asuntos prácticos, y así sucesivamente...

Este tipo de error cometido varias veces puede conducirnos a admitir que el enfoque idiográfico es correcto: los rasgos de personalidad están «desparramados» entre las personas de forma tal que la única manera de comprender al individuo es estudiando la trayectoria de vida que lo convirtió en lo que es. Debería admitirse, por lo tanto, que no hay rasgos generales de dominación, extroversión u otros; por el contrario, cada individuo debería ser considerado una combinación única de rasgos específicos (hábitos).[4]

---

[4] Jim Nunnaly, *Psychometric Theory* [Teoría de la sicometría], McGraw-Hill, New York, 1967, pp. 471-72.

En nuestros casi cuarenta años de estudiar el carácter y el comportamiento motivado de miles de personas, nunca hemos encontrado esos rasgos, atributos o características universales. Las pruebas y los inventarios basado en teorías sicométricas no definen ni describen el carácter y comportamiento de la persona, tampoco podrían hacerlo.

Después de estudiar el trabajo de numerosos investigadores, los autores afirmaron que «casi todas las mediciones de rasgos no intelectuales carecieron de validez predictiva o constructiva ... Además, las mediciones de rasgos de personalidad no manifiestan estabilidad sustancial en períodos hasta relativamente breves de dos a cinco años; a pesar de años de estudio, el conocimiento de la individualidad humana y el comportamiento diferencial ha avanzado muy poco».[5]

---

[5] Mumford, Stokes, y Owens, *The Ecology of Human Individuality Patterns of Life History* [La ecología de los patrones humanos de individualidad en la historia de vida], Erlbaum, Hillsdales, NJ, 1990, pp. 23-24.

APÉNDICE B

Extractos de un informe MAP

En las siguientes páginas, presentamos parte de un informe MAP de cuarenta y una páginas de largo: diecisiete páginas de transcripciones, veintitrés páginas del informe MAP y comentarios. El informe fue elaborado durante los setenta cuando respaldábamos cada conclusión con evidencia tomada de la descripción personal de la experiencia de logros. Mi propósito al sacar a luz un informe de tanta data es mostrar la génesis de nuestro trabajo en la actualidad, basado en la capacidad y motivación probada, que sencillamente agrega a nuestra experiencia.

PRIMERA PARTE: LISTADO CRONOLÓGICO DE LOGROS DISFRUTABLES

Niñez

1. Tenía un reparto dominical de periódicos en el que le agradaba a la gente, y a mí me agradaban ellos; y ganaba algo de dinero para mis gastos. Me pude así comprar una nueva bicicleta. Cuando estaba en la escuela primaria, mi madre me daba una moneda de diez centésimos por cada nota

sobresaliente y otra de cinco centésimos por cada calificación de bueno. Gané bastante dinero de esa manera.

«No sé bien por qué pero ese trabajo me interesaba: poder vender esos diarios, regresar a la agencia con los menos ejemplares posibles. Me gustaba golpear a las puertas y hablar con la gente, vi cómo lo hacían otros muchachos y supongo que me pareció una manera de ganar dinero, algo que podía disfrutar. En el invierno, tenía un trineo con una caja; en el verano, tiraba de un carro. Tenía una sensación de haber culminado algo después de terminar el reparto y haber vendido todos los diarios. Supongo que siempre tuve conciencia del dinero, mis padres no tenían mucho; de alguna forma u otra a mi madre se le ocurrió la idea de que si me iba bien en la escuela, me pagaría; me pareció un buen trato, y creo que algo me motivó: me fue bastante bien en la escuela primaria. No me resultaba difícil: hacía lo que creía era lo mínimo indispensable y sacaba bastante buenas notas. Tenía una bicicleta vieja y quería una nueva, pero no podía tenerla si no contribuía a comprármela. Me acuerdo cuando fuimos a la tienda "Sears" y me compré esa bicicleta roja: ¡qué logro! La cuidaba como si fuera un tesoro, era bueno poder mostrársela a los demás compañeros».

2. Ayudé a mis tíos en una granja y gané suficiente dinero mediante el programa de pagos que habían diseñado para mí.

«Los hermanos de mi madre tenían una granja en las afueras de la ciudad y yo solía quedarme con ellos, era el único sobrino y aparentemente les gustaba tenerme. Me encargaban algunas tareas para hacer: podía conducir el tractor cuando cargaban el heno. Teníamos un plan en el que yo trabajaba tantas horas y ganaba tanto dinero. Me animaron a que llevara un registro, que tenía colgado en una de las paredes del granero, y cada vez que guardaba una carga de heno, lo marcaba en el registro; luego me pagaban y los sábados de noche íbamos a la ciudad. Me gustaba mucho un tío en particular, fue tal vez quien más influyó en mi personalidad, era un modelo para mí. Decidí que no quería ser granjero, es mucho trabajo; lo hacía porque estaban allí».

3. Disfrutaba construyendo modelos a escala de aviones y era muy bueno, pero no quería hacerlos volar para probarlos.

«Cuando era niño me encantaba construir modelos a escala de aviones, hacer el armazón, pegar papel para cubrirlo. Tenía varios amigos y creo que los armaba bastante bien en comparación con ellos. Lo hacía durante las tardes después de la escuela. Por algún motivo nunca me gustó hacerlos volar, no quería que mi creación se rompiera. Creo que era un constructor bastante bueno, me gustan las manualidades, juntar las pequeñas piezas, ver cómo encajaban unas con otras, medir, dar forma y armar, y ver la creación final. Colocarlo en un lugar, mirarlo y decir: Eso lo hice yo».

De 20 a 25 años

Conseguí un puesto en la enseñanza en el sistema escolar que quería, gracias a mis calificaciones y mis deseos de hacer cursos de postgrado.

«Quería mucho trabajar en Kalamazoo porque deseaba hacer estudios de postgrado, con aplicación en todos los sistemas escolares vigentes. Me seleccionaron para un puesto muy codiciado. Era un taller nuevo. Me pareció un buen logro. Cuando estaba en la universidad era preceptor de dormitorio, me encargaba de controlar la sala y evitar los conflictos; di algunos consejos y ese tipo de cosas, por tres años. Creía que era uno de los mejores porque fui uno de los primeros seleccionados y pude continuar: lo disfruté. Implicaba bastante responsabilidad: era modelo para los muchachos, estaba a cargo. En ocasiones era difícil por las circunstancias familiares conflictivas. Una vez encontré al otro preceptor tomando cerveza en su habitación, lo que me permitió conseguir un trabajo de consejero, con alojamiento y comida, además de continuar con mi trabajo en la enseñanza. Pude así trabajar en mi curso de noche y durante los veranos. Resultó bastante bien. Tenía un lindo apartamento de dos habitaciones. Tenía responsabilidad y la consejería, un sentimiento de importancia... varias horas... Los muchachos me planteaban sus dificultades con los cursos, problemas personales. Por ese entonces también estaba comprendiendo lo que significaba mi propio cristianismo; teníamos discusiones religiosas bastante profundas. Cada tres fines de semana atendía en la oficina: la gente se acercaba con diferentes necesidades, los hacía pasar a la habitación. Eso era bastante importante: colocar la llave maestra en la puerta y hacerlos pasar. Cada tres noches me encargaba del teléfono. Terminé el curso de postgrado en dos años, lo que me pareció un logro, con cursos nocturnos y de verano. Creo que era uno de los estudiantes favoritos de mi consejero, y eso me hacía sentir orgulloso. Había programado mis estudios de postgrado y él me felicitó; la mayoría de los estudiantes llegan y todavía no saben qué van a hacer. Hice lo mismo para el doctorado: Estas son las materias que quiero estudiar, ¿las puedo estudiar aquí? Me parece que no deberíamos dejar que la educación nos maneje, ella está a nuestro servicio. Estudié los catálogos y las descripciones de los cursos. Intenté aprender todo lo posible sobre los profesores antes de anotarme en sus clases. Tenía una manera bastante organizada de conseguir un trabajo y luego hacerlo. Planificaba las visitas, y cuando trabajaba de consejero en el dormitorio, me ingeniaba para corregir los escritos durante mis guardias en la oficina. Estaba siempre ocupado y productivo, no me quedaba sentado sin hacer nada».

De 31 a 35 años

1. Regresé a OPM como gerente de personal para el departamento de productos químicos. Organicé y desarrollé un sistema de selección y contratación donde competíamos muy favorablemente con el resto de la compañía.

«Se trataba de un trabajo nuevo. Nunca habían tenido una persona encargada solo del personal y tenían problema para conseguir gente para su departamento: mucha competencia tanto externa como interna para OPM. Desarrollé buenos programas de entrevistas dentro de nuestro departamento, en el departamento de químicos, y le mostré los laboratorios a los interesados. Creo que competíamos bastante bien: tuvimos buena aceptación y pudimos llenar todas nuestras vacantes. En una ocasión teníamos veinte vacantes para el puesto de técnico. Conversé con la persona encargada, y salí a reclutar gente. En seis u ocho meses las cubrimos. Teníamos un programa de proyectos especiales en el que los empleados podían trabajar en proyectos dentro de la compañía. Pensé que para tener gente en nuestro departamento tenía que integrarlos a proyectos. Tenía por lo menos seis personas todo el tiempo en proyectos en el departamento químico. Eso nos permitía contar con los mejores. Competía bien con los otros departamentos, y contábamos con más personal para proyectos especiales porque las personas elegían nuestro departamento para trabajar. Me gustaba eso. No tenía un buen jefe, yo estaba allí y creo que me desenvolvía bastante bien a pesar de eso, mi jefe no era de mucha ayuda. Los contactos personales y el trabajo con los gerentes me brindaban más satisfacción. Estaba satisfecho de poder organizar la nueva función y las entrevistas. Mantenía todo organizado: había muchos cambios de personal y era difícil mantenerse al día. Terminé haciendo unas planillas estadísticas y me consideraban una buena fuente de información acerca de lo que estaba sucediendo. Creo que me desempeño bien porque me consideran una persona informada en mi puesto: si quieren saber qué está pasando, vengan a verme. La comisión minoritaria viene esta semana a hablar porque quieren conocer las transferencias, despidos y contrataciones: Me eligen a mí para que hable con ellos».

2. Contratamos a un constructor para que hiciera la casa según nuestras especificaciones. Mi esposa y yo la pintamos y dimos los toques finales para ahorrar dinero, pero también para que quedara bien. Nos llevó mucho tiempo y trabajo pero nos dio mucha satisfacción.

«Era un proyecto grande: propietarios de nuestra primera casa. Hicimos los bosquejos y trabajamos en los planos, trabajábamos con el constructor noche por medio. Me tomaba las tardes de licencia y trabajaba desde el mediodía hasta las nueve de la noche. Hicimos toda la pintura y el barniz, y rellenamos los agujeros de los clavos».

3. Me dediqué a la jardinería durante mis ratos libres. Mis tomates son los mejores.

«Había intentado tener tomates en algunas ocasiones, pero no lo lograba. Entonces conseguí algunas plantas buenas y hablé con la gente sobre cómo fertilizarlas. Hice muchas preguntas para aprender cómo cultivarlos. Conseguí unas buenas plantas, coloqué los tutores y conseguí plantas de hasta casi dos metros. Llegué a contar hasta cincuenta tomates en una planta. Los llevé a la oficina y se los di a mi secretaria, a mi supervisor. Todo el mundo comenta lo grandes que son. Me hace sentir bien. Me parece que me gusta hacer cosas que puedo hacer bien. Cuando me parece que puedo hacer algo bien y que me gusta, entonces trato de hacerlo lo mejor posible. Me gusta plantar tomates, fertilizarlos en el momento oportuno, mirarlos, atarlos, ayudarlos a crecer, contarlos».

4. Me gusta tener un buen automóvil y me tomo el trabajo de mantenerlo limpio y reluciente.

«Mi camioneta tiene casi cuatro años y parece nueva. Me tomo el trabajo de encerar la pintura, lavarla. Está muy buena. Me gusta manejarla».

MODELO DE APTITUDES MOTIVADAS

I. Un resultado en particular

Como información relevante para entender este elemento del modelo motivacional, el lector debe darse cuenta que en todos los logros de esta persona, consiguió un resultado en particular que era y es de singular importancia para él. En la mayoría de los casos, la persona no era consciente que este resultado era tan importante para él. Sin embargo, a pesar de las expectativas de los supervisores, la descripción de las tareas, o incluso la determinación objetiva de las necesidades, esta persona procurará consciente, o muy posiblemente inconscientemente, conseguir este resultado en particular. Debe tener un empleo que le permita conseguir esto precisamente. De lo contrario, no estará motivado, ni será productivo ni se sentirá satisfecho.

¿Cuál es el resultado principal que quiere conseguir en su vida?

Adquirir y poseer:

- dinero y cosas materiales
- prestigio y buena reputación
- autoridad y control.

La motivación en su vida es adquirir y poseer dinero y cosas materiales, prestigio y buena reputación o el control y la dirección de los asuntos de otros. La esencia de su motivación es la propiedad, la posesión y el dominio.

Quiere que los demás reconozcan su importancia, ser de peso, que lo aprecien y lo admiren, estar en una posición de autoridad y control. Desea adquirir cosas y prestigio frente a y sobre los demás.

Si agrupamos las manifestaciones que reflejan esta motivación vemos lo siguiente:

Donde adquiere dinero o cosas materiales o mejora su valor...

«Tenía un reparto dominical de periódicos ... ganaba algo de dinero para mis gastos. Me pude así comprar una nueva bicicleta... la cuidaba como a un tesoro/ Ayudé a mis tíos en una granja y gané suficiente dinero mediante el programa de pagos... un tipo de registro/ Me encantaba construir modelos a escala de aviones... nunca me gustó hacerlos volar, no quería que mi creación se rompiera ... colocarlo en un lugar, mirarlo y decir: Eso lo hice yo/ Como tomar este coche sucio, lavarlo y hacerlo lucir mejor/ Estaba invirtiendo mucha plata en esta universidad y quería que mi inversión rindiera/ Entre mi esposa y yo posiblemente teníamos el mejor ingreso entre los demás estudiantes casados alojados en la universidad/ contratamos un constructor para que nos hiciera la casa según nuestras especificaciones/ me gusta tener un buen automóvil y me tomo el trabajo de mantenerlo limpio y reluciente... mi camioneta tiene casi cuatro años y está como nueva/ me han dado dos premios en efectivo».

Donde consigue prestigio, posición social, reputación...

«Disfruté ser elegido "la persona con más posibilidad de éxito" en mi último año/ solía sacar el primer puesto en bala, y el segundo y cuarto lugar en los campeonatos estatales/ gané el premio de artesanía/ era preceptor de dormitorios y era modelo para los muchachos, tenía una sensación de importancia/ nunca tuvieron un profesor de diseño industrial que consiguiera entusiasmarlos tanto/ quería ser considerado una persona de altos ideales y principios/ fui el único en el círculo familiar más estrecho que terminó sus estudios universitarios, me consideran una persona informada en mi puesto; si de veras quieren saber qué está pasando, vengan a ver a Johnson/ mis tomates son los mejores/ una persona me dijo: "todavía recuerdo su ABC" (los puntos de un sermón)/ me eligieron anciano en mi iglesia/ de tres discursos que di hasta ahora, conseguí un primer puesto y dos segundo puestos».

Donde logra reconocimiento y visibilidad...

«Colocar (al avión) en un lugar, mirarlo y decir: Eso lo hice yo/ me gustaba ver las cosas impresas y estudié impresión dos años en la secundaria/ hice un buen trabajo colocando los cobertores a los asientos, la gente decía que quedaban bien, el jefe estaba orgulloso/ siempre hacía un modelo para que sirviera de estándar, ponía los proyectos de los muchachos con sus respectivos nombres y hacíamos una muestra en el salón principal/ mandé el artículo a la revista de profesores de taller y lo publicaron: me gusta que publiquen mis trabajos/ creé y escribí un manual de relaciones públicas de entrenamiento comercial... el jefe lo distribuyó dentro y fuera de la compañía/ disfruté la escritura de un boletín... me da satisfacción ver la publicación/ creo que soy un excelente contribuyente... publicaron dos o más artículos míos ... me gusta que publiquen mis artículos».

Donde adquiere y ejerce dominio sobre las personas o una organización...

«Era el gerente comercial de la revista anual, conseguimos que la publicación no diera pérdidas/ el mercado de fruta: atender a los clientes, sumar las compras y cobrar... me encargaba de todo durante la tarde/ preceptor de dormitorios ... estaba a cargo, era bastante importante/ diseño industrial: organizar el curso, hacer el programa y llevarlo a cabo... desafiaba a los estudiantes pero mantenía una buena disciplina, entusiasmo, regaños... disfrutaba viéndolos cómo respondían a lo que les mostraba/ lo convertí en un negocio; coordinaba el programa y los profesores, en vez de dejar que me coordinaran a mí/ organicé y desarrollé un sistema de contratación y reclutamiento/ como gerente de personal profesional contraté a unas quince personas... tenía informes de su desempeño en el cargo... programas de orientación... informes mensuales... consejos estratégicos... me gustaba comprender a cada persona de manera cabal/ estoy orgulloso y contento con mis dos hijos».

Síntesis

En resumen, su motivación central en la vida es adquirir y obtener una posición de importancia, cosas relevantes, autoridad, reconocimiento, buena reputación. Resulta crítico para su motivación que los demás reconozcan que él, su trabajo, sus artículos, su experiencia, su automóvil, su casa, su familia, sus empleadores, son especiales y merecen ser admirados. Es una clase de síndrome maternal en que él desea poseer, mimar, cuidar y asegurarse de que las cosas queden bien, salgan bien y caigan bien.

Una característica central de su motivación es su percepción del potencial que las cosas o las actividades tienen para ser rentables, para que él se haga cargo y para sacarles el máximo provecho. Esta característica puede apreciarse en su enseñanza de diseño industrial, su estudio de postgrado, como preceptor de dormitorio y sus logros como consejero, anciano de la iglesia y evangelista. Comienza como los de su misma edad en la enseñanza, o haciendo cualquier otra cosa común, pero al poco tiempo todos hablan de él y quieren imitarlo; tiene una posición estable y un prestigio creciente y ha sido publicado. Ha logrado sus propósitos vez tras vez desde sus primeras realizaciones, con ayuda fundamentalmente solo de aliento y apoyo y algo de inspiración de otros. El asunto es que puede traer una percepción, frescura y creatividad que le permite explotar lo que otras personas consideran ordinario y estéril, y así conseguir los resultados que lo motivan. En cualquier proyecto o función a realizar, si puede acomodar su modelo motivacional, dicho crecimiento y vigor están asegurados.

Otra característica importante de su motivación es su manera de trabajar con otras personas. Los factores clave son: (1) un deseo vehemente de estar en contacto con otras personas; (2) una respuesta a las necesidades y deseos de otros cuando puede lograr un beneficio mutuo (por ejemplo: el jefe necesita algo y él se lo brinda; el cliente quiere comprar y él vende); y (3) encargarse de los demás tomando el control de lo que hacen, cómo lo hacen y, en general, dominando y controlando la relación y la actividad en cuestión (por ejemplo, con los estudiantes de diseño industrial, el programa y los profesores de doctorado, en la iglesia y como pastor). No importa dónde comience, terminará asumiendo el control o sacando provecho de la relación o de la actividad en la que se da la relación. De lo contrario, se desanimará. Puede congraciarse pero de alguna manera conseguirá una respuesta que satisfaga su motivación.

En estos dos puntos anteriores puede notarse una progresión de la naturaleza de su actividad, que es otra característica típica de su motivación. Comienza sirviendo y acaba como propietario o administrador. Empieza con la redacción de un manual y acaba con un negocio para escribir manuales. No se trata solo del desarrollo normal de la semilla que se convierte en árbol (lo que es en parte), sino que su trayectoria de progreso lo conducen a convertirse y hacer cosas que pocos podrían imaginarse al principio.

SUS APTITUDES MOTIVADAS

Para poder comprender esta parte de su patrón de motivaciones, el lector debe saber que en todas las realizaciones, usamos alguno o todos los elementos de un grupo de aptitudes en particular. Estas aptitudes lo motivan y él intentará usarlas en cualquier circunstancia laboral, independientemente de cómo se realice el trabajo. Procurar usar las aptitudes que lo motivan es una fuerza tan dinámica y tan dominadora del comportamiento que es crucial comprenderlas para que el hombre sea productivo.

Planes y estrategias

«Había planificado mi programa de postgrado ... me dijo que lo había pensado bastante bien ... cuando hacía las visitas, las planificaba de antemano/ tenía todo planificado... por si venía algún padre ... planifiqué durante el verano para preparar los proyectos/ intenté hacerlo con el mínimo esfuerzo ... mostrarle un trabajo bueno/ ingresé con un panorama claro de mis cursos ... de veras que intenté programarlos ... era un plan grande que tenía/ podía mostrarles un modelo ... que pareciera como si lo hacía/ hicimos los planes y trabajé en los planos/ tenía un concepto más amplio para un manual/ pensé en estrategias para pasar el rato con ellos/ diseñé un plan donde los muchachos podían pagar un adelanto en el correr del curso/ fijamos objetivos ... he probado diversas maneras de fijar objetivos ... intento dar consejos estratégicos/ realmente confeccioné un buen programa de evangelización».

Es capaz de planificar en detalle la consecución de un objetivo o proyecto en particular. Es capaz de crear conceptos para lo novedoso para él y los demás con suficiente detalle para planificar y desenvolverse con un grado de seguridad. Es capaz de elaborar una estrategia para llevar a cabo algo que contemple las personalidades, principios y otras variables clave implicadas. Se ingenia para crear impresiones que pueden o no estar respaldadas por lo que procuran transmitir. Es capaz y tiene motivación para crear planes que le permitan conseguir lo que lo motiva.

Control y administración

«Era el encargado de la sala y de evitar los conflictos; era mucha responsabilidad, estaba a cargo... en una ocasión descubrí al otro preceptor haciendo algo indebido... tenía responsabilidad... me dejaban entrar a las habitaciones/ siempre hacía un modelo para que sirviera de estándar... lo explicaba paso a paso... la clase era muy disciplinada ... me gustaba que los principios abarcaran toda mi vida ... dedicaba tiempo y trabajo/ coordiné el programa y los profesores, en vez de permitir que me coordinaran a mí/ desarrollé un buen programa de entrevistas... todo bien organizado... creé lo que llamé la planilla de estado/ hicimos que un contratista nos construyera la casa según nuestras especificaciones/ cada vez tenía más personas a mi cargo ... estoy orgulloso de la organización del personal ... lo primero que hacemos es armar un programa de orientación: diseñamos juntos el programa de orientación para asegurarnos que él consiga todo lo que quiere y yo también... luego le solicito informes mensuales ... me gusta ser un gerente organizado ... son tantas cosas, la persona no puede hacer otra cosa que progresar/ hice lo que consideraba el trabajo mínimo/ lo hice por unas semanas y luego pensé que estaba caminando demasiado solo para cumplir con el reloj... me llevaba veinte minutos hacer la ronda... encontré una manera de hacerla en cinco minutos... así que por cinco años lo hice de la manera más corta ... fue ingenioso ... encontrar la forma de ir contra reloj/ me resultaba difícil hacer bien las cinco o seis materias que tenía, así que elegí una para ser mi materia floja e intentar pasar el curso haciendo lo menos posible, de todos modos conseguí alcanzar el promedio y hasta un poco más ... así que siempre estaba ocupado y productivo ... no me quedaba mucho tiempo sin hacer nada/ seguía el manual casi al pie de la letra ... tienen un patrón del tipo "Toastmaster" de las cosas que buscan/ tenía tarjetas de visita y de contactos».

Muestra ingenio para diseñar métodos de control sobre las personas y las cosas que son su responsabilidad. Será muy directivo y controlará muy de cerca a las personas y las circunstancias si éstas se lo permiten o las controlará cuidadosa e indirectamente mediante una forma u otra para limitar la capacidad del otro a actuar de modo distinto al que él quiere. Es disciplinado y posiblemente se exige más disciplina que la que pide a los demás. Es prudente con el tiempo y con lo que espera obtener de él. No da más que lo necesario para obtener un resultado de su esfuerzo. Parte de esta aptitud es economizar, dando lo mínimo requerido. Da lo que tenga que dar, pero no más. Es muy eficiente con el uso de su tiempo y dinero.

Contenido temático recurrente

Como información relevante para poder comprender esta parte de su modelo motivacional, el lector debe saber que con frecuencia, pero no siempre, encontramos un contenido temático que se reitera periódicamente. Para aquellos trabajos que requieren un conocimiento a fondo de una tecnología o campo de estudio en especial, es esencial que las personas encuentren satisfacción por trabajar en ese tema en particular (por ejemplo, los contadores y las cifras). Si el contenido temático recurrente y el campo de trabajo no concuerdan, habría que poner en tela de juicio la compatibilidad laboral. Cuando el contenido temático se repite, podemos estar seguros que el individuo se siente cómodo y disfruta el estudio en profundidad del campo en cuestión y dentro de los límites descritos en sus logros.

A continuación presentamos algunos ejemplos del contenido temático que se repite en nuestro MAP de muestra.

Palabras y publicaciones

«Me gustaba golpear a las puertas y hablar con la gente/ tenía mucho para decir, tuve que hacer un discurso/ me gusta ver cosas publicadas y estudié impresión dos años en la secundaria... tenía este curso de impresión... preparaba las matrices, las ponía en la imprenta y las imprimía... ver la impresión/ realmente trabajé duro en aquellas monografías semestrales... creo que el primer semestre alcancé el promedio en inglés, y en el segundo semestre saqué una nota por encima del promedio... creo que realmente dominaba ese programa/ la Biblia es un libro de lectura muy importante... hablarles a los chicos/ mandé el artículo a la revista de profesores de taller y lo publicaron ... escribí otros artículos ... me gusta que los publiquen ... otra vez, el artículo fue bien considerado/ tenía libertad para diseñar y escribir un manual de relaciones públicas ... disfruté hacer el boletín ... me gustaba escribir los trabajos semestrales ... posiblemente lo más importante fue ese manual de relaciones públicas ... disfruté escribiéndolo, corregir las pruebas y verlo publicado/ el boletín: posiblemente fue lo más importante que hice ahí... leí "El arte de escribir para ser leído"... leí todos sus libros... después me entusiasmé con este profesor en la universidad del estado de Pensilvania con un posible programa de doctorado ... no solo me divertí haciendo el boletín, también diseñé el membrete ... estaba satisfecho de verlo impreso ... después modifiqué el trabajo que había escrito para el profesor y lo convertí en un artículo para la revista de ASTD, y lo publicaron/ sabía que tenía que escribir una monografía... fui a la biblioteca... estudié monografías... copié cómo comenzaban, cómo estaban organizadas... encontré un libro que contenía una hoja para tomar apuntes e hice algunas de esas hojas ... todo el tiempo leía para los cursos/ me gustan las lecturas de autoayuda, cómo hablar mejor en público ... practicaba ... el año pasado me uní a los "Toastmasters"... me siento razonablemente bien cuando hablo en público y hago presentaciones... me gustaría ser mejor con mis mensajes en la iglesia/ publicaron otros dos artículos míos... me gusta ver la publicación de mis cosas/ siempre me interesó hablar en público, por eso hace poco me asocié al club de los "Toastmasters"... de tres discursos que he hecho, gané un primer puesto y dos segundos puestos... me gusta sacarle el provecho a esto para hacer mejores presentaciones en mi trabajo y en la iglesia».

Dinero y cosas materiales

«Ganaba algo de dinero para mis gastos ... me pude así comprar una nueva bicicleta... cuando estaba en la escuela primaria, mi madre me daba una moneda de diez centésimos por cada nota sobresaliente y otra moneda de cinco centésimos por cada calificación de bueno... gané bastante dinero de esa manera... poder vender esos diarios, vender todos los diarios... supongo que me pareció una manera de ganar dinero ... supongo que siempre tuve conciencia del dinero, mis padres no tenían mucho; de alguna forma u otra a mi madre se le ocurrió la idea de que si me iba bien en la escuela, me pagaría ... tenía una bicicleta vieja y quería una nueva, pero no podía tenerla si no contribuía a comprármela... me acuerdo cuando fuimos a la tienda "Montgomery Wards" y me compré esa bicicleta roja ... la cuidaba como a un tesoro, era bueno poder mostrársela a los demás muchachos/ ganaba dinero mediante un plan que idearon para mí... teníamos un plan en el que yo trabajaba tantas horas y ganaba tanto dinero... me pagaban/ no quería romper esa creación hermosa... verla terminada... colocarla ahí y mirarla/ me eligieron gerente comercial de la revista anual... por primera vez hicimos una revista anual que no dio pérdidas... lo logré con la idea de un plan en que los muchachos podían pagar un adelanto en el correr del curso y el saldo con la revista... conseguí más personas que la compraran/ cobrar ... ganaba dinero/ estaba invirtiendo bastante dinero en la universidad y quería que me rindiera/ tenía un lindo apartamento de dos dormitorios/ no tenía suficiente dinero/ mi esposa y yo pintamos y dimos los toques finales a la casa para ahorrar dinero... era nuestra primera casa/ me gusta tener un buen auto y me tomo el trabajo de mantenerlo limpio y reluciente... mi camioneta tiene casi cuatro años y está como nueva... me tomo el trabajo de encerar la pintura, lavarlo... el coche está muy bien.»

Cómo se relaciona con los demás

Para poder entender esta parte del modelo motivacional, el lector debe saber que las realizaciones individuales se presentan en un tipo de relación social con los demás. Le puede gustar trabajar solo o junto con otras personas, desempeñar un papel estelar o ser el líder o cualquier otro papel similar. Este hecho se refleja con claridad en sus logros. Es muy importante desde el punto de vista vocacional porque el tipo de relación que prefiere nos indica el nivel y la clase de puesto para el que es más productivo y al que puede aspirar lógicamente.

A continuación presentamos algunos ejemplos de cómo esta persona se relaciona con los demás.

Papel individualista: Director

«Ayudé a mis tíos en la granja... me daban pequeños trabajos que podía hacer... manejar el tractor/ cargaban el heno al carro/ los guiaba paso a paso, dándoles libertad para que expresaran su individualidad... nunca tuvieron un profesor de diseño industrial tan entusiasta con sus alumnos... los desafiaba a pensar en lo que estaban haciendo... quería tener más alumnos ... lo ayudé ... mandé tarjetas ... hice algunas llamadas, hablé con los muchachos específicamente/ creo que era un buen instructor con una buena relación con los estudiantes adultos... querían un manual que explicara en qué consistía el entrenamiento comercial en OPM, cuáles son las clases, qué hay que hacer para poder ingresar... coordinaba el programa y a los profesores en vez de dejar que me coordinaran a mí ... creo que se dio cuenta de mi propósito en esto ... me sentí satisfecho de poder entender lo que el profesor quería ... por supuesto, con la ayuda de mi profesor y mi esposa lo pasamos a máquina/ pensé que para tener personas en nuestro departamento debía tener proyectos para ellas... tenía casi siempre seis personas en proyectos en el departamento ... hicimos que un contratista nos construyera la casa según nuestras especificaciones ... mi esposa y yo la pintamos y le dimos los toques finales ... hicimos los planes y trabajamos en los planos con el constructor/ hicimos toda la pintura, dimos barniz, rellenamos los agujeros de los clavos/ mi propósito era decirles lo que quería decirles... realmente sentía eso, pero también quería tenerlo organizado para que pudieran entender y recordar/ cada vez aumentaba el número de personas que tenía a cargo y después de seis años me convertí en gerente de la función ... estoy orgulloso de cómo siendo gerente desarrollé el personal, hombres y mujeres/ siempre hago todo lo posible para ayudar a mi jefe a cumplir sus metas porque si él logra tener éxito, yo también ... en una ocasión, pensé que podría estar en un puesto donde era el único que hacía ese tipo de cosa ... entonces podría sobresalir ... hace dos años que soy gerente ... durante ese período contraté o dirigí el programa de entrevistas para quince personas ... siempre que tengo a alguien trabajando en un proyecto o como subordinado, me tomo el trabajo de informarle sobre su desempeño ... trato de hacerlo lo mejor posible ... tengo que ser cuidadoso, porque podría supervisar de más... quiero darles bastante libertad, reconocimiento ... al principio, planificamos juntos el programa de orientación ... me aseguro que obtenga todo lo que quiere y que yo también obtenga todo lo que quiero... puedo discutirlo con mi jefe ... registro el progreso... luego le pido que presente informes mensuales ... fijamos objetivos ... intento darle consejos estratégicos mientras trabajamos juntos ... tengo un informe anual de desempeño ... me acuerdo que una vez intenté ayudar a una persona a comprender cómo se estaba desenvolviendo ... así que fui a ver al siquiatra y al sicólogo ... quería entender al hombre cabalmente... procurar que tengan acceso a todos los programas de desarrollo disponibles ... hay tantas cosas, la persona no puede no progresar ... sé posiblemente mejor que nadie dónde estuvieron estas personas y dónde están ahora/ elaboré un buen programa de evangelización ... teníamos un pastor nuevo y lo entrené y lo puse a trabajar en él mismo ... pueden necesitar alguien que lo haga... creo que mi esposa y yo podemos hacerlo ... no hay un programa de visitación ... quiero que trabajen en ello».

Síntesis

Cuando está en un puesto de mando, dirige a los demás para que se desempeñen como cree que deben desempeñarse. En ese sentido es más un director que un administrador. Sin embargo, al caracterizar su manera de tratar a sus subordinados, el elemento más importante es que permanece muy cerca y se asegura que estén cumpliendo todos los detalles de la tarea como él quiere. Tiende a controlar muy de cerca sus subordinados. Sin embargo, su propósito es que se desarrollen y progresen; como cuando plantaba tomates, quiere hacer todo lo posible con la persona para asegurarse de su desarrollo. Quiere mantenerlos bien cerca mientras están bajo su tutela. Sería una excelente persona para trabajar al principio de una carrera. Daría consejos valiosos. Siempre quiere encargarse pero un aprendiz se beneficiaría de aprender bien los fundamentos y tener una sólida formación.

La calidad de su relación con otros nos muestra además que puede utilizar a las personas, pero de manera similar a una obra teatral, en la que el director manda y se asegura que se siga el guión. Él determina qué se hará, cómo se hará, quién lo hará y en qué orden. Tiene poder de decisión y de juicio crítico. Cualquier miembro del elenco puede tener una experiencia enriquecedora si cumple bien su papel.

APÉNDICE C

La base bíblica de la idoneidad

UNA EXPLICACIÓN CON RESPECTO A ESTE APÉNDICE

En el capítulo 7, hice referencia a un número bastante voluminoso de pasajes bíblicos para apoyar la tesis desarrollada de que Dios asume la responsabilidad de nosotros y de nuestro designo legado. Son las citas a continuación. Estúdielas con detenimiento, se considere usted creyente o no. A pesar de trabajar con esta dulce música de la Palabra de Dios, constantemente no deja de sorprenderme la capacidad que tiene para refrescar mi espíritu y detenerme en seco.

En algunos lugares he agregado, entre corchetes, definiciones de determinadas palabras clave, tomadas de Strong's Exhaustive Concordance. Tome especial nota de «caminos» con el sentido de «modo de acción», muy cercano a «motivación» o «comportamiento motivado» o «patrones de motivación». En los pasajes citados, las palabras «obra» u «obras» no significan obras de caridad sino que significan «trabajo en serio».

Dios nos creó

> Y Dios creó al ser humano a su imagen; lo creó a imagen de Dios. Hombre y mujer los creó. *Génesis 1:27*

—¿Y quién le puso la boca al hombre? —le respondió el SEÑOR—. ¿Acaso no soy yo, el SEÑOR, quien lo hace sordo o mudo, quien le da la vista o se la quita?   *Éxodo 4:11*

Él es quien formó el corazón de todos, y quien conoce a fondo todas sus acciones.   *Salmo 33:15*

Reconozcan que el SEÑOR es Dios; él nos hizo, y somos suyos.   *Salmo 100:3*

Así dice Dios, el SEÑOR, el que creó y desplegó los cielos; el que expandió la tierra y todo lo que ella produce; el que da aliento al pueblo que la habita, y vida a los que en ella se mueven.   *Isaías 42:5*

Así dice el SEÑOR, el que te hizo, el que te formó en el seno materno... Así dice el SEÑOR, tu Redentor, quien te formó en el seno materno: «Yo soy el SEÑOR, que ha hecho todas las cosas.»   *Isaías 44:2, 24*

Porque así dice el SEÑOR, el que creó los cielos; el Dios que formó la tierra, que la hizo y la estableció; que no la creó para dejarla vacía, sino que la formó para ser habitada: «Yo soy el SEÑOR, y no hay ningún otro.»   *Isaías 45:18*

A pesar de todo, SEÑOR, tú eres nuestro Padre; nosotros somos el barro, y tú el alfarero. Todos somos obra de tus manos.   *Isaías 64:8*

Esta profecía es la palabra del SEÑOR con respecto a Israel. Afirma el SEÑOR, que extendió los cielos, que echó los cimientos de la tierra, y que puso en el hombre aliento de vida.   *Zacarías 12:1*

Por medio de él todas las cosas fueron creadas; sin él, nada de lo creado llegó a existir.   *Juan 1:3*

Estos últimos lo hacen por amor, pues saben que he sido puesto para la defensa del evangelio. *Colosenses 1:16*

En estos días finales nos ha hablado por medio de su Hijo. A éste lo designó heredero de todo, y por medio de él hizo el universo. *Hebreos 1:2*

Digno eres, SEÑOR y Dios nuestro, de recibir la gloria, la honra y el poder, porque tú creaste todas las cosas; por tu voluntad existen y fueron creadas. *Apocalipsis 4:11*

Dios nos ha diseñado con dones para cumplir su propósito en nuestra vida

Que el favor del SEÑOR nuestro Dios esté sobre nosotros. Confirma en nosotros la obra de nuestras manos. *Salmo 90:17*

...cuando en lo más profundo de la tierra era yo entretejido. Tus ojos vieron mi cuerpo en gestación: todo estaba ya escrito en tu libro; todos mis días se estaban diseñando, aunque no existía uno solo de ellos. *Salmo 139:15-16*

SEÑOR, tú estableces la paz a favor nuestro, porque tú eres quien realiza todas nuestras obras. *Isaías 26:12*

Antes de formarte en el vientre, ya te había elegido; antes de que nacieras, ya te había apartado; te había nombrado profeta para las naciones. *Jeremías 1:5*

Puesto que en él vivimos, nos movemos y existimos. *Hechos 17:28*

Sin embargo, antes de que los mellizos nacieran, o hicieran algo bueno o malo, y para confirmar el propósito de la elección divina, no en base a las obras sino al llamado

de Dios, se le dijo a ella: «El mayor servirá al menor».
Romanos 9:11-12

Tenemos dones diferentes, según la gracia que se nos ha dado. *Romanos 12:6*

Nosotros no hemos recibido el espíritu del mundo sino el Espíritu que procede de Dios, para que entendamos lo que por su gracia él nos ha concedido... porque «¿quién ha conocido la mente del SEÑOR para que pueda instruirlo?» Nosotros, por nuestra parte, tenemos la mente de Cristo. *1 Corintios 2:12, 16*

Ahora bien, hay diversos dones, pero un mismo Espíritu. Hay diversas maneras de servir, pero un mismo SEÑOR. Hay diversas funciones, pero es un mismo Dios el que hace todas las cosas en todos. *1 Corintios 12:4-6*

En Cristo también fuimos hechos herederos, pues fuimos predestinados según el plan de aquel que hace todas las cosas conforme al designio de su voluntad. *Efesios 1:11*

Porque somos hechura de Dios, creados en Cristo Jesús para buenas obras [trabajo duro, ocupación, empleo], las cuales Dios dispuso de antemano a fin de que las pongamos en práctica. *Efesios 2:10*

Pero a cada uno de nosotros se nos ha dado gracia en la medida en que Cristo ha repartido los dones. Por esto dice: «Cuando ascendió a lo alto, se llevó consigo a los cautivos y dio dones a los hombres». *Efesios 4:7-8*

Pues Dios es quien produce en ustedes tanto el querer como el hacer para que se cumpla su buena voluntad.
Filipenses 2:13

A la vez, Dios ratificó su testimonio acerca de ella con señales, prodigios, diversos milagros y dones distribuidos por el Espíritu Santo según su voluntad. *Hebreos 2:4*

El Espíritu de Dios puede habitar en nosotros y procurar activamente obrar su voluntad mediante nuestro diseño

Con tu buen Espíritu les diste entendimiento.
Nehemías 9:20

Pero lo que da entendimiento al hombre es el espíritu que en él habita; ¡es el hálito del Todopoderoso! No son los ancianos los únicos sabios, ni es la edad la que hace entender lo que es justo. *Job 32:8-9*

Dios nos habla una y otra vez, aunque no lo percibamos. Algunas veces en sueños, otras veces en visiones nocturnas, cuando caemos en un sopor profundo, o cuando dormitamos en el lecho, él nos habla al oído y nos aterra con sus advertencias, para apartarnos de hacer lo malo y alejarnos de la soberbia. *Job 33:14-17*

Dios paga al hombre según sus obras: lo trata como se merece. *Job 34:11*

Bendeciré al SEÑOR, que me aconseja; aun de noche me reprende mi conciencia. *Salmo 16:7*

¿Quién es el hombre que teme al SEÑOR? Será instruido en el mejor de los caminos. *Salmo 25:12*

El SEÑOR dice: «Yo te instruiré, yo te mostraré el camino [la manera de actuar] que debes seguir; yo te daré consejos y velaré por ti». *Salmo 32:8*

Cuando tú, Dios y SEÑOR, ascendiste a las alturas, te llevaste contigo a los cautivos, tomaste tributo de los hombres, aun de los rebeldes, para establecer tu morada.
Salmo 68:18

Me guías con tu consejo, y más tarde me acogerás en gloria.
Salmo 73:24

Reconócelo en todos tus caminos [manera de actuar], y él allanará tus sendas. *Proverbios 3:6*

Pero el Consolador, el Espíritu Santo, a quien el Padre enviará en mi nombre, les enseñará todas las cosas.
Juan 14:26

Puesto que en él vivimos, nos movemos y existimos.
Hechos 17:28

Porque todos los que son guiados por el Espíritu de Dios son hijos de Dios. *Romanos 8:14*

Porque nosotros somos templo del Dios viviente. Como él ha dicho: «Viviré con ellos y caminaré entre ellos. Yo seré su Dios, y ellos serán mi pueblo». *2 Corintios 6:16*

Le pido que, por medio del Espíritu y con el poder que procede de sus gloriosas riquezas, los fortalezca a ustedes en lo íntimo de su ser, para que por fe Cristo habite en sus corazones. *Efesios 3:16-17*

Pues Dios es quien produce en ustedes tanto el querer como el hacer para que se cumpla su buena voluntad.
Filipenses 2:13

El Dios que da la paz... los capacite en todo lo bueno para hacer su voluntad. Y que, por medio de Jesucristo, Dios cumpla en nosotros lo que le agrada. *Hebreos 13:20-21*

Dios nos hará responsables del fruto de nuestra idoneidad

> Tú oirás en los cielos, en el lugar de tu morada, y perdonarás, y actuarás, y darás a cada uno conforme a sus caminos [su manera de actuar], cuyo corazón tú conoces (porque sólo tú conoces el corazón de todos los hijos de los hombres). *1 Reyes 8:39* (Reina Valera, 1960)

> Tú oirás desde los cielos, desde el lugar de tu morada, y perdonarás, y darás a cada uno conforme a sus caminos [su manera de actuar], habiendo conocido su corazón; porque sólo tú conoces el corazón de los hijos de los hombres. *2 Crónicas 6:30* (Reina Valera, 1960)

> Una cosa ha dicho Dios, y dos veces lo he escuchado: Que tú, oh Dios, eres poderoso; que tú, SEÑOR, eres todo amor; que tú pagarás a cada uno según lo que merezcan sus obras [transacciones, producciones, acciones, negocios, realizaciones, ofrecimientos, las artesanías]. *Salmo 62:11-12*

> Pues aunque digas, «Yo no lo sabía», ¿no habrá de darse cuenta el que pesa los corazones? ¿No habrá de saberlo el que vigila tu vida? ¡Él le paga a cada uno según sus acciones! *Proverbios 24:12*

> Yo Jehová, que escudriño la mente, que pruebo el corazón, para dar a cada uno según su camino [su manera de actuar], según el fruto de sus obras [emprendimientos, trabajo]. *Jeremías 17:10* (Reina Valera, 1960)

> Grande en consejo, y magnífico en hechos: porque tus ojos están abiertos sobre todos los caminos [su manera de actuar] de los hijos de los hombres, para dar a cada uno se-

gún sus caminos [su manera de actuar], y según el fruto de sus obras [emprendimientos, trabajo].

Jeremías 32:19 (Reina Valera, 1960)

Por tanto, a cada uno de ustedes, los israelitas, los juzgaré según su conducta. Lo afirma el SEÑOR omnipotente.

Ezequiel 18:30

Porque el Hijo del hombre ha de venir en la gloria de su Padre con sus ángeles, y entonces recompensará a cada persona según lo que haya hecho [trabajo duro, ocupación, empleo].

Mateo 16:27

El que había recibido las cinco mil fue enseguida y negoció con ellas y ganó otras cinco mil. Así mismo, el que recibió dos mil ganó otras dos mil. Pero el que había recibido mil fue, cavó un hoyo en la tierra y escondió el dinero de su señor. Después de mucho tiempo volvió el señor de aquellos siervos y arregló cuentas con ellos. El que había recibido las cinco mil monedas llegó con las otras cinco mil... Su señor le respondió: «¡Hiciste bien, siervo bueno y fiel! Has sido fiel en lo poco; te pondré a cargo de mucho más. ¡Ven a compartir la felicidad de tu señor!»

Mateo 25:16-23

Después llegó el que había recibido sólo mil monedas. «Señor —explicó—, yo sabía que usted es un hombre duro, que cosecha donde no ha sembrado y recoge donde no ha esparcido. Así que tuve miedo, y fui y escondí su dinero en la tierra. Mire, aquí tiene lo que es suyo». Pero su señor le contestó: «¡Siervo malo y perezoso! ¿Así que sabías que cosecho donde no he sembrado y recojo donde no he esparcido? Pues debías haber depositado mi dinero en el banco, para que a mi regreso lo hubiera recibido con intereses. Quítenle las mil monedas y dénselas al que tiene las diez mil. Porque a todo el que tiene, se le dará más, y tendrá en abundancia. Al que no tiene se le quitará hasta lo que tiene. Y a ese siervo inútil échenlo afuera, a la oscuridad, donde habrá llanto y rechinar de dientes».

Mateo 25:24-30

Así sabrán todas las iglesias que yo soy el que escudriña la mente y el corazón; y a cada uno de ustedes lo trataré de acuerdo con sus obras [trabajo duro, ocupación, empleo].

Apocalipsis 2:23

Vi también a los muertos, grandes y pequeños, de pie delante del trono. Se abrieron unos libros, y luego otro, que es el libro de la vida. Los muertos fueron juzgados según lo que habían hecho [trabajo duro, ocupación, empleo], conforme a lo que estaba escrito en los libros. El mar devolvió sus muertos; la muerte y el infierno devolvieron los suyos; y cada uno fue juzgado según lo que había hecho [trabajo duro, ocupación, empleo].

Apocalipsis 20:12-13

¡Miren que vengo pronto! Traigo conmigo mi recompensa, y le pagaré a cada uno según lo que haya hecho [trabajo duro, ocupación, empleo]. *Apocalipsis 22:12*

Dios quiere que usemos nuestros dones en tareas apropiadas a su naturaleza y dentro de sus límites

Dios el SEÑOR tomó al hombre y lo puso en el jardín del Edén para que lo cultivara y lo cuidara. *Génesis 2:15*

José se ganó la confianza de Potifar, y éste lo nombró mayordomo de toda su casa y le confió la administración de todos sus bienes... el [guardia de la cárcel] puso a José a cargo de todos los prisioneros y de todo lo que allí se hacía... Así que el faraón le informó a José: «Mira, yo te pongo a cargo de todo el territorio de Egipto».

Génesis 39:4, 22; 41:41

Al día siguiente, Moisés ocupó su lugar como juez del pueblo, y los israelitas estuvieron de pie ante Moisés desde la mañana hasta la noche... «Es que el pueblo viene a verme para consultar a Dios —le contestó Moisés—, ... para que yo dicte sentencia entre las dos partes. Además, les doy a conocer las leyes y las enseñanzas de Dios».

Éxodo 18:13, 15-16

Y lo he llenado del Espíritu de Dios, de sabiduría, inteligencia y capacidad creativa para hacer trabajos artísticos en oro, plata y bronce, para cortar y engastar piedras preciosas, para hacer tallados en madera y para realizar toda clase de artesanías. *Éxodo 31:3-5*

Los ha llenado de gran sabiduría para realizar toda clase de artesanías, diseños y recamados en lana púrpura, carmesí y escarlata, y lino. Son expertos tejedores y hábiles artesanos en toda clase de labores y diseños. *Éxodo 35:35*

En aquel tiempo gobernaba a Israel una profetisa llamada Débora, que era esposa de Lapidot. Ella tenía su tribunal... y los israelitas acudían a ella para resolver sus disputas. *Jueces 4:4-5*

Gedeón hizo que los hombres bajaran al agua. Allí el SEÑOR le dijo: «A los que laman el agua con la lengua, como los perros, sepáralos de los que se arrodillen a beber». El SEÑOR le dijo a Gedeón: «Con los trescientos hombres que lamieron el agua, yo los salvaré; y entregaré

a los madianitas en tus manos. El resto, que se vaya a su casa».
Jueces 7:5, 7

Un día los árboles salieron a ungir un rey para sí mismos. Y le dijeron al olivo: «Reina sobre nosotros». Pero el olivo les respondió: «¿He de renunciar a dar mi aceite, con el cual se honra a los dioses y a los hombres, para ir a mecerme sobre los árboles?» Después los árboles le dijeron a la higuera: «Reina sobre nosotros». Pero la higuera les respondió: «¿He de renunciar a mi fruto, tan bueno y dulce, para ir a mecerme sobre los árboles?» Luego los árboles le dijeron a la vid: «Reina sobre nosotros». Pero la vid les respondió: «¿He de renunciar a mi vino, que alegra a los dioses y a los hombres, para ir a mecerme sobre los árboles?» Por último, todos los árboles le dijeron al espino: «Reina sobre nosotros». Pero el espino respondió a los árboles: «Si de veras quieren ungirme como su rey, vengan y refúgiense bajo mi sombra; pero si no, ¡que salga fuego del espino, y que consuma los cedros del Líbano!»
Jueces 9:8-15

El que acapara riquezas injustas es perdiz que empolla huevos ajenos. En la mitad de la vida las perderá y al final no será más que un insensato.
Jeremías 17:11

Nubes y viento, y nada de lluvia, es quien presume de dar y nunca da nada.
Proverbios 25:14

A estos cuatro jóvenes Dios los dotó de sabiduría e inteligencia para entender toda clase de literatura y ciencia. Además, Daniel podía entender toda visión y todo sueño ... Luego de hablar el rey con Daniel, Ananías, Misael y Azarías, no encontró a nadie que los igualara, de modo que los cuatro entraron a su servicio. El rey los interrogó, y en todos los temas que requerían de sabiduría y discernimiento los halló diez veces más inteligentes que todos los magos y hechiceros de su reino. *Daniel 1:17, 19-20*

El reino de los cielos será también como un hombre que, al emprender un viaje, llamó a sus siervos y les encargó sus bienes. A uno le dio cinco mil monedas de oro, a otro dos mil y a otro sólo mil, a cada uno según su capacidad. *Mateo 25:14-15*

Tenemos dones diferentes, según la gracia que se nos ha dado. Si el don de alguien es el de profecía, que lo use en proporción con su fe; si es el de prestar un servicio, que lo preste; si es el de enseñar, que enseñe; si es el de animar a otros, que los anime; si es el de socorrer a los necesitados, que dé con generosidad; si es el de dirigir, que dirija con esmero; si es el de mostrar compasión, que lo haga con alegría. *Romanos 12:6-8*

Después de todo, ¿qué es Apolos? ¿Y qué es Pablo? Nada más que servidores por medio de los cuales ustedes llegaron a creer, según lo que el SEÑOR le asignó a cada uno. Yo sembré, Apolos regó, pero Dios ha dado el crecimiento. Así que no cuenta ni el que siembra ni el que riega, sino sólo Dios, quien es el que hace crecer. El que siembra y el que riega están al mismo nivel, aunque cada uno será recompensado según su propio trabajo. *1 Corintios 3:5-8*

Porque nadie puede poner un fundamento diferente del que ya está puesto, que es Jesucristo. Si alguien construye sobre este fundamento, ya sea con oro, plata y piedras preciosas, o con madera, heno y paja, su obra se mostrará tal cual es, pues el día del juicio la dejará al descubierto. El fuego la dará a conocer, y pondrá a prueba la calidad del trabajo de cada uno. Si lo que alguien ha construido permanece, recibirá su recompensa, pero si su obra es consumida por las llamas, él sufrirá pérdida. Será salvo, pero como quien pasa por el fuego. *1 Corintios 3:11-15*

Nosotros, por nuestra parte, no vamos a jactarnos más de lo debido. Nos limitaremos al campo que Dios nos ha asignado según su medida, en la cual también ustedes están incluidos. *2 Corintios 10:13*

Por eso yo, que estoy preso por la causa del SEÑOR, les ruego que vivan de una manera digna del llamamiento que han recibido. *Efesios 4:1*

Cada uno ponga al servicio de los demás el don que haya recibido, administrando fielmente la gracia de Dios en sus diversas formas. El que habla, hágalo como quien expresa las palabras mismas de Dios; el que presta algún servicio, hágalo como quien tiene el poder de Dios. Así Dios será en todo alabado por medio de Jesucristo. *1 Pedro 4:10-11*

Dios quiere que lo amemos tanto a él como a quienes servimos con excelencia y pasión

Haz el santuario con diez cortinas de lino fino y de lana teñida de púrpura, carmesí y escarlata, con dos querubines artísticamente bordados en ellas ... recamada artísticamente ... Habla con todos los expertos a quienes he dado habilidades especiales, para que hagan las vestiduras de Aarón ... se bordará artísticamente ... un joyero grabará los nombres... como los orfebres graban sellos ... El pectoral para impartir justicia lo bordarás artísticamente... el cinturón deberá estar recamado artísticamente ... y mezcla todo esto para hacer un incienso aromático, como lo hacen los fabricantes de perfumes.
Éxodo 26:1, 31, 36; 28:3, 6, 11, 15, 39; 30:35

Escucha, Israel: El SEÑOR nuestro Dios es el único SEÑOR. Ama al SEÑOR tu Dios con todo tu corazón y con toda tu alma y con todas tus fuerzas.
Deuteronomio 6:4-5

Palabras no me faltan; el espíritu que hay en mí me obliga a hablar. Estoy como vino embotellado, como vino en odre nuevo a punto de estallar. Tengo que hablar y desahogarme; tengo que abrir la boca y dar respuesta.
Job 32:18-20

[Mi corazón] disfrutó de todos mis afanes. *Eclesiastés 2:10*

Y todo lo que te venga a la mano, hazlo con todo empeño.
Eclesiastés 9:10

Si digo: «No me acordaré más de él, ni hablaré más en su nombre», entonces su palabra en mi interior se vuelve un fuego ardiente que me cala hasta los huesos. He hecho todo lo posible por contenerla, pero ya no puedo más.
Jeremías 20:9

Maestro, ¿cuál es el mandamiento más importante de la ley? «Ama al SEÑOR tu Dios con todo tu corazón, con todo tu ser y con toda tu mente» le respondió Jesús. Éste es el primero y el más importante de los mandamientos. El segundo se parece a éste: «Ama a tu prójimo como a ti mismo». De estos dos mandamientos dependen toda la ley y los profetas. *Mateo 22:36-38*

Yo soy la vid verdadera, y mi Padre es el labrador. Toda rama que en mí no da fruto, la corta; pero toda rama que da fruto la poda para que dé más fruto todavía ... Permanezcan en mí, y yo permaneceré en ustedes. Así como ninguna rama puede dar fruto por sí misma, sino que tiene que permanecer en la vida, así tampoco ustedes pueden dar fruto si no permanecen en mí. Yo soy la vid y ustedes son las ramas. El que permanece en mí, como yo en él, dará mucho fruto; separados de mí no pueden ustedes hacer nada. *Juan 15:1-2, 4-5*

Y éste es mi mandamiento: que se amen los unos a los otros, como yo los he amado. *Juan 15:12*

Sin embargo, cuando predico el evangelio, no tengo de qué enorgullecerme, ya que estoy bajo la obligación de hacerlo. *1 Corintios 9:16*

Está bien mostrar interés, con tal de que ese interés sea bien intencionado y constante, y que no se manifieste sólo cuando yo estoy con ustedes. *Gálatas 4:18*

Por eso, desde el día en que lo supimos no hemos dejado de orar por ustedes. Pedimos que Dios les haga conocer plenamente su voluntad con toda sabiduría y comprensión espiritual, para que vivan de manera digna del SEÑOR, agradándole en todo. Esto implica dar fruto en toda buena obra, crecer en el conocimiento de Dios. *Colosenses 1:9-10*

Con este fin trabajo y lucho fortalecido por el poder de Cristo que obra en mí. *Colosenses 1:29*

Hagan lo que hagan, trabajen de buena gana, como para el SEÑOR y no como para nadie en este mundo, conscientes de que el SEÑOR los recompensará con la herencia. Ustedes sirven a Cristo el SEÑOR. *Colosenses 3:23-24*

Quien se dio a sí mismo por nosotros para redimirnos de toda iniquidad y purificar para sí un pueblo propio, celoso de buenas obras. *Tito 2:14* (Reina Valera, 1960)

Sobre todo, ámense los unos a los otros profundamente ... El que habla, hágalo como quien expresa las palabras mismas de Dios. *1Pedro 4:8,11*

Dios promete bendecirnos y cumplir su propósito en nuestra vida

Yo seré su padre, y él será mi hijo. Así que, cuando haga lo malo, lo castigaré con varas y azotes, como lo haría un padre. Sin embargo, no le negaré mi amor.
2 Samuel 7:14-15

Me has dado a conocer la senda de la vida; me llenarás de alegría en tu presencia, y de dicha eterna a tu derecha.
Salmo 16:11

Cuán grande es tu bondad, que atesoras para los que te temen, y que a la vista de la gente derramas sobre los que en ti se refugian.
Salmo 31:19

Deléitate en el SEÑOR, y él te concederá los deseos de tu corazón. Encomienda al SEÑOR tu camino; confía en él, y él actuará. Hará que tu justicia resplandezca como el alba, tu justa causa, como el sol de mediodía.
Salmo 37:4-6

Me guías con tu consejo, y más tarde me acogerás en gloria.
Salmo 73:24

Además, a quien Dios le concede abundancia y riquezas, también le concede comer de ellas, y tomar su parte y disfrutar de sus afanes, pues esto es don de Dios. Y como Dios le llena de alegría el corazón, muy poco reflexiona el hombre en cuanto a su vida.
Eclesiastés 5:19-20

SEÑOR, tú estableces la paz a favor nuestro, porque tú eres quien realiza todas nuestras obras.
Isaías 26:12

Presten atención, que estoy por crear un cielo nuevo y una tierra nueva... Construirán casas y las habitarán; plantarán viñas y comerán de su fruto ... Porque los días de mi pueblo serán como los de un árbol; mis escogidos disfrutarán de las obras de sus manos. *Isaías 65:17, 21-22*

No se angustien. Confíen en Dios, y confíen también en mí. En el hogar de mi Padre hay muchas viviendas; si no fuera así, ya se lo habría dicho a ustedes. Voy a prepararles un lugar. Y si me voy y se lo preparo, vendré para llevármelos conmigo. Así ustedes estarán donde yo esté.
Juan 14:1-3

Ahora bien, sabemos que Dios dispone todas las cosas para el bien de quienes lo aman, los que han sido llamados de acuerdo con su propósito. *Romanos 8:28*

Porque las dádivas de Dios son irrevocables, como lo es también su llamamiento. *Romanos 11:29*

Por tanto, también nosotros, que estamos rodeados de una multitud tan grande de testigos, despojémonos del lastre que nos estorba, en especial del pecado que nos asedia, y corramos con perseverancia la carrera que tenemos por delante. Fijemos la mirada en Jesús, el iniciador y perfeccionador de nuestra fe ... porque el Señor disciplina a los que ama, y azota a todo el que recibe como hijo ... En efecto, nuestros padres nos disciplinaban por un breve tiempo, como mejor les parecía; pero Dios lo hace para nuestro bien, a fin de que participemos de su santidad.
Hebreos 12:1-2, 6, 10

Entonces oí una voz del cielo, que decía: «Escribe: Dichosos los que de ahora en adelante mueren en el Señor.» «Sí —dice el Espíritu—, ellos descansarán de sus fatigosas tareas, pues sus obras [la vocación, las tareas, el trabajo] los acompañan.» *Apocalipsis 14:13*

Dios nos encomendó la construcción de su reino celestial sobre la tierra por medio de los dones con que nos dotó

El Espíritu del SEÑOR omnipotente está sobre mí, por cuanto me ha ungido para anunciar buenas nuevas a los pobres. Me ha enviado a sanar los corazones heridos, a proclamar liberación a los cautivos y libertad a los prisioneros, a pregonar el año del favor del SEÑOR y el día de la venganza de nuestro Dios, a consolar a todos los que están de duelo, y a confortar a los dolientes de Sión. Me ha enviado a darles una corona en vez de cenizas, aceite de alegría en vez de luto, traje de fiesta en vez de espíritu de desaliento. Serán llamados robles de justicia, plantío del SEÑOR, para mostrar su gloria. Reconstruirán las ruinas antiguas, y restaurarán los escombros de antaño; repararán las ciudades en ruinas, y los escombros de muchas generaciones. Gente extraña pastoreará los rebaños de ustedes, y sus campos y viñedos serán labrados por un pueblo extranjero. Pero a ustedes los llamarán «sacerdotes del SEÑOR»; les dirán «ministros de nuestro Dios». Se alimentarán de las riquezas de las naciones, y se jactarán de los tesoros de ellas. *Isaías 61:1-6*

Ustedes deben orar así: «Padre nuestro que estás en el cielo, santificado sea tu nombre, venga tu reino, hágase tu voluntad en la tierra como en el cielo». *Mateo 6:9-10*

Ahora bien, hay diversos dones, pero un mismo Espíritu. Hay diversas maneras de servir, pero un mismo SEÑOR. Hay diversas funciones, pero es un mismo Dios el que hace todas las cosas en todos. A cada uno se le da una manifestación especial del Espíritu para el bien de los demás. *1 Corintios 12:4-7*

Él nos hizo conocer el misterio de su voluntad conforme al buen propósito que de antemano estableció en Cristo, para llevarlo a cabo cuando se cumpliera el tiempo: reunir en él todas las cosas, tanto las del cielo como las de la tierra. En Cristo también fuimos hechos herederos, pues fuimos predestinados según el plan de aquel que hace todas las cosas conforme al designio de su voluntad.
Efesios 1:9-11

Por esto dice: Cuando ascendió a lo alto, se llevó consigo a los cautivos y dio dones a los hombres ... a fin de capacitar al pueblo de Dios para la obra de servicio, para edificar el cuerpo de Cristo. De este modo, todos llegaremos a la unidad de la fe y del conocimiento del Hijo de Dios, a una humanidad perfecta que se conforme a la plena estatura de Cristo. *Efesios 4:8, 12-13*

Anunciando el misterio que se ha mantenido oculto por siglos y generaciones, pero que ahora se ha manifestado a sus santos. A éstos Dios se propuso dar a conocer cuál es la gloriosa riqueza de este misterio entre las naciones, que es Cristo en ustedes, la esperanza de gloria.
Colosenses 1:26-27

APÉNDICE D

Descubra su diseño: Una guía paso a paso

GENERALIDADES

La identificación del diseño personal es un proceso fácil y agradable de tres pasos.

Primer paso: Recuerdos y resumen de sus logros. Haga memoria de su vida y recuerde las actividades que cree que hizo bien y que disfrutó. Escriba un brebe resumen de cada una.

Segundo paso: Descripción detallada de lo que hizo. Seleccione cuatro o más logros especialmente importantes para usted.

Tercer paso: Inventario de temas recurrentes. Haga un inventario de las ideas que se repiten en los principales logros y regístrelas en el formulario «diseño personal».

Analicemos estos tres pasos más detalladamente.

PRIMER PASO: RECUERDOS Y RESUMEN DE SUS LOGROS

Descubrir su diseño implica un proceso de tres pasos. El primero consiste en hacer una lista de actividades, tantas como pueda recordar, que cumplan tres condiciones:

¿Qué actividades de su vida

1. disfrutó?
2. hizo bien, «bien» para usted?
3. son logros o le permitieron alcanzar algo?

A las actividades que cumplen estas tres condiciones las llamamos *actividades logradas*.

Ejemplos:

- «Hacía dramatizaciones para los otros niños de nuestro vecindario, con vestuario, escenografía, etc. El proyecto más exitoso fue transformar un galpón en el fondo de nuestra casa en un lugar mágico con iluminación, decoración, princesas, etc».

- «Organicé una colección de caracoles que recogí de la orilla del mar un verano».

- «Cuando tenía doce años, reparé un reloj de caja que se había roto dos años antes.»

- «Establecí la rutina de pasar un momento tranquilo con nuestros hijos y leer con ellos, conseguí que irse a la cama fuera una ocasión agradable al terminar el día».

- «Fui uno de los protagonistas en el comienzo de la compañía. Vi la utilidad del concepto del producto. Trabajé mucho con el desarrollo inicial del mercado. También ayudé a idear conceptos básicos de producción».

- «Organicé y dirigí una conferencia nacional auspiciada por la compañía, para cien participantes. La conferencia fue un éxito rotundo».

- «Descubrí un problema de diseño durante las pruebas del prototipo, le ahorré a la compañía miles de dólares».
- «Mediante el desarrollo de relaciones sólidas, conseguí el apoyo de mis subordinados por años. Me interesé en desarrollar las carreras profesionales, siempre enviaba tarjetas para los cumpleaños, Navidad y las fiestas».

En cada uno de estos ejemplos la persona hizo algo que disfrutó y lo hizo bien, y esa actividad fue un logro o le permitió alcanzar algo. Siga estas mismas pautas mientras elabora su propia lista de actividades logradas.

Las realizaciones son logros y no éxitos

Al rememorar sus realizaciones, tenga presente que las actividades logradas son esos logros, y no éxitos.

El éxito es con frecuencia asociado a ser el número uno, a terminar primero o a liquidar a la oposición. También puede ser un patrón de medida para compararnos con los demás para ver si somos, entre otras cosas, más grandes, mejores, más inteligentes, más ricos.

Pero no descubrirá su diseño si solo recuerda lo que los demás piensan que ha hecho, sino en lo que es significativo para usted, sea o no significativo para otras personas. Llegar primero no tiene nada de malo, ser los mejores o ganar la aprobación de otros es un factor motivador para algunas personas, pero no tiene por qué haber salido primero para considerar algo como un logro.

Ejemplos:

- NO: «Di el discurso de despedida de mi clase.» (No es necesariamente una actividad lograda; todo depende de si disfrutó lo que hizo para lograrlo y si fue importante para usted.)

- NO: «La compañía me eligió vendedor del año». (Sería más interesante saber las actividades específicas bien logradas que disfrutó hacer.)

- SÍ: «Me entrené tres años y salí tercero en el maratón de Boston.» (Este es un logro excepcional, aunque no haya conseguido el primer puesto. Lo más útil es la referencia al entrenamiento: una actividad específica y bien lograda que le permitió alcanzar un resultado importante para usted.)

Nota: No le sugerimos que desestime los logros extraordinarios que de veras fueron significativos para usted. Pero no anote algo solo porque sus padres o sus iguales lo consideraron impresionante, cuando no tuvo tanta relevancia para usted.

Las actividades logradas son actividades y no experiencias

Todos tenemos recuerdos que nos gusta rememorar: esos hitos personales como conseguir una medalla en los exploradores, graduarnos de la escuela secundaria o casarnos. O pueden ser experiencias menos comunes pero también significativas como recibir una carta oportuna de un amigo, disfrutar una canción en particular o conocer un lugar que nos dejó una fuerte impresión.

Sin embargo, ninguna de estas experiencias es útil para descubrir nuestro diseño porque no implican actividades sino meras reacciones a los acontecimientos que tuvieron lugar. Para descubrir nuestro diseño debemos conocer lo que hicimos para alcanzar esos logros trascendentes.

Ejemplos:

- NO: «Hice una gira por Europa con mi esposa. Los Alpes eran hermosos.» (Esto solo nos dice algo de los Alpes pero no de usted.)
- NO: «Mi esposa tuvo un bebé.» (No es necesariamente una actividad lograda; aunque podría serlo si implicara actividades que usted encontró significativas. Por ejemplo: lecturas sobre el parto, aprender las técnicas de Lamaze, comenzar una inversión para los estudios).
- SÍ: «Estuve ayudando a mi esposa durante el parto de nuestro hijo.» (Esto implica una actividad, ayudarla que usted hizo para conseguir un resultado.)

Algunos consejos

- No se apresure. ¡Disfrute la experiencia!
- Escriba mucho. Cuantos más logros pueda recordar, mejor. Necesita anotar por lo menos una docena.
- Escriba lo que *usted* considera importante y gratificador, no lo que piensan sus parientes y amigos. Si un honor o reconocimiento no lo afectó, omítalo.
- Incluya actividades a lo largo de toda su vida, desde la niñez hasta el presente.
- Si desarrolló una actividad con un grupo y no hizo nada distinto del resto, describa lo que hicieron juntos (por ejemplo: «Participé en un equipo que exploró una cueva subterránea»).
- No sea modesto. Son *sus* logros.

- Si no soporta la idea de tener que escribir, o no puede escribir, grabe su lista y luego transcríbala, o díctesela a alguien. No importa cómo registre estos logros, pero al final deberán ser puestos por escrito.

SEGUNDO PASO: LOS DETALLES

El siguiente paso para descubrir su diseño consiste en describir en detalle al menos cuatro de los logros mencionados en la lista elaborada en el primer paso. Comience con ocho que tuvieron especial trascendencia para usted, tal vez los que evocó con más alegría o que iluminaron su semblante.

Luego, para cada uno de esos cuatro, explique con el mayor detalle posible

- cómo comenzó con la actividad
- cómo la llevaba a cabo, o sea

    lo que efectivamente hacía

    las destrezas que debía tener

    lo que pensaba mientras hacía la actividad

- cómo resolvía los problemas y superaba los obstáculos
- qué cosas en particular disfrutaron y le proporcionaron satisfacción.

Como en el primer paso, si no quiere escribir, o no puede, grabe las descripciones de sus logros y luego transcríbalos, o pídale la transcripción a alguien (solo asegúrese de que escriban *sus* propias palabras y no las de ellos); pero *debe* tener descripciones por escrito de al menos cuatro logros.

¿Cuánto tiempo le llevará?

Se trata de un ejercicio libre, así que dedíquele tanto tiempo como sea necesario para contar con «información buena». Recuerde que cuanto mayor detalle incluya, mejor será. A muchas personas les lleva entre dos y cuatro horas completar sus descripciones. Pero trabaje a su propio ritmo. Puede comenzar, dejarlo a un lado por un día o dos y luego completarlo en otra oportunidad. Recuerde, no se trata de una prueba: es una *descripción* de las actividades que fueron significativas para *usted*.

¡Disfrútelo!

Proporcione «información buena»

Los detalles de cómo llevaba a cabo sus logros son en extremo importantes. Estas descripciones proporcionan la «información» para sacar conclusiones. Por lo tanto, es crucial proporcionar «información buena». Lea las siguientes sugerencias:

1. Use *términos concretos en lugar de abstracciones,* datos específicos en lugar de generalidades. Cuanto más podamos analizar los componentes de la mecánica de lo que hacía, mejor. Una buena regla para tener en mente es: *¿podría un observador darse cuenta de la actividad que acaba de describir?*

2. *Dé ejemplos, de ser necesario.* Si una actividad era compleja o técnica, provea un ejemplo o dos de lo que implicaba.

3. *Hurgue en su memoria con las preguntas circunstanciales:* ¿quién? ¿qué? ¿cuándo? ¿dónde? y ¿cómo? (No se preocupe por ¿por qué? Es una pregunta analítica; por el momento solo interesan los hechos.)

4. *Use verbos activos en lugar de pasivos.*

Ejemplos:

- NO: «Investigué.» «Coordiné.» «Planifiqué.» «Ayudé.» (¿Qué específicamente hizo como investigador, coordinador, planificador u otra cosa?)

- SÍ: «Recabé información para una presentación para mi jefe; fui a la biblioteca, busqué estadísticas, artículos, citas; llamé a otras personas para obtener estadísticas y citas adicionales; entrevisté a una persona que me pudo decir lo que el público esperaba escuchar.» (Cualquiera podría decir si usted estaba haciendo o no estas actividades en particular.)

- NO: «Fui director de programación en un campamento de verano.» (Eso es un título, nadie podría decir lo que el cargo implicaba.)

- SÍ: «En cierta ocasión tuvimos un niño que extrañaba mucho a su familia y su comportamiento distorsionaba a los demás acampantes. Discutí la situación con su consejero y luego conversé con el muchacho. Le compré un helado y le pregunté cómo se sentía por ser la primera vez que pasaba tanto tiempo fuera de su hogar.» (Clara ilustración de lo que hacía como parte de su trabajo como director de programación.)

- NO: «Fui.» «Vi.» «Pensé.» (Un observador no podría saber que usted está haciendo estas cosas.)

- SÍ: «Conduje el coche a...» «Me detuve y observé mientras...» «Tuve la visión de...» (Estos verbos implican más acción y actividades específicas.)

Fíjese en la riqueza de detalle que contienen los siguientes ejemplos:

> Realización. Mi esposa y yo nos hicimos cargo como líderes de un grupo de exploradores que no resultaba y creamos un grupo de mucho éxito.
>
> *Detalles*. Después de concurrir a la primera reunión, no estábamos satisfechos con el programa que tenían. Junto con mi esposa, comenzamos a reconstruir al grupo; de veinte varones pasó a tener cincuenta, ¡qué lío que era! Estaban desorganizados. Reorganizamos las cosas; establecimos reglas: ningún muchacho podía venir a la reunión sin sus padres. Teníamos una pileta de natación, así que invitamos a los padres a una reunión conjunta para planificar. La pileta era estructural y los niños se divertían armándola, pero había que tener cuidado con las reglas. Se requería coordinación, y confirmación de los padres. Hubo que animarlos para que participaran, empujarlos un poco para que se integraran: no mucho porque si no podrían retirar a su niño. Queríamos ver la cosa armada.
>
> ***Realización.*** Creé un archivo de asuntos pendientes para mi jefe.
>
> *¿Por qué lo hizo?* Mi jefe quería que comenzara a hacer algo en seguida.
>
> *Detalles*. Clasifiqué las cartas que había que hacer, algunas eran formularios, otras me las había dictado mi jefe, otras tenía que contestar yo. Me gustaba tomar dictados y luego poder trabajar sola para hacer el

«producto» final. El trabajo era muy variado: envío de cartas, conciliación de estados de cuentas, hojas de cálculo para los departamentos. Me gustaba trabajar con números y detalles. Me gustaba ir a trabajar sabiendo bien lo que tenía que hacer y poder hacerlo. La idea de un archivo de asuntos pendientes fue mía; fue un buen procedimiento que me permitió confirmar y asegurarme que las cosas se hacían y no se perdían entre los papeles.

Realización. Renové y restauré una mansión victoriana para crear espacios de calidad para oficinas.

¿Por qué lo hizo? Después de un almuerzo de negocios salí con un amigo y cliente a pasear, hablando de cualquier cosa menos de negocios inmobiliarios. La casa le gustaba, pero me di cuenta del potencial que tenía.

Detalles. Al día siguiente fui a ver la propiedad con un amigo autorizado para mostrarla y con un viejo amigo que es constructor, un experto en arquitectura victoriana y ex agente inmobiliario. Le hice muchas preguntas acerca de la estructura y la construcción, lo sanitario y la electricidad, y cuánto tiempo y dinero habría que invertir para convertir esa vieja mansión en habitable. Me reuní con otros socios e inversores potenciales y los convencí de la empresa. Administré el proyecto. Aunque discutíamos cada decisión en los momentos clave, me encargué personalmente de buscar y contratar un equipo de artesanos para restaurar la mansión y crear espacios de calidad para oficinas. Luego hicimos la promoción y alquilamos los locales. Participé de todas las negociaciones. Incluso abrí mi propia oficina para consultas de inversión personales. Abrimos las puertas al público y aparecimos en todos los periódicos. Resultó ser que la casa era bastante histórica. Hasta los expertos de una sociedad de historia me entrevistaron en la televisión. Así comenzó mi carrera en los negocios inmobiliarios y el desarrollo urbanístico. Comencé como un inversor pasivo, luego como inversor activo y administrador, luego como agente intermediario a tiempo parcial, y luego como vendedor de sociedades limitadas. Tuve que conseguir dinero rápidamente porque los gastos fueron más elevados que lo supuesto.

¿Qué cosas en particular disfrutó? Ser capaz de convertir un edificio desmantelado en algo redituable y constructivo. Además, conseguí un renombre en los negocios y fue provechoso para descontar impuestos.

Realización. Jugar al buen béisbol (en ocasiones ayudar a organizar los partidos).

¿Por qué lo hizo? Creo que otro muchacho mayor me enseñó a lanzar la pelota y me animó a organizar un equipo.

Detalles. A veces jugaba en la escuela y otras veces en partidos que se armaban en el vecindario. Creo que fue un verano que pensé: ¿Por qué no armamos un equipo de primera? Entonces les hablé a algunos muchachos que sabía que eran realmente buenos y les pedí que jugaran. Elegí el nombre: «Halcones negros» y compartía el papel de capitán con otro amigo (tuve que hacerlo para que accediera a jugar), pero asignaba la mayoría de las posiciones. Al principio también coordinaba la mayoría de los partidos. Lo decidía con unos días de antelación, los llamaba y les pedía que llamaran a otros; nunca tuve que hacer mucho para planificar los partidos.

Otro muchacho mayor me enseñó a tirar la curva con una rotación rápida y profunda. Practicaba todas las mañanas antes del desayuno y cuando regresaba a casa de la escuela, hacía tiros de pelota a un tambor de cincuenta y cinco galones. Era tan bueno para los cambios que me hice una fama como lanzador de buen control. Más tarde aprendí a «leer» al bateador cuando tuvimos nuestro propio equipo de Liga Menor, y generalmente ganábamos. También jugué primera base (con los «Halcones negros») antes de convertirme en un buen lanzador: tenía brazos largos y gran alcance.

¿Qué cosas en particular disfrutó? Me gustaba ganar, probar que sabía jugar bien al béisbol. Disfrutaba la aprobación de los amigos y de mis padres, especialmente el apoyo del entrenador de las ligas menores. Me gustaba saber que dependían de mí para ganar. Fue muy importante llegar a ganar el campeonato de la ciudad.

Realización. Le di clases particulares a un muchacho que no había pasado la prueba de ingreso de la facultad y luego se graduó en matemáticas.

Detalles. Supongo que todo comenzó cuando lo vi, un jueves, parado fuera del salón de lectura, parecía un poco desilusionado, así que le pregunté: «¿Qué pasa?» Al principio me contestó: «Nada». Pero cuando se dio cuenta que estaba interesado de veras, me

> dijo que había perdido la prueba de ingreso de matemáticas y corría riesgo su inscripción. Le pregunté si lo podía ayudar y así fue como empezamos. Lo ayudaba a entender los principios básicos de las matemáticas. Se le abrió un mundo completamente nuevo. Le pedía que me explicara exactamente cómo había llegado a la respuesta, y sabía que siempre podía contar conmigo.
>
> *¿Qué cosas en particular disfrutó?* El solo hecho de saber que ayudé a alguien a entender, y lo ayudé a hacer algo que realmente disfrutaba... uno siente que ha logrado algo de veras que efectivamente ayudó a alguien.

TERCER PASO: INVENTARIO DE TEMAS RECURRENTES

¿Por qué tan pocas historias personales interesantes aportan cosas relevantes? Por los detalles con que lleva a cabo las actividades que disfruta y hace bien.

Durante su vida tienen lugar muchos cambios, sus destrezas, su nivel de educación, sus intereses, su configuración sicológica. Sin embargo, algunas cosas no cambian. Estos temas recurrentes aparecen de niño y de adulto, en el trabajo como en el juego, en los momentos buenos y en los malos. En conjunto, estos temas conforman su manera distintiva de actuar: su diseño personal. En realidad, puede ser funcional o disfuncional, pero su comportamiento modelo será patente. En un sentido muy real, es la única manera que sabe cómo «vivir».

Qué hacer

1. Coloque los relatos escritos de sus logros delante de usted para acceder a ellos con facilidad.

2. Tómese unos minutos para subrayar las palabras, expresiones e ideas clave.

3. A medida que recorremos juntos la evaluación, intente hacer sus propios juicios basados en la evidencia objetiva de sus logros. Mientras tanto, si no son patentes los relatos escritos de sus logros, no los incluya.

Contenidos del diseño personal

Nuestro inventario considera cinco contenidos del diseño personal.

1. *Aptitudes que le encanta usar.* Son las capacidades que nunca se cansa de usar y que le proporcionan mucha satisfacción cuando las usa. La llamamos las **aptitudes motivadoras**.

2. *Las cosas que le encanta hacer o conseguir.* Puede ser cualquier cosa, números o ideas, políticas o personas, artefactos o estrategias. Las llamaremos el **contenido temático motivador**.

3. *Condiciones laborales; situaciones o circunstancias que estimulan el rendimiento.* Las llamamos las **circunstancias motivadoras**.

4. *Cómo prefiere trabajar con las demás personas,* así como la manera que más a gusto se relaciona con su supervisor. Las llamamos las **relaciones sociales operativas**.

5. **La meta que desea lograr con su trabajo.** La llamamos la **recompensa**.

La combinación personal de estos ingredientes será el sello distintivo que cada uno tiene de su manera de encarar la vida.

1. Aptitudes motivadoras

Nuestras *aptitudes motivadoras* son las capacidades que nos apelan, que más nos atraen y ocupan, hacia las que tendemos inconscientemente, que nos resultan tan naturales que las consideramos «de sentido común».

Clasificamos las *aptitudes motivadoras* en cinco categorías generales.

Cómo aprendo

¿Cómo entiende, «domina el tema» o estudia la información necesaria para conseguir sus logros?

Mediante

- lecturas
- observaciones
- ensayos
- memorización
- preguntas
- seminarios y discusiones

Cómo evalúo

¿Cómo analiza la información y cómo decide qué acción tomar y las prioridades?

Mediante

- análisis
- empatía
- evaluación de ventajas y desventajas
- cálculos
- determinación del valor
- comparación con un estándar

Cómo me preparo

Después de aprender lo que necesita y tomar una decisión, ¿cómo se prepara para actuar?
A través de

- imágenes mentales
- establecimiento de metas
- elaboración de estrategias
- organización
- práctica

Cómo actúo

¿Qué acciones lleva a cabo para conseguir sus logros?

- Desarrollo
- Creación, innovación
- Acciones físicas
- Producción
- Operación

- Mantenimiento
- Supervisión de otros

Cómo influyo en los demás

¿Cómo influye a las personas, las estimula a actuar o les informa acerca de lo que hace o sabe?

- negociaciones
- fomentar la participación de otros
- motivación
- conversación
- consejos
- enseñanza
- por escrito
- sugerencias
- persuasión
- desempeño

Copie su selección en el formulario de «diseño personal» en la página 342.

2. *Contenido temático motivador*

Su contenido temático motivador son las cosas con las que le gusta trabajar o mediante las cuales logra su «recompensa».

Considere las siguientes categorías del contenido temático motivador. ¿Cuáles aparecen repetidamente en sus logros como algo *en* lo que trabajó, *con* lo que trabajó o que *consiguió*? Marque todos los que correspondan.

- *Información* (por ejemplo, detalles, números, palabras, dinero, datos)
- *Objetos* (por ejemplo, estructuras, herramientas, materiales, fenómenos físicos)
- *Sentidos* (por ejemplo, sonido, luz, color, textura, sabor, forma, movimiento)
- *Objetos vivos* (por ejemplo, grupos, plantas, animales, la naturaleza)
- *Ideas* (por ejemplo, conceptos, teorías, principios, valores, pensamientos)
- *Mecanismos* (por ejemplo, estrategias, sistemas, técnicas, experiencia práctica, procedimientos)

Copie su selección en el formulario de «diseño personal», en la página 342

3. *Circunstancias motivadoras*

Las *circunstancias motivadoras* se refieren a las situaciones que lo motivan como persona o las condiciones que lo estimulan para conseguir su «recompensa».

Considere las siguientes categorías de circunstancias motivadoras. ¿Cuáles de estas circunstancias repetidas veces y de veras lo motivan para alcanzar sus logros? Marque todas las que correspondan.

- *Detonador* (por ejemplo, responder a problemas, necesidades, oportunidades)

- *Visibilidad* (por ejemplo, ser visto o destacarse, ser el centro de atención, prestigio, reputación)
- *Grado de dificultad* (por ejemplo, presión, exigencias, riesgos, obstáculos, competitividad, desafíos)
- *Estructura* (por ejemplo, requisitos claros, bien definidos, parámetros, orden, modelos)
- *Objetividad* (por ejemplo, producto terminado, estándares, resultados numéricos, metas)
- *Distinto* (por ejemplo, nuevo, innovador, único, desconocido)

Copie su selección en el formulario de «diseño personal», en la página 342.

4. Relaciones sociales operativas

Las relaciones sociales operativas se refieren a la manera preferida que tiene para relacionarse con los demás, cómo quiere que su supervisor o gerente lo trate, mientras procura alcanzar su «recompensa».

¿Cuál de los siguientes adjetivos describe mejor cómo se relaciona con otros en la consecución de sus logros?

- *Colaborador*: Solo o como miembro de un equipo, quiere hacer una contribución personal al trabajo, sin preocuparse del efecto que tenga en los demás ni responsabilizarse de la acción de ellos.
- *Influyente*: Desea tener un efecto en los demás o alentarlos a actuar, pero no desea ser responsable de su gestión.
- *Supervisor*: Se hace responsable del logro de las metas y de las acciones, mediante la dirección, liderazgo, coor-

dinación y administración activa de los esfuerzos de los demás.

¿Cuál de los siguientes adjetivos describe mejor cómo se relaciona con la autoridad en la consecución de sus logros?

- *Independiente*: «Déjame hacerlo a mi manera.» Actúa con más eficacia bajo una autoridad que le permite ejercitar el control independiente sobre su campo de responsabilidad específico.

- *Cooperador*: «Déjame trabajar *contigo*.» Actúa con más eficacia bajo una autoridad que lo trata como un igual, en un esfuerzo conjunto y que tiene un verdadero interés en sus ideas y sugerencias.

- *Comprensivo*: «Ayúdame cuando lo necesite.» Actúa mejor bajo una autoridad que, a su discreción, le proporciona dirección y apoyo en puntos clave de su participación en la tarea.

Copie su selección en el formulario de «diseño personal», en la página 342.

5. Recompensa

Su *recompensa* es el resultado central que quiere conseguir cuando usa las otras cuatro dimensiones de su diseño personal.

«El resultado o la satisfacción que obtengo de mis logros parece concentrarse en...» (Complete la oración con *una* sola de las siguientes. Use sus propias palabras.)

- *Desempeño personal*: mide sus logros según su desempeño o en comparación con otros o con estándares.

- *Impacto/efecto*: arreglar algo, darle forma, mejorar los resultados, obtener mayor eficiencia, causar respuestas, liberar el potencial, dejar su marca.

- *Dominio/poder*: ejercicio del poder o influencia sobre las personas o cosas; concentra su energía para lograr, poseer, dominar o superar.

- *Obtención de una meta*: alcanzar un objetivo, completar una tarea, satisfacer necesidades, pasar una prueba, cumplir con los requisitos, llegar a una marca, o cumplir las expectativas.

- *Ocupación en un proceso*: innovación, descubrimiento de algo nuevo, desarrollo de competencias, avances tecnológicos, hacer realidad las ideas, desarrollar productos o procesos.

Copie su selección en el formulario de «diseño personal», en la página 342.

DISEÑO PERSONAL

Complete y marque los motivos que configuran su diseño personal.

1. Aptitudes motivadoras (escriba las aptitudes correspondientes).

    ¿Cómo aprendo? _____.
    ¿Cómo evalúo? _____.
    ¿Cómo me preparo? _____.
    ¿Cómo actúo? _____.
    ¿Cómo influyo a los demás? _____.

2. Contenido temático motivador

    ___ Información
    ___ Objetos
    ___ Mecanismos
    ___ Objetos vivos
    ___ Ideas
    ___ Sentidos

3. Circunstancias motivadoras

    ___ Detonador
    ___ Visibilidad
    ___ Grado de dificultad
    ___ Estructura
    ___ Objetividad
    ___ Distinto

4. Relaciones sociales operativas

___ Con los demás
___ Colaborador
___ Influyente
___ Supervisor
___ Con la autoridad
___ Independiente
___ Cooperador
___ Comprensivo

5. Recompensa

___ Desempeño personal
___ Impacto/efecto
___ Poder/dominio
___ Obtención de una meta
___ Ocupación en un proceso

SU DESCRIPCIÓN ÓPTIMA

Para tener una mejor y más provechosa comprensión de su MAP, integre los diversos elementos en una descripción idealizada de usted cuando rinde al máximo.

Una manera para elaborar esta descripción integral es usar el formato esbozado a continuación, donde debe insertar las palabras de su MAP. El formato corresponde al primer ejemplo, más adelante.

- Un trabajo con... (escriba su contenido temático), por ejemplo: personas, ideas, números, máquinas, etc.

- Para poder... (escriba sus aptitudes motivadoras), por ejemplo, investigar los hechos, analizar su importancia, crear un producto, improvisar una solución, conseguir la participación de otros, etc.

- Donde las condiciones del trabajo (me permitan/exijan)... (escriba las circunstancias), por ejemplo: llevar a cabo un proyecto, operar bajo estrés, permanecer desapercibido, etc.

> **CONTENIDO TEMÁTICO**
>
> **APTITUDES MOTIVADORAS**
>
> **CIRCUNSTANCIAS**
>
> **RELACIONES SOCIALES OPERATIVAS**
>
> **RECOMPENSA MOTIVADORA**

- Donde pueda actuar... (escriba sus relaciones sociales operativas), por ejemplo: como miembro de un equipo, con un papel definido, como líder, etc.

- Para poder... (escriba su recompensa motivadora), por ejemplo: acabar un producto, mejorar un proceso, tener mayor responsabilidad, obtener el reconocimiento de mis superiores, etc.

Al cabo de una página, le pediremos que escriba una pequeña descripción de la esencia de su MAP. Pero primero, considere estos ejemplos.

Estos siguen la estructura descrita anteriormente.

- Un trabajo con una máquina y su mantenimiento, que me permitiera usar mi capacidad para aprender el funcionamiento de la maquinaria, implementar un programa de mantenimiento, reparar las partes que se rompían, improvisar con lo que tuviera a mano, y explicar a los operadores cómo utilizar la máquina adecuadamente; lo ideal sería que las condiciones de trabajo explicaran con claridad lo que se espera de mí, y que se pudiera acabar con cada tarea antes de proseguir a la siguiente; donde pudiera trabajar en equipo; y tuviera la posibilidad de trabajar con máquinas de las más diversas y complejas.

- Un trabajo con personas, mercadería y dinero, que me permitiera usar mi capacidad para evaluar a las personas, hacerme amigos de ellos, convencerlos de mi persona y mi producto, mantener mi mercadería prolija y en orden, y rendir cuentas de mis ventas y costo de ventas; donde las condiciones de trabajo no fueran muy estructuradas y me permitieran enfrentar y resolver los problemas que surgieran, donde tuviera que mantener la mente clara frente a mucha presión; donde pudiera trabajar bastante por mi cuenta; y tuviera la posibilidad de participar en la sociedad y ganancias del negocio.

El siguiente ejemplo es más libre.

- Veo la potencialidad y la oportunidad de las cosas, en especial en las personas, ideas y maneras de entusiasmar a las personas para que realicen sus tareas. Soy bueno para promover, vender, iniciar y hacer que las cosas comiencen a andar. Me interesan los detalles y satisfacer las necesidades de los demás, en particular si me permiten establecer mi reputación y quedar bien frente a los demás. Soy bueno para las ventas, el entrenamiento, las relaciones con los clientes, las estrategias y la generación de nuevas ideas.

UNA DESCRIPCIÓN LIBRE

Si el formato anterior le resulta una limitación, puede escribir con más libertad. Los siguientes ejemplos podrían resultarle útiles.

CONTENIDO TEMÁTICO_____

Original

Experiencia personal: grupos de personas, personas e individuos; pensamientos, expresiones

Personalizado

Me gusta trasmitir mis ideas a las personas, recurriendo a mi experiencia personal para hacer más comprensibles esas ideas.

APTITUDES MOTIVADORAS_____

Original

Evaluación: comparación de ventajas y desventajas, determinación del valor; conceptualización: concebir ideas y conceptos; actividad: mantenimiento manual y físico; influencia: iniciativa, sugerencia, participación y motivación.

Personalizado

Soy bueno para hacer juicios de valor, que me permiten tener ideas provechosas que llevo a la práctica manual o físicamente, mientras mantengo la eficiencia del proceso. Me gusta alentar la participación de otras personas en ideas innovadoras y promover esas ideas.

CIRCUNSTANCIAS

Original
Creativas; situación favorable al desarrollo y crecimiento; potencial: posible, productos terminados; proyecto, programa; grupo, equipo.

Personalizado
Disfruto participar de un proyecto en un ambiente creativo, que busca lograr un producto final a partir de una situación favorable al desarrollo, donde colaboro con un grupo o equipo.

RELACIONES SOCIALES OPERATIVAS

Original
Individualista/facilitador

Personalizado
Me gusta trabajar por mi cuenta en actividades que reflejan mi estilo e interés. Cuando estoy con otros, me gusta tener libertad para desempeñar varios papeles que permitan a los demás ser más eficaces y sentirse más satisfechos con su trabajo.

RECOMPENSA MOTIVADORA

Original
Impresionar; tener un impacto, dejar su sello; dar forma

Personalizado
Me gusta dejar una impresión duradera en las personas, en las estructuras, los acontecimientos y las actividades en las que participo. Me gusta comenzar un proyecto desde cero, pensar todos los detalles, satisfacer las necesidades o solucionar los problemas de mi especialidad y según mi experiencia.

Integre los diversos elementos de su MAP en una descripción de su persona cuando rinde al máximo. Puede seguir las pautas o tomar un rumbo más libre, como en los ejemplos anteriores.

CÓMO APRENDE

Ahora que sabe algo de su MAP, seamos más específicos para comprender qué lo motiva a aprender, cómo y por qué. Saber esto es fundamental si es un estudiante y necesita aprovechar las oportunidades que se presente dondequiera que esté en su carrera educacional.

A continuación planteamos una serie de preguntas para contestar. Las respuestas nos revelarán la naturaleza de la dinámica de aprendizaje y definirán cómo encarar las exigencias u oportunidades para aprender.

Para responder a estas preguntas, recurra únicamente a sus logros, no a otras experiencias. Por lo tanto, antes de comenzar a responder las preguntas, considere su fuente de datos. Recuerde los logros que ha tenido y haga memoria de cómo hizo para adquirir el conocimiento o la información o las técnicas correspondientes.

En efecto, sería una buena idea que releyera las partes relevantes de sus logros mientras responde a las preguntas presentadas a continuación; es especial, si no recuerda con exactitud los hechos.

Reflexione un poco sobre los temas. Luego conteste las preguntas. Siéntase libre para sustentar sus conclusiones, según la evidencia prueba escrita de sus logros. Siéntase libre para no hacerle caso a esta sugerencia si el ejercicio le parece demasiado pesado.

1. ¿Cómo prefiere aprender?

Cada uno de nosotros preferimos una manera distinta para aprender. Piense en aquellos logros en los que más aprendió... ¿qué proceso utilizaba? Si tiene la posibilidad de elegir, ¿cómo prefiere aprender? Elija por lo menos dos opciones. Trace un círculo alrededor de ellas.

A Leer material escrito o impreso

  B Hacer, intentar y tener experiencias personales

  C Observar los detalles, con mucha atención, de manera perceptiva

  D Practicar, repetir, memorizar

  E Experimentar, juguetear, innovar, probar

  F Investigar, estudiar, cuestionar, preguntar.

2. Nivel de profundidad y detalle para aprender

  A Muy detallado

  B Suficiente para el asunto entre manos

  C Superficial

3. ¿Qué mecanismos usa para aprender?

Es curioso, pero el aprendizaje es mejor cuando recibimos, procesamos o descubrimos nuevas cosas mediante mecanismos en particular. Superficialmente, tal vez, puede parecer que no son relevantes, pero al analizarlos más detalladamente, nos damos cuenta que no es así. Con frecuencia son fundamentales para nosotros. ¿Cuál es su caso? Trace un círculo para elegir una opción en cada grupo.

  A Con maestro

  B Sin maestro

  C En compañía de otros

  D Solo

E Solo, aunque moderadamente capaz de aprender con otros
F Con retroalimentación inmediata
G La retroalimentación puede demorarse
H Aprendizaje estructurado
I Aprendizaje flexible
J Aprendizaje con calificación
K Aprendizaje sin calificación

4. ¿Qué circunstancias favorecen el aprendizaje?

El hecho de que hay un componente circunstancial en la dinámica del aprendizaje se conoce en parte... se refiere a cuestiones tales como que aunque sabía que la prueba era inminente, no hizo nada al respecto hasta el último minuto, o eso que hace que le guste enfrentarse a alguien. Trace un círculo para elegir una opción en cada grupo.

A Aprender bajo presión
B Disponer de mucho tiempo para aprender
C En condiciones competitivas
   1. donde compite con otros
   2. donde compite contra una meta o calificación
D Donde no sabe cómo les va a los demás
E Con respuestas correctas e incorrectas
F Donde lo que importa son las opiniones justificadas
G Donde su desempeño será observado por otros

H Donde solo usted sabe lo que hace

I Con materiales estándar

J Con material exclusivo y nuevo

5. ¿Por qué tiene motivación para aprender?

Esto suele ser lo más difícil de comprender... ¿por qué a veces nos entusiasmamos y por qué en otras ocasiones no tenemos el más mínimo interés? Nuestra intención cuando le pedimos que piense sobre esta pregunta no es que marque los ítems deprisa, «Todo el mundo quiere eso ¿no?,» sino que reflexione acerca de la importancia que asigna a su interés por aprender. Cuando lo analiza en el contexto de sus logros, uno de estos motivos primarios debería ser más patente. Elija solo uno.

A Conseguir maestría/dominio de la técnica

B Cumplir las exigencias/expectativas

C Sobresalir/obtener reconocimiento

D Descubrir/aprender

E Mejorar/desarrollarse

F Pasar de grado/alcanzar la calificación

G Impresionar/influir a otros

H Progresar/salir adelante

6. ¿Qué resultados busca obtener de su aprendizaje?

Aprender no es frecuentemente un *fin* para las personas, suele ser un *medio*. Trace un círculo en uno o dos resultados que quiera obtener.

A Conocimiento nuevo

B Creación nueva

C Solución de un problema

D Impacto en los demás

E Producto final

F Resultado cuantitativo

G Cumplimiento de un requisito

7. ¿Qué le interesa aprender?

Al pasar revista a nuestras vidas, es obvio que algunas cosas (o temas) siempre parecen interesarnos, mientras que otras no nos van ni nos vienen. ¿Cuál es su caso y su vida? ¿Qué cosas aparecen en sus logros? Elija una, dos o tres opciones.

A Intangibles y abstractas

B Objetos tangibles y sustancias concretas

C Información, símbolos y lenguaje

D Personas y conductas

E Fenómenos científicos, técnicos y matemáticos

F Expresiones y sensaciones visuales y sensoriales

CONCLUSIONES

Si ha lidiado con estas preguntas con esmero y franqueza, ahora puede integrar todos estos elementos dispares en una afirmación sintética, como en el siguiente ejemplo.

1. ¿Cómo prefiero aprender?

   - por medio de la experimentación

2. ¿Con qué nivel de profundidad y detalle?

   - muy detallado

3. ¿Qué mecanismos me motivan para aprender?

   - sin un maestro
   - a solas
   - no tengo necesidad de retroalimentación inmediata
   - con flexibilidad
   - con calificación

4. ¿Qué circunstancias favorecen mi aprendizaje?

   - cuando dispongo de mucho tiempo para aprender
   - cuando no sé cómo les está yendo a los demás
   - que haya respuestas correctas e incorrectas
   - que nadie sepa lo que estoy haciendo
   - con material estándar

5. ¿Por qué tengo motivación para aprender?

   - fundamentalmente, quiero descubrir y aprender

6. ¿Para qué quiero aprender?

   - me encanta solucionar problemas

7. ¿Qué me interesa aprender?

- sobre maquinarias, finanzas y asuntos de ingeniería

Llegue a sus propias conclusiones de manera semejante, con el siguiente formato.

CONCLUSIONES PERSONALES

1. ¿Cómo prefiero aprender?
_____
_____

2. ¿Con qué grado de profundidad y detalle?
_____
_____

3. ¿Qué mecanismos me motivan para aprender?
_____
_____

4. ¿Qué circunstancias favorecen mi aprendizaje?
_____
_____

5. ¿Por qué tengo motivación para aprender?
_____
_____

6. ¿Para qué quiero aprender?
_____
_____

7. ¿Qué me interesa aprender?

_____

_____

Debería tener ahora una sólida comprensión de su mecanismo de aprendizaje que le permita planificar y administrar su educación para que sea más provechosa.

Dedíquese a la materia, los cursos y los profesores que apelen a qué, cómo y por qué le gusta aprender.

Negocie con cada profesor la dinámica de su propia manera de aprender y traten de llegar a una estrategia y mecanismo para aprender lo que usted necesita y cumplir los requerimientos del profesor.

APÉNDICE E

Otras voces

En este libro hemos explicado la realidad y la naturaleza del diseño humano. Confiamos que habrá aceptado la verdad de nuestras presentaciones. Si todavía no está plenamente convencido de que las personas son una combinación de determinadas dotes para orientarlos en el transcurso de su vida, posiblemente las siguientes citas de personas con más renombre de sabios que los autores sirvan para poner de relieve el mensaje.

> Volvamos, literalmente, al principio. Dios creó a los seres humanos con habilidades distintivas, poderes de memoria e ingenio. Nuestra capacidad para emplear estas habilidades específicas con los recursos naturales, para crear cosas de utilidad y valor para nosotros y los demás, proviene de Dios y es parte de su creación.
> Reverendo George Carey, Arzobispo de Canterbury

> Además, la vida humana parece consistir de aquello que más deleita al hombre, su búsqueda en especial, y aquello que en particular desea compartir con sus amigos...
> Santo Tomás de Aquino (1225-1274)
> Summa Theologia, trans. Blackfriars (Op)

Los estudios que más cultivamos son los que más nos atraen naturalmente.

Si en la naturaleza misma, que ha dispuesto los cielos y las estrellas en sus diversas órbitas y cursos, vemos cómo la voluntad de Dios nos hace, automáticamente, para diferentes funciones, ¿quién se atreverá a cambiar de ocupación a otra que no sea aquella para la que nació?

Gionanni Boccacio (1313-1375)
Boccacio on Poetry [Boccacio sobre la poesía] Trad. Charles G. Osgood

Los hombres fuera de su llamamiento debido son como las articulaciones del cuerpo dislocadas; para encontrar su propio lugar, cada uno debe examinar tanto sus «afectos» como sus dones.

Y para poder juzgar mejor la vocación indicada para sus hijos, deben tomar en consideración dos cosas: primero, su inclinación; segundo, sus dones naturales.

William Perkins
Cambridge Puritan in a Treatise of Vocations [Un puritano de Cambridge en un Tratado de vocaciones] (1502)

La ocupación o vocación que elijamos debe ser acorde o apropiada. La precipitación y la negligencia a este respecto ha sido muchas veces la ruina de ciertas personas, y en ocasiones de calamidad pública. Quienes tienen capacidades y dotes en exceso de su llamamiento, se tornan inquietos y descontentos en su hacer; y quienes tienen ocupaciones por encima de sus capacidades, después de débiles e infructuosos intentos, se desaniman: y cuanto más lugar de grandeza ocupen en la vida, más llamativas son sus debilidades evidentes y son causa de reproche ... Considérense por lo tanto las facultades de la mente y el cuerpo.

Richard Steele (1672-1729)
The Religious Tradesman (The Tradesman's Calling) [El comerciante religioso (La vocación del comerciante)]

El principal problema del hombre es encontrar el tipo de trabajo que habrá de hacer en este universo.

Thomas Carlyle,
Inaugural Address [Discurso inaugural], Edinburgo, 2 de abril de 1866

Ningún hombre nace al mundo sin que nazca con él su obra; siempre habrá trabajo y herramientas con qué trabajar, para los que tengan voluntad.

J.R. Lowell, (1819-1891)
A Glance Behind the Curtain, [Un vistazo tras la cortina] l.202

Hay otro aspecto del trabajo como participación en los propósitos creadores de Dios que es necesario considerar más a fondo. Cada persona está llamada a descubrir y desarrollar las capacidades especiales que el Creador le ha confiado como dones, dones para el deleite y el servicio. Hay diversidad de dones, y se convoca a cada persona a vivir su vida en plenitud. Aceptar este llamamiento permite dedicarse a toda clase de obra para la gloria de Dios y descarta cualquier escala jerárquica de valores con respecto a los tipos de trabajos realizados.

E. Clinton Gardner
«Religion in Life», vol. XXV, *Rethinking the Protestant Doctrine of Vocation* [«La religión en la vida», volumen XXV, Reconsideración de la doctrina protestante de la vocación]

Había razón para temer, como hemos dicho, que la introducción de las perspectivas cristianas pudiera perturbar el orden de la acción humana; que buscar, y aguardar, el reino de los cielos pudiera desviar la actividad humana de sus tareas naturales, o por lo menos eclipsar totalmente cualquier interés en las mismas. Ahora entendemos por qué esto no puede ni debe ser así. Hemos visto cómo el tejido de Dios y el mundo tiene lugar en el ámbito de la acción. No, Dios no nos desvía la mirada prematuramente de la obra que él nos encomendó, porque se presenta a sí mismo asequible por medio de esa misma obra. Tampoco oculta, en su intensa luz, los detalles de nuestros objetivos terrenales, porque la intimidad de nuestra unión con él está en realidad determinada por la exacta realización de la más insignificante de nuestras tareas. Deberíamos acostumbrarnos a esta verdad elemental hasta que nos impregne, que nos resulte tan conocida como la percepción de las formas o la lectura de las palabras. Dios, en su ser más vivo y encarnado, no está lejos de nosotros, totalmente separado del mundo que vemos, tocamos, oímos, olemos y saboreamos. Por el contrario, nos espera a cada instante en nuestra acción, en la obra del momento. En un sentido está en la punta de mi lápiz, mi pala, mi pincel, mi aguja; en mi corazón y mi pensamiento. Cuando hago el trazo, dibujo la línea, doy la puntada, en lo que estoy ocupado, hasta que dé el último toque final, alcanzaré el fin hacia donde tiende mi voluntad más íntima. Como esas fuerzas físicas formidables que el hombre ha inventado para manipular y realizar operaciones de intrincado prodigio, así el tremendo poder de la atracción divina se concentra en nuestros frágiles deseos y microscópicos intentos sin romper la punta.

Pierre Theilhard De Chardin
Le Milieu Devin

La mayor parte de nuestra vida la ocupamos en racionalizar nuestro fracaso para descubrir quiénes somos en realidad, cuál es nuestra capacidad básica, qué se supone es lo que deberíamos hacer en el mundo.

Ernest Becker
The Birth and Death of Meaning [El nacimiento y la muerte del significado]

Mucho más importante, la vocación es ese llamamiento divino original, dirigido a cada individuo en el momento de su creación y reiterado en todas las circunstancias de su vida. Es la creativa invitación de Dios, que de la nada crea el mismo ser de su criatura. Es el mismo amor divino que constantemente actualiza el potencial del individuo, y lo invita a ser quien debería ser; a forjar ese ser único que solo él en toda la creación puede expresar.

[Con respecto a la vocación individual] Dios ha provisto talentos únicos a cada individuo. Estos talentos de mente y cuerpo son el llamamiento de Dios al individuo, le señalan la función específica para la realización completa del plan divino. Todas las personas humanas fueron diseñadas en particular para «encarnar a su propia manera el ser de Dios» ... estos talentos son invitaciones a respuestas personales.

Helen Marie
«*A Phenomenology of Vocation: Personal Relevance*» [Una fenomenología de la vocación: importancia personal] (sobre la vida y expresiones de Edith Stein, intelectual académica, convertida del judaísmo, expositora del feminismo, mística carmelita, mártir de la persecución nazi)

Estas voces de sabiduría y autoridad, de la antigüedad y los tiempos modernos —sabios griegos, padres de la iglesia, prelados, reformadores, filósofos humanistas, escritores, académicos y otros hombres y mujeres pensadores y de renombre, en un período de dos mil quinientos años— concluyeron que los seres humanos tienen facultades inherentes y una disposición para usarlas de determinada manera. Si cree que estas dotes provienen de Dios o de alguna otra fuente misteriosa, o incluso si prefiere una explicación mecanicista que todavía no podemos comprender, espero que ahora esté convencido de que las personas tenemos sin duda una conformación única de determinadas competencias y motivaciones.